中国农产品加工业发展报告（2021）

●王凤忠 主编

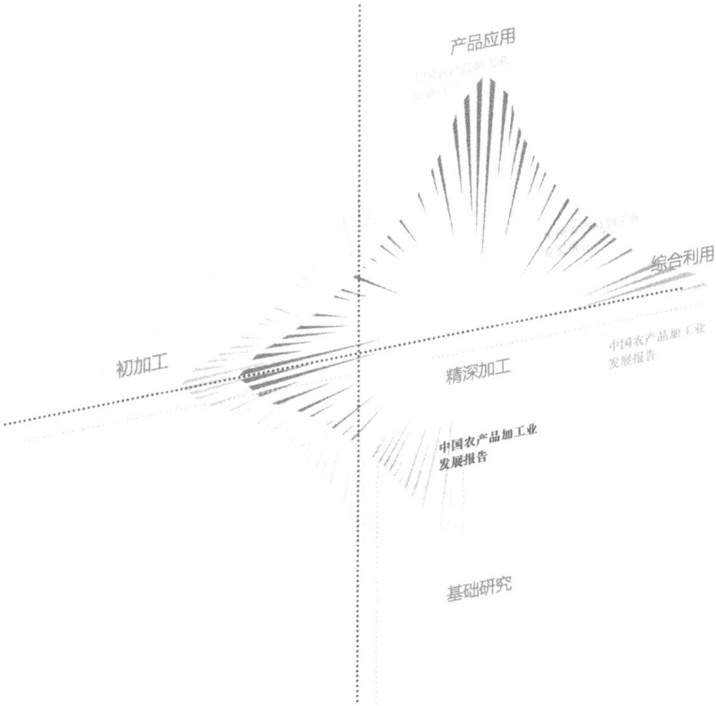

国家农产品加工技术研发体系
中国农业科学院农产品加工研究所

中国农业科学技术出版社

图书在版编目(CIP)数据

中国农产品加工业发展报告. 2021 / 王凤忠主编. --北京：中国农业科学技术出版社，2022. 11

ISBN 978-7-5116-5867-8

Ⅰ. ①中… Ⅱ. ①王… Ⅲ. ①农产品加工-加工工业-技术革新-研究报告-中国-2021 Ⅳ. ①F326. 5

中国版本图书馆 CIP 数据核字(2022)第 146253 号

责任编辑 张志花
责任校对 马广洋
责任印制 姜义伟 王思文

出 版 者 中国农业科学技术出版社
北京市中关村南大街 12 号 邮编：100081
电 话 (010) 82106636 (编辑室) (010) 82109702 (发行部)
(010) 82109709 (读者服务部)
网 址 https://castp.caas.cn
经 销 者 各地新华书店
印 刷 者 北京捷迅佳彩印刷有限公司
开 本 170 mm×240 mm 1/16
印 张 14
字 数 260 千字
版 次 2022 年 11 月第 1 版 2022 年 11 月第 1 次印刷
定 价 298. 00 元

《中国农产品加工业发展报告（2021）》
编辑委员会

Preface 序言

2021年8月24日，习近平总书记在河北承德考察时指出："产业振兴是乡村振兴的重中之重。"作为乡村产业的核心，农产品加工业在拓宽农民增收渠道、加快建设农业强国和农业农村现代化等方面发挥了重要作用。2021年，农产品加工业提升行动加快深化，重心逐步向县城、中心镇下沉，农产品加工转化率达到了70.6%，农产品加工企业营业收入近25万亿元，农产品加工业产值与农业总产值之比达到2.5∶1，为保障国家粮食安全和重要农副产品有效供给、促进乡村产业高质量发展提供了有力支撑。

2021年，新冠肺炎疫情仍在肆虐，国际环境错综复杂，全球能源、粮食等大宗商品市场大幅波动。农产品加工业围绕稻、麦、玉米、大豆、油菜、花生、牛羊肉、生猪等"国之大者"的重要产业，延伸农业生产、加工、流通、服务等增值增效链条，推进农业全产业链重点链建设，拓展农业增值增效深度和功能价值开发广度。一是农产品产后减损增效取得新进展。通过适度加工等系列标准的修订完善和推行减排低碳绿色生产，采用加工副产物的精深加工等减损措施，促进了资源的综合利用。二是行业发展领域不断拓宽。随着消费需求日趋多元化，产品品类和市场不断细分。新冠肺炎疫情防控期间消费者对健康、快捷食品需求程度的提高，促进了速冻食品、包装盒饭、半成品菜和包装食材等预制食品的蓬勃发展。三是行业生产、销售数字化转型逐步深入。新冠肺炎疫情发生以来，以5G、物联网、人工智能等为代表的新技术、新应用为推进农产品加工业形成产业链上下游和跨行业融合的数字化生态体系，引领产业数字化发展提供了新机遇。

为全面了解和掌握2021年中国农产品加工业发展情况，在农业农村部乡村产业发展司的指导下，国家农产品加工技术研发体系依托各专业委员会，编制了《中国农产品加工业发展报告（2021）》（简称《报告》）。《报告》包含粮食加工、油料加工、畜禽加工等9个产业发展子报告及若干专题，以翔实的数据总结了2021年度农产品加工产业发展现状，梳理出重大科技进展，分析了头部企业发展情况，研判提出重大发展趋势，为政府部门、科研院所、龙头企业等掌握农产品加工业发展动态和制定决策提供了参考。

Contents 目录

第一章 2021年粮食加工产业发展情况

第一节 产业现状与发展成效

粮食产量稳中有增，为确保国家粮食安全提供有力支撑

2021年我国粮食总产量68 285.1万t，比2020年增加1 336万t，增长2.0%。其中，稻谷产量21 284.3万t，比上年增加88.3万t，增长0.42%；小麦产量13 694.6万t，增加269.6万t，增长2.01%；玉米产量27 255.2万t，增加1 190万t，增长4.57%；豆类产量1 965.5万t，下降14.10%，其中，大豆产量1 640万t，减产320万t，下降16.33%；薯类产量3 043.5万t，比上年增加55万t，增长1.84%（表1-1）。总体来说，2021年全国粮食再获丰收，粮食产量连续7年稳定在65 000万t以上，为确保国家粮食安全、应对复杂多变的国内外形势、克服各种风险挑战提供了有力支撑。

表1-1 2021年全国粮食播种面积、总产量及单位面积产量情况

粮食	播种面积/10^3hm^2	总产量/万t	单位面积产量/（kg/hm^2）
全年粮食	117 631.5	68 285.1	5 805.0
分季节			
夏粮	26 437.9	14 595.7	5 520.7
早稻	4 734.1	2 801.6	5 918.0
秋粮	86 459.5	50 887.8	5 885.7
分品种			
谷物	100 177.4	63 276.1	6 316.4
稻谷	29 921.2	21 284.3	7 113.4
小麦	23 568.4	13 694.6	5 810.6
玉米	43 324.1	27 255.2	6 291.0
豆类	10 120.7	1 965.5	1 942.1
薯类	7 333.4	3 043.5	4 150.2

注：1. 根据甘肃、宁夏、新疆等部分地区小麦实际产量对全国夏粮数据进行了修正。

2. 此表中部分数据因四舍五入，分项数合计与全年数据略有差异。

粮食初加工产能提升，但精深加工率偏低

近年来我国粮食加工行业竞争激烈，头部效应明显。从面粉日加工能力来看，中国面粉行业的三大巨头五得利面粉集团有限公司、益海嘉里金龙鱼粮油食品股份有限公司、中粮集团，日加工小麦占全国的70%以上，小麦粉市场占有量约30%。2021年五得利面粉集团日加工小麦能力达到61 000 t，总规模和单体车间规模均达到了世界第一。金龙鱼首创的“六步鲜米精控技术”创新体系，精准控制“鲜割、鲜谷、鲜存、鲜碾、鲜装、鲜食”6个关键环节，新鲜美味和节粮减损并举，达到国内外领先水平。但整体来说，我国粮食精深加工率偏低，仅有30%左右，远低于发达国家70%以上的水平，相比发达国家，特别是相比日本的11.7：1仍存在较大差距。

提升价值链、打造供应链，粮食产业持续优化升级

自2017年启动实施优质粮食工程以来，各方均在积极推进粮食产后服务体系、粮食质量安全检验监测体系和“中国好粮油”行动。截至2020年，“中国好粮油”行动增加优质粮食超过5 000万t，全国粮食产业年实现工业总产值3.2万亿元。2021年度“中国好粮油”产品共遴选出220个，其中大米产品103个、小麦粉产品50个、食用植物油产品43个、挂面产品22个、杂粮杂豆产品2个。国家粮食和物资储备局总工程师、科学研究院党委书记翟江临表示粮食品牌建设是推进粮食供给侧改革的必由之路，也是粮食产业实现由注重规模向注重质量转变的重要抓手。在加强粮食品牌建设过程中，田间到餐桌品质得到了控制与提升，健全了产业链；聚焦粮食物流和销售体系构建，巩固了供应链；强化研发和营销的价值增长点，提升了价值链。粮食加工产业链延伸后，原字号产品减少，精深加工产品增加，专用米、专用粉、专用油等食品的有效供给，促进了人民膳食多元化，推动了粮食产业高质量发展。

提高粮食加工副产物综合利用率成为产业效益提升的关键

近年来，我国粮食加工企业发展活跃，产业集聚效应明显，涌现出一批工业园区，但是加工不足和加工过度问题依然突出，影响了产品的有效供给和加工业质量效益提升。在“粮食节约减损健康消费提升行动方案”的影响下，推进粮食加工副产物多元化开发、多层次利用、多环节增值成为科研重点攻关方向。米糠油、麦麸蛋白、膳食纤维、植酸等营养活性物质的提取利用，以及副产物食品化整体利用等技术相继研发推出。但由于设备厂房投入、技术支撑，以及证照审批等各方面因素的影响，上述技术在产业中的应用还相对较少。加强政府引导、科技研发、鼓励企业投入，提高加工副产物综合利用率是未来粮食加工行业提质增效的重要增长点。

一、2021 年粮食加工产业发展概况

1. 粮食初加工产能进一步提升，更加注重营养健康与节粮减损

2021 年大型粮食加工企业产能进一步提升，其中五得利面粉集团遂平面粉有限公司全套引进国际先进的瑞士布勒公司的制粉设备，搭建全新的智能化管理系统。该项目在 2021 年建成投产后，五得利面粉集团日加工小麦能力达到 61 000 t，总规模和单体车间规模均达到了世界第一。在消费升级的大形势下，消费者更加注重“科学膳食，营养健康”，从而倒逼粮食加工企业由“保供”向“优供”转变。益海嘉里金龙鱼粮油公司积极引导和规范工厂实施绿色制造，培育绿色工厂标杆企业。截至 2021 年底，已有 28 家工厂获得各级“绿色工厂”认证。另外，2021 年底发布了国家标准《小麦粉》（GB/T 1355—2021），新标准突出营养健康，注重适度加工，不得添加食品添加剂、食品配料等，将原标准中“特制一等”“特制二等”“标准粉”“普通粉”4 个等级调整为“精制粉”“标准粉”“普通粉”3 个类别，注重营养健康与节粮减损。

2. 粮食精深加工产品种类增多，新中式速冻点心迅速崛起

受新冠肺炎疫情影响，近两年各类预制菜产品如雨后春笋般出现，受到消费者的追捧。整体来说，预制菜的主要品类是米面薯豆及杂粮制品，不同于之前的包点、饺子、汤圆等产品，“新中式速冻点心”（面点、米点等速冻米面制品）发展迅速。2021 年 2—11 月，天猫上的速冻食品平均销售额同比增长 431%，平均销量同比增长 332%。手抓饼、豆包等地方小吃，虾饺、肠粉等广式点心，米糕、桂花糕等各类糕点都出现在线上和商超。除了三全、湾仔码头、思念等传统的速冻食品企业外，广州酒家以广式点心为核心，推新叉烧包、糯米鸡、核桃包等速冻点心迅速占据市场；老牌方便面企业白象通过 2020 年新成立的福喜品牌进入速冻市场，2021 年推出蒸煎饺、粒粒红豆包、广式甜包等 50 多款速冻新品；巴比馒头凭借 30 天短保锁鲜速冻面点技术、成熟物流与传统速冻食品企业竞技；思念旗下的千味央厨，则推出速冻米面快餐产品。此外，一些新品牌、小众品牌也正在崛起，钟薛高发展了高端速冻品牌理想国，船歌鱼开创海鲜水饺这一细分品类，并荣获“2021 中国饺子馄饨十大品牌”。此外，比萨饺、四方包、芋圆汤圆、米汉堡等创新点心，通过蒸煮煎炸或配上蘸料，让速冻点心迅速升温。

3. 粮食加工副产物综合利用仍需加速进行

近两年，粮食加工副产物综合利用稳中有进，但是现阶段行业面临的困境还未突破，在农业农村部办公厅公布的全国粮食加工环节减损增效典型案例中，提取麦麸膳食纤维并进行改性，应用于烘焙食品、馒头、挂面等面制品，以及膳食纤维饮品、膳食纤维胶囊等产品中，生产高附加值、富含膳食纤维产品的经济效益可以提高 15%~25%。制备高品质麦胚（粉、油），每吨可增值 35 000 元。利用米糠制油和稻壳制取生物燃料的企业数量和产量在不断增加；利用碎米、米糠生产膳食纤维，平均增效 850 元/t。

2021 年 10 月 31 日，中共中央办公厅、国务院办公厅发布《粮食节约行动方案》。该方案提出，加强粮食资源综合利用，有效利用米糠、麸皮、胚芽、油料粕、薯渣薯液等粮油加工副产物，生产食用产品、功能物质及工业制品，对以粮食为原料的生物质能源加工业的发展进行调控。

二、粮食加工产业发展成效

中共十八大以来，以习近平同志为核心的党中央把粮食安全作为治国理政的头等大事，深入推进农业供给侧结构性改革，加快构建更高层次、更高质量、更有效率、更可持续的国家粮食安全保障体系。粮食加工企业及高校科研院所积极落实“优质粮食工程”，作为农业大国，我国粮油行业正处在一个新的发展时期，粮油加工行业持续增长，出现了速度加快、效益提高的局面。

1. 粮食加工产品种类更加丰富，品牌引领提高产品美誉度

在当前消费升级的大形势下，人们对优质粮食的需求不断增加，从“吃得饱，吃得好”向“粗细搭配，营养健康”转变。“十三五”期间专用面粉产量由 2015 年的 1 180 万t 迅速增加至 2019 年的 2 560 万 t，约占小麦粉产量的 29.7%，专用面粉的需求量呈不断增加的趋势。中高端大米市场出现快速扩张，品牌大米大量涌现。此外，各种各样的速冻主食、方便食品、休闲食品走进寻常百姓家。《关于深入实施“优质粮食工程”的意见》指出，要加强粮油品牌建设，推出一批具有较高市场知名度、美誉度和竞争力的粮油名牌产品，拓宽销售渠道，增加有效供给。“齐鲁粮油”“荆楚大地”“天府菜油”“山西小米”“吉林大米”“广西香米”“天赋河套”等一些地域公共品牌开花结果，进入消费者视野，被越来越多的人熟知和认可。在山东省，优质粮食工程和“齐鲁粮油”品牌建设被列

入省委 1 号文件，已支持 13 个示范市县、56 家示范企业，总投资超过 60 亿元。在“山西小米”省域品牌的带动下，忻州“中国杂粮之都”、朔州“中国杂粮强市”、长治“中国小米之都”等一批特色杂粮市县陆续授牌，涌现出“武乡小米”“怀仁绿豆”“岢岚红芸豆”等一批县域品牌和“沁州黄”“东方亮”“太行明珠”等一批企业品牌，省、市、县、企业立体化品牌体系逐步形成，杂粮产业的经济效益和社会效益初步显现。

2. 科技护航引导科学消费，助推粮食加工产业发展

随着粮食加工业的高速发展，科技占比越来越高，粮食加工产业发展依靠科技力量。江苏省开展粮食大数据挖掘与应用，聚焦粮食从生产、仓储到加工和销售各环节，“国家稻谷加工技术研发分中心”江苏宝宝集团利用生物法提取米蛋白，新增产值过亿元。此外，江苏省深化开展粮食产业发展核心技术攻关，创建“江苏省优质稻米产业技术创新战略联盟”等 5 家省级以上联盟单位，成立全国首个“国家优质粮食工程（南京）技术创新中心”，各示范企业相继与部分科研院所建立了创新联盟，聚力解决制约粮食产业发展的关键问题。湖北省注重创新驱动，每年发布粮食科技创新及软科学研究引导目录，每年持续安排 3 000 万元专项资金，支持校企搭建科技创新平台，促进成果转化运用，强化人才支撑，做大做强“荆楚好粮油”。

3. 延伸粮食产业链、提升价值链、打造供应链，推动“三链协同”

粮食生产在要求数量的同时也要追求质量，才能在更高水平上保障粮食安全。目前全国各地借鉴推广典型经验，着力延伸粮食产业链、提升价值链、打造供应链，积极推动“三链协同”。前端建立优质粮食生产基地，中端推动粮油精深加工，后端推进主食产业化，构建从原粮到成品、从产区到销区、从田间到餐桌的“大粮食”“大产业”“大流通”格局。在五得利面粉厂，麦皮生产杂粮饼干，麦胚经过提取加工，用于化妆品和保健品的高端原料，延伸产业链，精深加工产品增多，增加专用米、专用粉、专用油等食品有效供给，促进居民膳食多元化。另外，全国各地发展粮食循环经济，促进农村一二三产业融合发展，稻虾共作、农田观光等成为产业增效、农民增收的新亮点。

第二节　重要技术发展情况

一、速冻面米食品生产关键技术与装备及其产业化

该成果由江南大学牵头完成，获得江苏省科学技术奖二等奖。主要围绕我国速冻面米制品质量稳定性差、加工成本高、速冻产品品种少等行业共性问题和产业瓶颈，分别就产品劣变机理探究、速冻装备创制、工艺技术革新及新产品开发等各方面进行联合攻关，揭示了谷蛋白大分子聚合体（GMP）解聚是冷冻面制品中面筋蛋白和谷蛋白弹性下降及品质劣变的主要因素；冻藏过程中蛋白质、脂肪与直链淀粉从淀粉中溶出是速冻面米制品出现混汤、黏性变弱、口感变硬的主要原因；通过创新性的设备和技术为高效生产高品质速冻面米制品提供了硬件保障。基于劣变机理研究与设备性能改善，创新延缓速冻面米食品品质的新工艺和新技术，开发了新工艺，实现了高品质速冻面米食品的高效生产。该项目共开发了 1 000 余种速冻面米食品，获授权发明专利 48 件，实用新型专利 52 件，软件著作权 1 件，制定国家、行业标准 30 件，成果鉴定 22 项，发表论文 56 篇。该成果使四方科技集团、三全食品股份有限公司、思念食品有限公司 3 家企业近两年新增产值超 200 亿元，社会与经济效益显著。

二、玉米淀粉及其深加工产品的高效生物制造关键技术与产业化

该成果由中粮生物科技和中粮营养健康研究院联合山东大学、江南大学等 3 家单位共同完成，荣获国家科学技术进步奖二等奖。该成果围绕玉米精深加工领域中玉米淀粉提取、淀粉水解制糖以及以糖为底物生产发酵制品三大核心产业链条，突破关键技术瓶颈、打破国外技术与设备垄断、提高制造效率，创新开发玉米淀粉高效制备技术、淀粉糖高效生产技术及高效发酵关键技术，推动了我国淀粉生产综合技术水平跃居世界首位，奠定了国产淀粉糖的国际竞争优势，保障了我国柠檬酸和谷氨酸行业的全球领先地位，全面助力国家粮食产业高质量发展。

三、传统面条品质提升现代化加工关键技术与产业化

该成果由河南工业大学牵头完成，达到了国际领先水平。面条是我国消费量

第一的面制品，挂面行业近年来高速扩张，年消费复合增长率超过 10%。但是我国的面条工业化加工尚存在加工技术水平低、粉状原料管理不到位、关键装备粗放、自动化程度低、加工过程质量控制依赖操作经验、质量管控体系不完善等限制行业发展的技术瓶颈，产品质量不稳定，存在同质化严重、营养风味欠佳等问题，不能满足现代消费者对营养美味、健康安全的优质面条的需求。针对上述问题，该成果从原料选择、工艺优化、技术创新、装备提升和质量控制等方面进行了系统研究，重点突破原料安全加工技术、散粉接收和发放自动化系统、传统特色面条工业化加工关键技术和装备、挂面智能加工关键技术装备和挂面加工质量控制体系，实现挂面加工的规模化、自动化、智能化和节能化。

第三节　头部企业分析

一、中粮集团

中粮集团是中国最大的粮油食品企业，是大豆、小麦、玉米等农产品进出口的执行主体，年综合加工能力超过 9 000 万 t。

中粮集团是最大的大米加工贸易商，为稻米行业全产业链企业，基本完成在全国优质水稻主产区的战略布局，经营规模持续稳定增长。目前，年稻谷加工能力达 495 万 t，居全国第一。自 2009 年起，福临门品牌大米连续多年蝉联全国大米类市场综合占有率第一名，在 2019 年荣获中国顾客满意度指数大米品类品牌排行榜第一。

中粮集团是中国最大的小麦加工企业之一，在 B2B 领域和 B2C 市场均能提供多种多样的优质产品。目前，年小麦加工能力达 619 万 t，年面条生产能力达到 19 万 t；年面包及糕点产能 3 600 t。其中，香雪面粉为“中国名牌产品”。

中粮集团也是国内规模最大、技术领先的玉米深加工企业之一，以东北地区的玉米为主要原料，生产食品配料及食品添加剂，同时提供清洁能源和绿色生物质材料。中粮生物科技 20 余家企业分布在中国黑龙江、吉林、天津以及泰国等地，资产规模超过 180 亿元，玉米加工能力 700 万 t，主要产品包括淀粉、淀粉糖、燃料乙醇、食用酒精、味精、柠檬酸、聚乳酸、功能糖醇、变性淀粉等。另外，中粮生物科技有玉米深加工国家工程研究中心、国家能源生物液体燃料研发（实验）中心、1 个国家级企业技术中心和 3 个院士工作站，对高技术、高附加值产品进行工程化研究，不断为玉米深加工产品的规模化生产提供关键技术，各项研究成果能够迅速转化为生产力并推向市场。中粮生物科技已累计申请发明及实用新型专利900余项，已获得授权专利360余项。

二、益海嘉里金龙鱼粮油食品股份有限公司

截至2021年底，公司在全国拥有70余个已投产生产基地，100余家生产型企业，主要业务涉及油脂加工、水稻循环经济、玉米深加工、小麦深加工、大豆深加工、食品原辅料、粮油科技研发等产业。其中，大米加工产业已成功推出“金龙鱼”“香纳兰”“香满园”“金元宝”“海皇”“鲤鱼”“欣百味”等品牌，成品米年销量超过200万t。小麦面粉加工产品包括小包装面粉及挂面、工业粉、烘焙粉、餐饮通用粉及小麦加工副产品等，其中“金龙鱼”多用途小包装粉、“金山”“花鼓”高端烘焙粉、“香满园”牛肉面专用粉等市场细分产品市场占有率较高。另外，公司构建了覆盖全国的强大营销网络和通畅经销渠道，销售范围覆盖全国所有2 800多个市县，110多万个终端客户。

第四节　产业发展存在的问题

一、粮食产业精深加工率偏低

我国粮食加工产品种类逐渐丰富，产品结构得到优化调整，但相对于发达国家，我国粮食加工企业在满足个性化、多样化、多功能消费上还存在一定差距，粮食精深加工率偏低。我国大米加工的企业数量众多，但产品同质化严重，产品结构单一，过度集中于产业链低端。而日本已经开发的大米品种达300余种，产品包括方便食品、调味品、营养品、化妆品等。我国是世界上最大的面食品生产国和消费国，近年来面粉消费量整体比较平稳，主要的变化在于结构差异，食品工业粉、专用粉占比不断增加，居民日常生活用粉中的蒸煮通用类产品逐步细化，未来消费者对于营养健康的面粉产品、主食产品的需求会越来越高。

二、粮食加工科技基础理论不足，突破产业技术瓶颈进度缓慢

我国对粮食加工科技研究的投入不足，食品加工产业科技占农业科技总体投

入的比例偏低。农业农村部数据显示，我国农业科技进步贡献率达 65%，农作物综合机械化水平超过 61%，品种对提高单产的贡献率达到 43%，而发达国家的粮食加工科技贡献占比高达 70%以上。基础研究薄弱，技术支撑力度不够，缺乏高效节能加工技术及相关设备的创新与研发；创新和提高健康谷物食品、加工副产品综合利用等相关方面的技术和工艺，智能化控制技术、大型化和集约化技术等，制约了粮食加工业的产业结构调整与升级。

三、粮食加工装备水平不高，缺少智能化控制的成套设备

我国粮食加工企业通过应用计算机辅助设计和制造、精密铸造、数控加工中心、数控折弯冲压、激光切割、机电一体化和自动化控制等先进技术与手段，新产品不断涌现，质量和性能不断提高。大型粮食加工成套设备制造技术有一定提升，部分领域的工艺和设备达到国际先进水平，但仅能满足国内谷物初级加工和小型加工业发展需要，大型的粮食加工制造设备依赖进口，缺少节粮降耗和精准加工的智能化控制成套设备。另外，当前中国稻米和小麦面粉加工的单位能耗较高，针对粮食产品质量安全、营养健康和节能减排的智能化技术装备缺乏。

第五节　产业发展趋势

一、粮食加工产业发展更加注重“营养健康”

2021 年末，市场监管总局发布了修订后的国家标准《小麦粉》（GB/T 1355—2021）。新标准突出营养健康，适用于无添加物的食用小麦粉，不得添加食品添加剂、食品配料等。同时注重适度加工，将原标准中“特制一等”“特制二等”“标准粉”“普通粉”4 个等级调整为“精制粉”“标准粉”“普通粉”3 个类别。据测算，以普通粉为例，总出粉率可提高 0.5%～3%，新标准发布后将有利于满足消费者对绿色优质、营养健康产品的需求。而 2019 年实施的大米新国标《大米》（GB/T 1354—2018）也突出了这一理念，对大米“加工精度”指标设置了上限，对一级大米的加工精度由“旧国标”的 90%以上调整为 80%～90%，突出了适度加工，更多地保留了大米原有的营养价值。大米和小麦粉“新国标”的广泛宣传和实施，可使居民走出精米白面消费误区，也使加工企业更加

注重提升产品质量，避免过度加工，加快转型升级，推动行业健康发展。

二、推动“适度加工”和“节粮减损”

2021年9月，在山东济南召开以“减少粮食损失浪费，促进世界粮食安全”为主题的国际粮食减损大会。习近平总书记对此次大会高度重视，呼吁各方携手合作推动粮食减损。他指出，粮食安全是事关人类生存的根本性问题，减少粮食损耗是保障粮食安全的重要途径。面对粮食安全问题，世界各国应该加快行动，切实减少世界粮食损耗。粮食损耗在仓储和加工两个环节占比较大，其中加工是节粮减损的重要环节。统计表明，我国市场供应的标一以上精度的大米（精米）占90%以上，面粉中特一粉和特二粉（细面）之和超过70%，加工精度更高的麦芯粉、雪花粉等产品的市场份额也在不断扩大。过度追求精米细面既损失了大量的膳食纤维、维生素等营养物质，也降低了粮油出品率。因此，要深入开展科技创新，突破绿色加工、适度加工技术、高附加值制造技术等多项关键技术，解决我国粮油过度加工导致的营养素流失、蛋白质功能损伤等问题，有效减少粮食损失浪费。

三、产业创新模式强化示范带动

2019年财政部、国家粮食和物资储备局联合印发的《关于深入实施“优质粮食工程”的意见》指出，支持企业以“公司+合作社+基地+农户”模式结成利益共同体，开展订单收购，建设种植加工基地，发挥示范引领作用，放大带动效应，增加优质粮油产品，带动农民持续增收。目前，在各地政府和企业的积极探索下，“公司+科研+农户”“龙头企业+合作社+农户”“合作社+农户”“企业+基地+合作社+农户”“公司+合作社+家庭农场+种植大户”“互联网+粮食”等一大批适合本地的创新模式悄然兴起，起到了示范带动作用。国家小麦加工研发分中心恒丰集团通过加大“农户订单”种植、建设高标准连片基地、与农户共同成立合作社等多种模式，使绿色优质小麦订单种植规模达到50万亩，涉及近2万农户，保证了原粮的质量，大大提高了粮食加工生产效率，提升了产品质量，既使农民增收，又提升了企业经济效益。

第二章　2021 年油料加工产业发展情况

第一节　产业现状与发展成效

2021 年，我国主要油料产量稳步增长，达 6 208. 1 万 t，同比增幅约 1. 85%，其中棉籽的生产量最高，达 1 058. 1 万 t，同比增长 23. 0%。同年植物油总产量略有涨幅，而大豆油作为占比最大的植物油却同比降低 9. 4%。植物油消费量稳定增长，2021 年消费总量达 4 189. 1 万 t，同比增长 5. 2%；其中大豆油消费量达 1 804. 5 万 t，已连增 2 年；菜籽油消费量达 820 万 t，同比增长 0. 66%；棕榈油和花生油消费量分别约为 687 万 t 和 353. 8 万 t。2021 年我国进口油籽合计 10 025 万 t，同比降低 2. 4%，其中大豆为最主要的进口品种，占比为 96. 7%，油菜籽次之，占比 1. 8%，巴西、美国、阿根廷、加拿大、乌拉圭和俄罗斯为主要进口来源国。同年我国进口食用植物油 1 298 万 t，同比增长 9. 7%；出口仅 15 万 t，同比下降 28. 2%，主要进口来源国为印度尼西亚、马来西亚、乌克兰、俄罗斯、加拿大。

2021 年发布了系列油料油脂标准，主要包括《菜籽油》（GB/T 1536—2021）《芝麻》（GB/T 11761—2021）《橄榄油、油橄榄果渣油》（GB/T 23347—2021）《牡丹籽油》（GB/T 40622—2021）等国家标准以及《绿色食品　食用植物油》《绿色食品　调味油》2 个行业标准和《高油酸菜籽油》《红棕榈油》《萝卜籽油》《特级亚麻籽油》《冷榨亚麻籽油》《油茶籽油品质控制及溯源技术规范》6 个团体标准。同时，全国油料加工能力不断增强，达 5 000 万 t。此外，自行设计与引进的油脂精炼生产线逐渐增多，规模也逐渐增大，油脂精炼能力可达 700 万 t。

一、2021 年油料加工产业发展概况

2020/2021 年度，我国主要油料生产总量为 6 208. 1 万 t，较 2019/2020 年度

的 6 095.5 万 t 增长了 1.85%。其中，棉籽生产量为 1 058.1 万 t，较 2019/2020 年度的 860 万 t 增长 23.03%；花生生产量为 1 820 万 t，较 2019/2020 年度的 1 752 万 t 增长 3.88%；菜籽生产量为 1 400 万 t，较 2019/2020 年度的 1 348.5 万 t 增长 3.82%；大豆生产量为 1 640 万 t，较 2019/2020 年度的 1 810 万 t 降低 9.39%；葵花籽生产量为 290 万 t，较 2019/2020 年度的 325 万 t 降低 10.77%（图 2-1）。

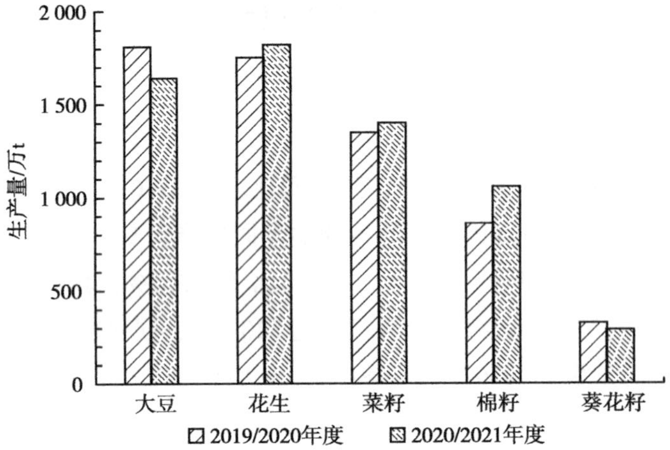

图 2-1　2019—2021 年度中国主要油料生产量

（资料来源：美国农业部）

2020/2021 年度，我国植物油总产量为 2 825 万 t，较 2019/2020 年度的 2 763.2 万 t 增长 2.19%。其中大豆油产量为 1 684.5 万 t，较 2019/2020 年度的 1 639.7 万 t 增长 2.73%；菜籽油产量为 616.2 万 t，较 2019/2020 年度的 603.9 万 t 增长 2.04%；花生油产量为 324.8 万 t，较 2019/2020 年度的 316.8 万 t 增长 2.53%（图 2-2）。

2020/2021 年度，我国植物油消费量为 4 189.1 万 t，较 2019/2020 年度的 3 981.7 万 t 增长 5.21%。其中，大豆油消费量为 1 804.5 万 t，较 2019/2020 年度的 1 709.3 万 t 增长 5.57%；菜籽油消费量为 820 万 t，较 2019/2020 年度的 814.6 万 t 增长 0.66%；棕榈油消费量为 687 万 t，较 2019/2020 年度的 643.3 万 t 增长 6.79%；花生油消费量为 353.8 万 t，较 2019/2020 年度的 338.2 万 t 增长 4.61%（图 2-3）。

随着国家关于限制散装油销售相关法规的不断出台、居民生活水平的提升以及消费升级趋势显现，中小包装食用油消费量逐渐上升。而中小包装食用油又数

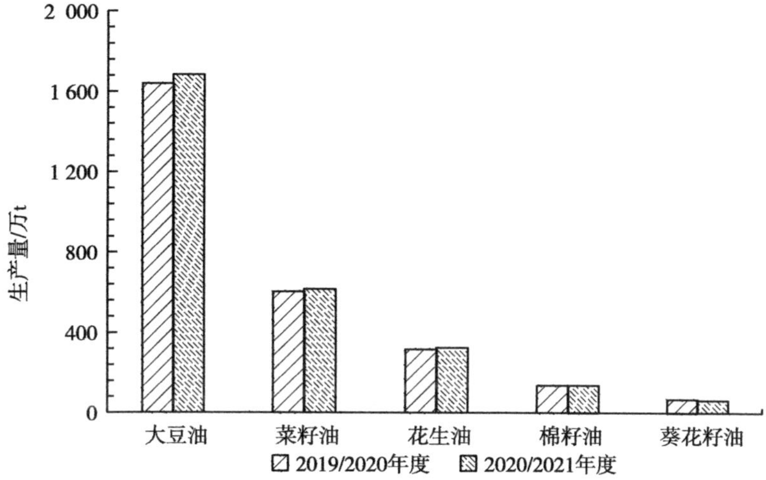

图 2-2 2019—2021 年度中国植物油生产量

（资料来源：美国农业部）

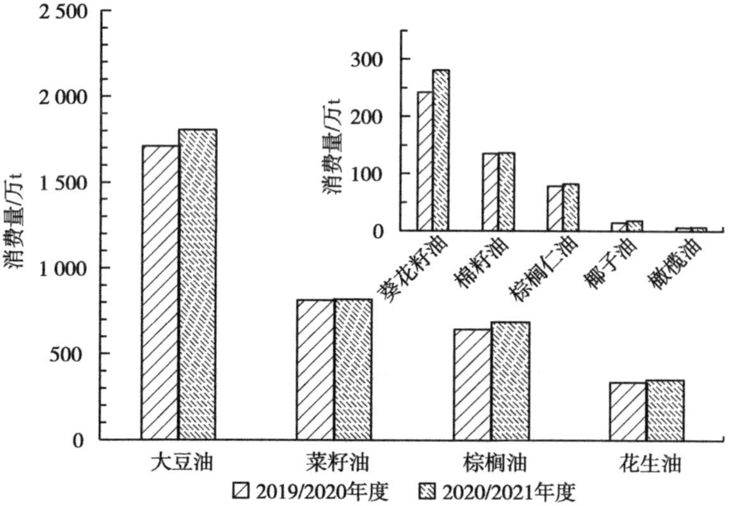

图 2-3 2019—2021 年度中国植物油消费量

（资料来源：美国农业部）

大豆油销量最多、花生油销售额最高、大卖场和超市销售比重最大、益海嘉里（金龙鱼）品牌市场份额较高。

2020/2021 年度，我国进口各类油料合计为 10 025 万 t，较 2019/2020 年度的 10 271.2 万 t降低了 2.40%。其中，大豆进口量为 9 700 万 t，较 2019/2020 年度的 9 853.3 万 t降低了 1.56%；菜籽进口量为 185 万 t，较 2019/2020 年度的

255.8 万 t 降低 27.68%；花生进口量为 110 万 t，较 2019/2020 年度的 135 万 t 降低 18.52%（图 2-4）。市场分析报告指出，大豆进口下滑的原因在于，国内大豆压榨利润微薄导致油厂需求放慢，而 8 月底的艾达飓风导致美湾出口设施运营中断数周，也限制了美国对华大豆出口。2020 年中国大豆进口量创最高纪录，因为国内生猪存栏量从非洲猪瘟疫情中迅速恢复，有助于提振饲料需求，促使压榨厂扩大采购。但是生猪供应过剩导致 2021 年价格持续低迷，养殖利润转为亏损，进而影响到养猪业以及饲料厂的豆粕需求。不过目前形势表明 2022 年巴西大豆播种进展顺利，新豆产量前景乐观，这促使许多买家选择等待巴西新豆上市。

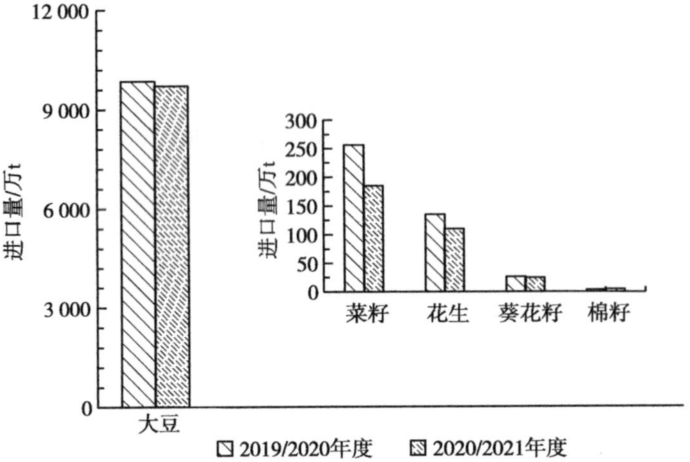

图 2-4　2019—2021 年度中国油料进口量

（资料来源：美国农业部）

2020/2021 年度，我国出口各类油料合计为 100.4 万 t，较 2019/2020 年度的 114.3 万 t 降低 12.16%。其中，花生出口量为 46 万 t，较 2019/2020 年度的 55.3 万 t 降低 16.82%；葵花籽出口量为 47.5 万 t，较 2019/2020 年度的 50 万 t 降低 5%（图 2-5）。

2020/2021 年，我国进口各类植物油合计为 1 262.4 万 t，较 2019/2020 年度的 1 183.7 万 t 增长 6.65%。其中，棕榈油进口量为 681.8 万 t，较 2019/2020 年度的 671.9 万 t 增长 1.47%；菜籽油进口量为 236.5 万 t，较 2019/2020 年度的 194 万 t 增长 21.91%；大豆油进口量为 123.1 万 t，较 2019/2020 年度的 100 万 t 增长 23.1%；花生油进口量为 34.6 万 t，较 2019/2020 年度的 22.6 万 t 增长 53.10%；椰子油进口量为 17.2 万 t，较 2019/2020 年度的 14.8 万 t 增长 16.22%。而葵花籽油进口量为 164 万 t，较 2019/2020 年度的 174.9 万 t 降低

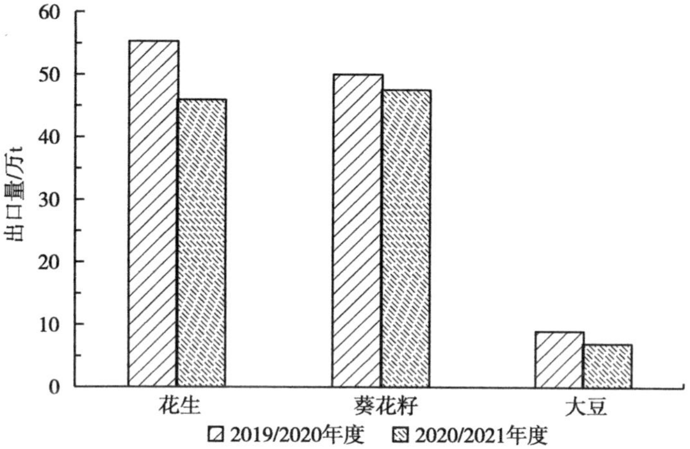

图 2-5　2019—2021 年度中国油料出口量

（资料来源：美国农业部）

6.23%；橄榄油进口量为 5.2 万 t，较 2019/2020 年度的 5.5 万 t 降低 5.45%（图 2-6）。

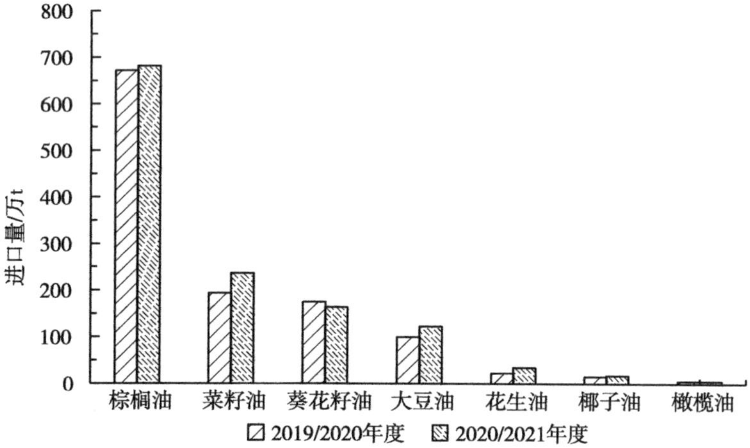

图 2-6　2019—2021 年度中国植物油进口量

（资料来源：美国农业部）

2020/2021 年度，我国出口各类植物油合计为 15 万 t，较 2019/2020 年度的 20.9 万 t 降低 28.23%。其中，仅菜籽油的出口量发生少量增加，由 2019/2020 年度的 0.4 万 t 增长至 2020/2021 年度的 0.5 万 t；葵花籽油与棉籽油在 2019/2020 年度与 2020/2021 年度的出口量保持不变，分别为 0.3 万 t 与 0.2 万 t；其余植物油出口量均降低，大豆油同比减少 35.48%，棕榈油同比减少 9.09%，花生油同比减少 16.67%（图 2-7）。

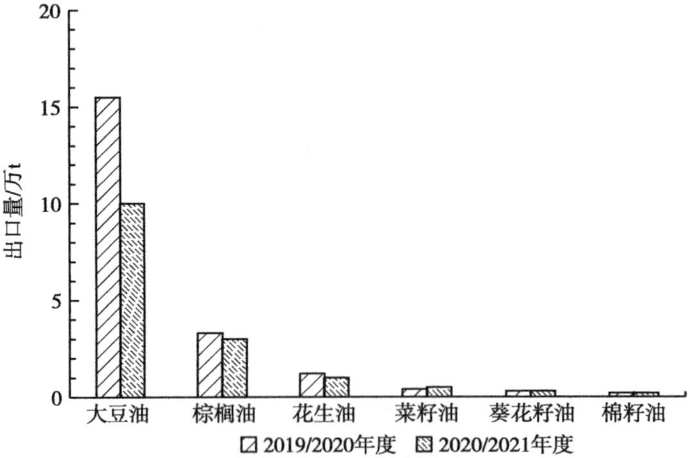

图 2-7　2019—2021 年度中国植物油出口量

（资料来源：美国农业部）

二、油料加工产业发展成效

1. 一系列油料油脂国家、行业、团体标准相继出台

由国家市场监督管理总局、国家标准化管理委员会批准发布的《菜籽油》（GB/T 1536—2021）《芝麻》（GB/T 11761—2021）《橄榄油、油橄榄果渣油》（GB/T 23347—2021）《牡丹籽油》（GB/T 40622—2021）国家标准，于 2022 年 5 月 1 日起实施，菜籽油标准修改了范围、定义与分类，调整了部分脂肪酸、烟点、酸价等特征或质量等级指标；芝麻标准重新定义了等级，删除了部分质量指标；橄榄油、油橄榄果渣油标准更改了初榨橄榄灯油、混合橄榄油、粗提油橄榄果渣油反式脂肪酸的限量以及气味与滋味、酸价、过氧化值等质量指标；牡丹籽油标准是首部油用牡丹产业的国家级标准，加快推动了产业规模化、标准化发展。4 项新国标的发布有利于节能降耗，引导生产企业适度加工。农业农村部发布的《绿色食品　食用植物油》《绿色食品　调味油》2 个行业标准，中国粮油学会发布的《高油酸菜籽油》《红棕榈油》《萝卜籽油》《特级亚麻籽油》《冷榨亚麻籽油》《油茶籽油品质控制及溯源技术规范》6 个团体标准也于 2021 年正式实施。上述标准的发布与实施，为植物油产业高质量发展、公众高品质消费提供了指引。

2. 油料加工能力不断增强

全国油料加工能力达 5 000 万 t。以大豆浸出加工为主，在建及已建成的

1 000~2 500 t/天大型油厂近 80 个，最大的达 5 000 t/天。浸出制油占整个制油能力的优势明显上升。我国每年用于榨油的花生不足产量的一半，各类花生油产量为 270 万~300 万 t。我国规模以上油菜籽加工企业 400 余家，其中日压榨能力在 1 000 t 以上的企业有 40 余家，年加工能力超过 1 800 万 t。膨化浸出、混合溶剂浸出、液态烃浸出、超临界流体浸出等技术都有不同规模的应用。全国已有 30 余条大豆分离蛋白生产线，年产量为 3 万 t。道道全股份有限公司提出预混器和箱链式浸出器组合浸出，提高萃取效率，增大单机处理量，达到 6 万 t/年，解决了单机装备大型化问题。

3. 自行设计与引进的油脂全精炼生产线逐渐增多，规模逐渐增大

油脂精炼能力达 700 万 t。其中，全精炼能力占 120 万 t，物理精炼、混合油精炼等技术也相继采用。食用油脂品种琳琅满目。从不同油料生产的普通食用油发展到高级烹调油、煎炸油、色拉油、营养及风味调和油、人造奶油、起酥油及其他专用油脂。富含生物活性成分的特殊油料加工不断取得进展，如谷类胚芽、沙棘、紫苏籽、葡萄籽、月见草及番茄籽等。

第二节　重要技术发展情况

一、食品工业专用油脂升级制造关键技术及产业化

针对我国食品工业专用油脂制造基础理论体系不完善、自主加工技术缺乏、装备依赖进口等制约产业发展瓶颈，江南大学团队创新完善了我国食品工业专用油脂基础理论体系，提出了油脂结晶网络、油脂结晶相容性理论，探明了解决油脂不相容问题的酶促酯交换有效技术途径；建立了酶促酯交换油脂稳态化、静电自组装高效乳化、激冷瞬时结晶过程冰晶穿刺控制关键技术，实现了传统氢化制备技术的升级换代，从源头上彻底避免了反式脂肪酸的形成，实现了一步柔性乳化，大幅降低了加工能耗和乳化剂用量成本；开发了我国首台规模化核心装备激冷捏合机，加工能力可达 30 t/h，换热效率提升 12%~17%，结晶时间缩短 50%，实现瞬时低温结晶系统装备的自主突破，打破了国外规模化成套核心装备完全垄断的局面，产品出口美国、加拿大。通过项目的技术装备集成创新，实现了人造奶油、起酥油、粉末油脂、植脂奶油、煎炸油等食品工业专用油脂产品的技术升级，创制了 19 种新产品并实现产业化，取得了显著的经济与社会效益。

二、菜籽油精深加工关键技术创新及产业化

武汉轻工大学及相关企业针对油脂适度加工，提高油脂的食用安全性和使用品质，采用了酶法脱胶工艺，并对其进行优化，降低脱胶油磷含量，以使其适应于油脂物理精炼；采用废白土预脱色——低活性凹凸棒土再脱色工艺，进行工艺优化，提高油脂色泽，降低脱色剂用量，并且使油脂色泽达到国家一级油标准；采用低温短时两级捕集回流脱臭工艺，进行工艺优化后，降低油脂中维生素 E 和甾醇等营养物质的损失率，并且降低脱臭油中反式脂肪酸的生成量。油脂的适度加工工艺降低能耗和原辅料消耗，提高油脂精炼率和品质，提升油脂附加值，保障油脂食用安全性和稳定性。

三、玉米胚及其制油生产中真菌毒素控制和脱除关键技术研发应用

河南工业大学相关团队研究了不同原料和不同工艺提取玉米胚的真菌毒素含量等品质指标及其对玉米油综合质量的影响，建立了以优质玉米原料经半干法提胚生产食用玉米胚的技术；系统研究了 6 种方法对玉米胚中真菌毒素的消除效果，优化建立了淡碱蒸胚消除技术和臭氧熏蒸法消除技术，解决了玉米胚和玉米油加工过程真菌毒素的安全问题；优化建立了玉米粕中 3 种真菌毒素的醇洗脱除技术，使粕中 ZEN 和 AFB1 脱除率分别达 80%和 75%以上，DON 脱除率接近 100%，真菌毒素残留量均明显优于国标限量，同时蛋白含量提高 3%，粕的色泽、风味及口感得到明显改善，提高了饲料的应用价值；明确了玉米胚及其加工产物玉米油和玉米粕中的 DON 含量水平及风险程度，以及玉米胚制油过程 DON 的迁移规律，针对不同污染程度，优化建立了玉米油中 DON 的脱除方法，脱除率达到 58%~88%，同时提高了油脂精炼率，降低了加工助剂的使用量，整体技术达到国际先进水平。

第三节　头部企业分析

据统计，当前我国食用油市场规模达 2 600 万 t，其中家庭烹饪约占总量的 38. 5%，达 1 000 万 t；餐饮渠道约占总量的 30. 7%，达 800 万 t。随着小包装食

用油市场日趋成熟，市场品牌已形成一定影响力，金龙鱼、福临门、鲁花处于第一梯队，其 2021 年品牌力指数（C-BPI）分别为 731.2、515.6、395.6，约占食用油销量的 70%。据 Euromonitor 数据，中国市场占有率前 10 的食用油品牌中，益海嘉里就占了 3 个。其主要品牌“金龙鱼”是食用油中市场占有率最高的品牌，市场份额为 33.7%，远高于市场占有率 7.2%排第三名的“鲁花”。

一、山东鲁花集团有限公司

山东鲁花集团有限公司是一家大型的民营企业、中国民族品牌、农业产业化国家重点龙头企业，生产以花生油为主，以低芥酸菜籽油、压榨葵花仁油、压榨玉米胚芽油、大豆油等多品类为辅的食用油产业链。食用油年生产能力 150 万 t，其中花生油年生产水平 80 万 t，葵花仁油生产水平 10 万 t。产品畅销全国 30 多个省（区、市），并出口多个国家和地区，2021 年实现销售收入 74.2 亿元。鲁花利用 5S 物理压榨技术，全过程都不需要添加化学产品，不存在溶剂残留问题，可以保存成品油脂中的天然营养成分和花生的天然香味。在价格竞争及品牌塑造方面，采取高质高价的高端品牌策略，品牌塑造很成功，并通过推出“40%花生调和油”打造出一个围绕“鲁花”品牌的高端消费群。而调和油、花生油等都具有较高的品牌附加值。在政策方面，2021 年 1 月 31 日，中央一号文件正式发布实施花生良种补贴试点、大力开展油料生产，加快优质花生生产基地县建设等惠农政策。

二、益海嘉里金龙鱼粮油食品股份有限公司

益海嘉里金龙鱼粮油食品股份有限公司在 2021 年实现净利润 41.32 亿元，同比下降 31.1%。主要原因是原材料成本上涨及竞争加剧。虽然公司上调了部分产品的售价，但并未完全覆盖原材料成本的上涨，利润同比下降。此外，市场竞争加剧，叠加消费疲软的因素，公司的中高端零售产品销量受到较大影响；同时，随着报告期内国内新冠肺炎疫情得到有效控制，国内餐饮市场的复苏，餐饮渠道逐步恢复，因此，公司厨房食品的产品结构中，毛利率较低的餐饮渠道产品的销量占比提升，市场综合占有率为 33.7%。2021 年，全国 25 个省（区、市）建成生产基地 70 余个，生产型企业 100 余家，主要涉足油籽压榨、食用油精炼、专用油脂、油脂科技、水稻循环经济、玉米深加工、大豆深加工、小麦深加工、食品原辅料、粮油科技研发等产业。

第四节　产业发展存在的问题

一、特色油料加工发展相对滞后，产业综合效益不高

加工企业竞争力总体偏低。中国特色油料加工企业众多，但仍以小规模为主，缺乏大型龙头企业。特色油料产业技术体系的监测数据显示，全国特色油料监测示范县域内 1 000 t（原料）以上加工能力的原料加工企业仅有 97 家，占原料加工企业总数比仅为 9%。100 t 以上油脂加工能力企业有 266 家，占油脂加工企业（包含油坊）比重仅为 6.2%。年产值 500 万元以上规模的食品加工企业累计有 122 家，占食品加工企业的比重为 27%。企业规模小带来的突出问题就是技术设备相对落后、产品标准化程度相对偏低。

二、油料加工链条相对较短，产品附加值偏低

目前，菜籽、花生、大豆等副产物利用综合加工逐年提高，但芝麻、葵花籽等油料利用率还处于较低水平。芝麻加工制品涵盖芝麻油、芝麻酱等传统加工产品，还可作为馅料和辅料开发不同的产品，如芝麻汤圆、芝麻饼干等；葵花籽加工制品主要以炒制类和油脂类为主；胡麻籽加工企业则主要集中在胡麻油脂类产品加工，其他产品开发极少。除芝麻产品加工多元化特征相对突出外，胡麻和向日葵产品结构均较为单一，但 3 种产品的产业链条均较短，附加值总体偏低。涉及关键功能成分如 α-亚麻酸、芝麻素、木酚素等的提取和利用以及医用功能的开发等高附加值产业尚未形成规模。以稻谷加工副产物米糠来说，日本米糠综合利用率高达 100%，同为发展中国家的印度也达到了 30%，而我国米糠综合利用率尚不足 20%，资源利用率严重偏低。

第五节　产业发展趋势

一、发展高油酸食用油是未来的趋势之一

食用植物油的脂肪酸组成以及含量的高低，是衡量其品质高低的重要条件。

诸多食用油中，在橄榄油和油茶籽油的脂肪酸组成中，其油酸的含量一般都高达75%以上，是其一大特点，也是国内外消费者公认的高端食用油的重要条件。油酸含量高的食用植物油具有降低人体血浆中低密度脂蛋白胆固醇含量、调节血脂水平、减少罹患心血管疾病风险、有益于人体心血管健康和对心脏起保护作用等营养保健功能；与普通食用油脂相比，高油酸油具有稳定性高、不易氧化变质、货架时间长、在较高温度烹饪时不易冒烟、损耗少的特点，非常适用于作为家庭烹调以及要求存放时间长的快餐食品类和糕点类用油。另外，用高油酸油生产的生物柴油，具有稳定性强、熔点低、点火温度低、冬季操作性能好等优点。为此，研究培育高油酸油料作物，诸如高油酸花生、高油酸葵花籽、高油酸菜籽等已经成为全球油料培育和种植的一个热点，发展势头迅猛。

二、延长特色油料产业链，促进特色油料精深加工和多功能利用

拓展多样化、营养化、方便化、安全化、优质化的油用制品开发，以油料生产基地为基础，以科学技术为先导，以合作经济组织为依托，根据市场需求和消费趋势，开发具有高附加值的工业品、化妆品、药用品，实现产业增值增效，实现特色油料产业可持续发展。充分利用特色油料作物观赏功能，结合乡村旅游和文化拓展产业多功能性。引导特色油料企业借助互联网构建营销“新渠道”，扩大消费“新对象”，发展“新市场”，鼓励企业通过电商、微商等新兴营销渠道宣传和销售特有产品。随着人口的增长，特别是人民生活水平的不断提高，我国对食用植物油的消费需求将持续增长，而国内生产发展缓慢不能满足这种需求，两者之间的缺口将长期存在，而且还有增大的趋势。未来，在政策的指引下，菜籽油、玉米油和油茶籽油将迎来较大的发展，市场格局也将改变。食用油市场行业发展趋势将向“四化”阶段，即“品牌化”“小包装化”“高端化”“细分化”发展。

三、扩大大豆和油料的生产，提高大豆和油料自给率

近年来，中国每年的大豆进口量都在 1 亿 t 左右，2021 年虽然略有下降，但仍处于高位。为降低大豆进口的压力，我国会积极恢复东北地区的大豆面积，完善玉米大豆生产者补贴政策，支持东北地区积极推行大豆玉米合理轮作。目前全国的大豆玉米带状复合种植面积已经达到 700 多万亩，2021 年将加大推广力度，

大力在黄淮海地区、西南地区、西北地区等适宜地区开展大豆玉米带状复合种植。除了长江流域的油菜外，还要大力发展西北、华北地区的花生以及以南方山地为主的油茶等木本油料。通过多油并举、多措并施，未来大豆和油料的自给率争取能够有一个较大的提高。

第三章 2021 年果品加工产业发展情况

第一节 产业现状与发展成效

果品加工业是农产品加工业的重要组成部分之一。从 1993 年开始，我国果树栽培和果品总产量稳居世界第一位。截至 2020 年，全国果品种植面积和产量均有不同程度的增加，总体呈上升趋势。2019 年我国果园种植总面积为 1 227.67 万hm^2，较上一年保持稳定（表 3-1）。

表 3-1 2018 年和 2019 年我国果园面积 单位：万 hm^2

水果种类	2018 年	2019 年
总量	1 187.48	1 227.67
香蕉	33.19	33.03
苹果	193.86	197.81
柑橘	248.67	261.73
梨	94.34	94.07
葡萄	72.51	72.62

数据来源：国家统计局。

2018 年我国水果总产量为 25 688.35 万 t，2020 年水果总产量增长到 28 692.36 万 t，呈增长趋势。除香蕉和梨外，其他果品种植面积如苹果、柑橘、葡萄均有不同程度的增加，但 2019 年香蕉和梨的总产量依然呈增加的趋势。其中柑橘果园面积的变化幅度是最大的，从 2018 年的 248.67 万hm^2 增加到 2019 年的 261.73 万hm^2，2019 年较 2018 年面积增加了 5.3%。柑橘产量增长幅度在所有果品中也稳居第一，从 2018 年的 4 138.14 万 t 增加到 2020 年的 5 121.87 万 t。2020 年较 2018 年产量增加了 23.8%。同时 2018 年和 2019 年柑橘种植面积在所有果品中占比最高，2018—2020 年柑橘产量在所有果品中也位列第一，其次分别是苹果、梨、葡萄和香蕉等（表 3-2）。

表 3-2　2018—2020 年我国水果产量　　单位：万 t

水果种类	2018 年	2019 年	2020 年
总量	25 688.35	27 400.84	28 692.36
香蕉	1 122.17	1 165.57	1 151.33
苹果	3 923.34	4 242.54	4 406.61
柑橘	4 138.14	4 584.54	5 121.87
梨	1 607.80	1 731.35	1 781.53
葡萄	1 366.68	1 419.54	1 431.41
菠萝	162.50	173.30	—
红枣	735.76	746.40	—
柿子	314.26	329.40	—

数据来源：国家统计局。

注："—" 表示数据暂未提供。

一、2021 年果品加工产业发展概况

2020 年暴发了新冠肺炎疫情，全国经济大幅下跌，各行各业都遭受了不同程度的影响，果品行业也遭受了重创，果品销售总体下降，时令水果销售危机重重。以柑橘为例，柑橘种植产业呈现总量超饱和、季节性过剩突出、主要品种过剩明显三大特征，新冠肺炎疫情来势汹汹，过剩压力与疫情困境叠加，对柑橘加工业更是雪上加霜。春季是柑橘大量上市的季节，疫情加大了延误春季生产的风险，虽然国家已在物流、农资供给方面出台了相关政策和措施，但对于用工量大、工作时间紧的特殊节点，特别是栽培模式相对落后的果园，延误春季生产的风险还在持续加大。在疫情影响下，用工和货物、人员流动限制等为这些实体的期望收入蒙上了阴影。客商往来停滞，采收人工短缺，广西、广东和海南上市柑橘、菠萝、香蕉等当季水果都受疫情影响销售困难。根据广东水果市场定点监测，在疫情还没全面影响的 1 月，柑和橙的交易量环比下降 24%和 18%，菠萝、火龙果、香蕉、西瓜交易量环比下降 22%、22%、19%和 11%。但同时此次疫情危中有机，通过这次疫情，多吃果蔬均衡营养、增强体质、提高免疫力和抗病能力的大众健康意识得到增强，水果成为人们每日必不可少的食品，这为库存水果提供了机遇，疫情过后将迎来可预见的出货高峰，集中上市终是质优者取胜。

二、果品加工产业发展成效

一是果品加工产业自主创新能力明显增强。我国对果品加工科技研发的支持

力度明显增强，取得了一批重大科技成果，制定了一批新标准，建设了一批创新基地，培育了一批优秀人才，组建了一批产业技术创新联盟，果品加工科技创新能力不断增强，果品加工装备行业整体技术水平显著提高，食品安全保障能力稳步提升，有力支撑了果品加工产业持续健康发展。

二是果品加工产业科技水平大幅提升。通过建设一批农业农村部重点实验室及科研技术集成基地等平台，形成了一支高水平的创新队伍，显著增强了果品加工产业的科技创新能力。在南方特色水果、特色浆果等果品的绿色制造技术装备上取得了重大突破，解决了一批果品生物工程领域的前沿关键技术问题，开发了具有自主知识产权的高效发酵剂与益生菌等；营养健康导向的果品制造实现了产业化开发，大幅度提高了果品的加工转化率和附加值。2020 年浙江大学刘东红教授牵头完成的“包装食品杀菌与灌装高性能装备关键技术及应用”成果荣获 2020 年度国家技术发明奖二等奖。广东省农业科学院张名位研究员牵头完成的“营养健康导向的亚热带果蔬设计加工关键技术及产业化”获得 2020 年度国家科学技术进步奖二等奖。

三是产品越来越多样化、个性化。产品不仅仅局限于传统的鲜果、罐头、果干、果脯、蜜饯等，鲜切、NFC 果汁、休闲果品等新型果品加工产品日新月异。在质量、档次、品种、功能以及包装等各方面已能满足各种消费群体和不同消费层次的需求，尤其是营养健康导向的休闲果品的绿色制造已经成了果品加工行业新的经济增长点。

第二节 重要技术发展情况

一、包装食品杀菌与灌装高性能装备关键技术及应用

该项目针对我国食品杀菌和无菌灌装装备技术中存在的杀菌靶向不足、控制精度不高，热杀菌均匀性差、柔性欠缺及生产效率低下，无菌灌装容器高速杀菌、无菌保持技术缺乏等问题，阐明了热、电解水、过氧化氢等对微生物的多靶点致死效应，发明包装容器和材料干法/湿法绿色杀菌技术，构建食品、容器、环境的高效无菌体系；突破低压到高压动态连续输送密封难题，发明多舱程序式升温、自适应累积控制等装备技术，创制高温连续杀菌装备，通过国际热力认证，突破高效无菌动态保持难题，发明高速柔性无菌灌装阀组、气帘无菌屏障等

装备技术，创制系列无菌灌装成套装备。该项目技术达到国际领先水平，在伊利、蒙牛、光明、达能、雀巢等国内外知名企业实现应用，出口加拿大、澳大利亚等46个国家，新增产值47.69亿元，利润5.31亿元，出口8 050万美元，连续5年国内乳品机械市场占有率排名第一，食品杀菌装备出口量全国最大，实现了我国杀菌装备从进口到出口，无菌灌装装备从低档到高端的彻底变革，经济与社会效益显著。项目荣获2020年度国家技术发明奖二等奖。

二、果蔬节能精准冷链保鲜技术研创及应用

该成果针对我国果蔬冷链产业基础差、损耗大、能耗高等问题，经过10余年的产学研攻关，实现了果蔬保鲜及装备基础理论创新、冷链关键技术与装备创新、冷链保鲜技术优化集成创新。该成果主要技术充气冷库达到国际领先水平、特大型相温库及*N*道保鲜链技术达到国际先进水平，核心技术授权专利36件，其中美国发明专利1件、国内发明专利27件，制定国家标准4项、行业标准5项，发表高水平论文56篇。成果在全国31个省份及“一带一路”相关国家应用，建立了12万余座微型冷库。成果的推广为我国生鲜果蔬冷链产业科技进步及经济社会发展做出了重大贡献。项目获批2020年度天津市科学技术进步奖一等奖。

三、果蔬高压非热加工关键技术及应用

目前我国果蔬汁加工行业存在着产品过度加工、技术缺乏创新、高品质NFC果蔬汁缺乏、超高压技术在NFC果蔬汁的适应性研究与开发滞后等问题。针对上述问题，廖小军教授研究团队根据国内外NFC果蔬汁发展趋势，在深入研究超高压加工技术的基础上，提出了NFC果蔬汁超高压+加工技术，从NFC果蔬汁原料加工特性、NFC果蔬汁超高压加工技术与工艺、NFC果蔬汁货架期预测方法以及NFC果蔬汁超高压加工生产线共4个方面进行了大量研究。研究成果筛选出了适合超高压加工的原料品种；开发了超高压+热烫、超高压+气体等“超高压+”系列技术和工艺；建立了以关键品质指标或以细菌总数为生物标志物的NFC果蔬汁货架期预测方法；开发了包括果蔬浊汁、清汁、果蔬泥3类NFC果蔬汁新产品和配套的超高压加工工艺；并率先在国内建立了NFC果蔬汁超高压生产线，首次实现了超高压NFC果蔬汁的工业化生产。“超高压+”技术有效解

决了传统热杀菌带来的NFC果蔬汁色、香、味、质构和营养等品质的劣变问题，并突破了超高压技术在NFC果蔬汁加工中的局限性，打破了制约高品质NFC果蔬汁的加工技术瓶颈，大幅提升了我国果蔬汁的加工技术水平和创新能力。相关成果获得2020年度中国轻工业联合会科技进步奖一等奖。

第三节　头部企业分析

一、国投中鲁果汁股份有限公司

国投中鲁果汁股份有限公司（简称“中鲁”）是国家开发投资集团有限公司控股的股份制企业（国投集团成员企业），2004年6月成为浓缩苹果汁行业第一家在国内主板上市的国有控股企业。中鲁主营业务为浓缩果蔬汁（浆）的生产和销售，以苹果、梨等果蔬农产品为生产原料，主导产品浓缩苹果汁占公司产品75%以上。公司产品80%以上出口外销，主要市场为美国、日本、欧洲、澳大利亚、加拿大等国家和地区，与世界知名食品饮料企业建立了长期稳定的贸易伙伴关系。

中鲁2017—2019年经营规模扩大，总营业收入平稳上升，直至2019年末总营业额达到13.3亿元，营业利润率常年维持在0.5%左右。但2020年由于新冠肺炎疫情的冲击，对客户需求、出口海运物流运输等造成显著影响，市场消费放缓及出口物流受阻，导致中鲁产品发货速度同比下降，已签订单未能按计划正常发运实现销售。此外，中鲁产品以出口为主，海运费居高不下，销售费用继续增长，毛利率同比下降，资产减值损失和确认的信用减值损失均下降，同比大幅减亏。预计2021年营业亏损达到1 256万~1 758万元，与2020年相比，亏损金额收窄约10 000万元，同比收窄幅度约84.70%（图3-1）。

在新冠肺炎疫情持续影响、海外出口受阻、大环境处于低迷状态等不利条件下，中鲁应积极应对，采取必要的保障措施：实时关注全球疫情发展及行业发展动态，努力优化资源配置，积极开拓市场渠道，在多个国家和地区保持领先的市场份额；适时调整产销策略，建成投产NFC果汁生产线，加快新品落地，开发新的利润增长点，稳固中鲁在行业的主导地位；此外，中鲁应保持原有优势，加大拓展力度，在保持北美、日本等果汁市场领先销售份额的同时，继续推进在国际新兴市场及国内市场的拓展，优化海外市场结构。同时加大国内市场开拓力

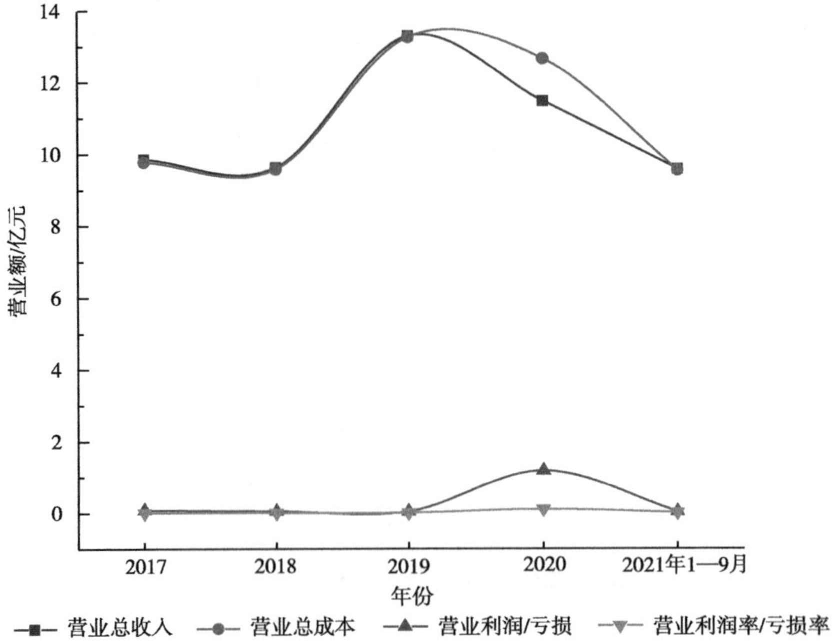

图 3-1　2017—2021 年 9 月国投中鲁果汁股份有限公司营业情况

度，积极参与国内“大循环”，努力扩大国内销售份额，调整总体市场格局；中鲁还需开展多元化业务，积极探索新业务生长点，加大开拓 NFC 果汁产品市场力度，在稳定销售量的基础上，与多家新增用户建立长期性合作，使国内销售的产品结构多元化。

二、宏辉果蔬股份有限公司

宏辉果蔬股份有限公司（简称“宏辉”）是一家集果蔬产品的种植管理、采后收购、产地预冷、冷冻仓储、预选分级、加工包装、冷链配送于一体的专业农产品服务商，主要产品包括约 42 个品类的水果以及约 43 个品类的蔬菜，品种涵盖全国南北各式特色果蔬，是农业产业化国家重点龙头企业。

宏辉销售规模扩大，近 5 年来运营平稳上升。2021 年 1—9 月实现营业收入 6.89 亿元，同比增长 0.4%；2020 年实现营业收入 9.64 亿元，同比增长 13.16%，其中，水果销售量 114 117.23 t，同比增长 19.96%，蔬菜销售量 19 115.43 t，同比增长 390.74%。相比 2017 年，营业总收入增长 40.94%。同时，每年成本也在逐渐增加，2020 年营业总成本达到了 8.91 亿元，相比 2017

年，营业总成本增长42.11%，因此，营业利润率常年在8%~9%徘徊。而2021年1—9月营业总成本6.49亿元，因疫情持续，果蔬市场及运输等受到不同程度的影响，营业利润率仅5.81%，较上年同期减少了36.19%（图3-2）。

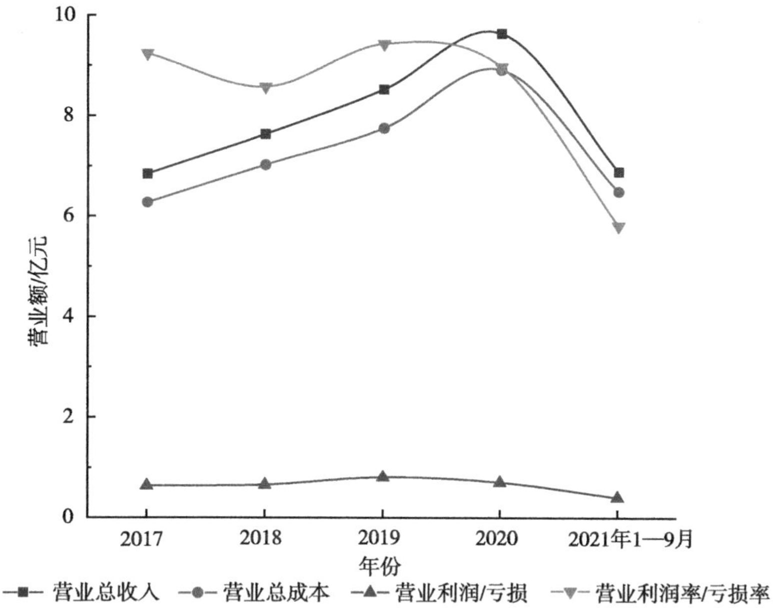

图3-2　2015—2021年9月宏辉果蔬股份有限公司营业情况

宏辉采用一体化现代农副产品加工模式，集成果蔬产业的种植管理、采后收购、产地预冷、冷冻仓储、预选分级、加工包装、冷链配送等环节，实现果蔬产品从基地到客户的直接供应；以一站式全产品链锁定高端客户，重点拓展国内外大型连锁超市等优质渠道，与多家连锁超市建立良好的合作关系；以客户需求为导向，着力于构建多产品可复制的产品组合，以满足超市客户多元化需求，丰富自身品类结构，逐步形成“横向可复制、纵向可拓展”的产品优势；针对多品类的产品结构，以“采购点覆盖优势产区，加工配送点辐射国内主要市场”的宗旨构建多区域采销结合的业务布局；在业内率先引进国际果蔬质量管理体系及高端客户的认证方法，深入果蔬产品的源头进行质量控制，符合国际标准的质量控制优势。经过多年的经营，宏辉在果蔬行业占有一席之地。

在行业发展受阻的大环境下，宏辉未来需加强拓展标准化基地管理；加大力度发展、发掘有潜力的水果品种种植地，保障公司营收利润的增长；扩大公司进口水果经营品类和数量，成为进口水果规模化经营者；增加与水果相关的食品开发，提高公司综合竞争力和盈利；开发有知识产权的水果单品，提升公司的竞争力和盈利能力；完善闭环式质控体系建设，为进一步打开市场打下基础；升级一站式供应服务能力，进一步提高公司为客户提供一站式、全产品供应服务的能力；加快全方位采销网络布局，进一步推进渠道建设工作。

第四节　产业发展存在的问题

近年来，我国果品加工业得到了一定的发展，但与国外果品加工发达国家相比，主要存在以下问题。

一、果品加工技术及工艺相对落后

我国果品加工业起步较晚，产后减损增值工程技术研究与开发及产业化发展严重滞后，虽从小作坊经过多年逐步发展为完备的果品工业体系，但总体上加工技术与工业相对落后，能耗水平高，效率较低，深加工精度不够。以浓缩果汁为例，行业还普遍采用单效或多效浓缩，存在能耗高等行业共性问题，而新型的机械蒸汽再压缩等节能技术还未在行业普遍应用；一批新兴干燥技术如氮源热泵干燥、微波真空干燥、过热蒸汽干燥、真空冷冻干燥等不断涌现。如与传统高温烘干工艺相比，果品通过真空冷冻干燥技术在真空、低温、低压的作用下迅速冷冻干燥，避免了传统干燥技术存在的变色、变味、变形、复水性差、营养损失大等缺陷，具有保持果干形、色、香、味以及营养不变、复水性好、可常温储藏等优势，为市场带来营养且健康的果干产品。另外，先进的无菌冷罐装技术与设备、冷打浆技术与设备等在美国、法国、德国、瑞典、英国等发达国家果品深加工领域被迅速应用，并得到不断提升。

二、加工关键装备依赖进口

尽管高新果品加工技术在我国果品加工业得到逐步应用，加工装备水平也得到了明显提高，但关键加工设备及部件进口依赖性较大，缺乏具有自主知识产权的核心关键技术与关键制造技术造成了我国果品加工业技术偏低、产品附加值偏低、生产规模较小、生产效率低下等问题。如柑橘榨汁设备、果汁浓缩机械蒸汽再压缩成套装备、利乐包无菌冷灌装等均长期依赖进口。近几年来，国内引进了许多国际一流的果品加工生产线，但这些生产线中的关键易耗零部件仍需依赖进口，虽然针对这些加工生产线上的关键易损零部件进行研发，取得了一定的进展，但技术性能指标与国外同类产品相比仍有较大差距，不少技术还停留在实验阶段，未实现工业化。

三、加工副产物综合利用率不足，综合附加值不高

我国果品加工业每年要产生数亿吨的下脚料，这些下脚料大部分都没有开发利用，不仅浪费资源，而且污染环境。然而，果品加工副产物等下脚料中仍然含有丰富的蛋白质、氨基酸、酚类物质、果胶、膳食纤维等营养成分。因此，如何使果品加工副产品变废为宝，综合利用加工副产物，是我国果品加工业降低成本和提高经济收益需要解决的主要问题。发达国家各种果品深加工产品在质量、档次、品种、功能以及包装等各方面都已能满足各种消费群体和不同消费层次的需求，多样化的果品深加工产品不但丰富了人们的日常生活，也拓展了果品深加工空间。如美国 ADM 公司利用废弃的柑橘果籽榨取 32%的食用油和 44%的蛋白质，从橘子皮中提取和生产柠檬酸已形成规模化生产，在原料加工利用方面具有较强的综合利用能力，已实现完全清洁生产。巴西柑橘加工企业利用巴西甜橙皮渣提炼获得香精油、黄酮、果胶、辛弗林、蛋白质，并通过化学修饰，将黄酮和果胶分别制备成不同酯化度和酰胺化的果胶、多甲基黄酮等多种产品，种子最后被制成颗粒状动物饲料，产生的废水用于生产沼气，其综合利用率达到 95%以上。

四、质量保障体系需进一步完善

尽管我国果品加工业已采用国家或行业标准，但普遍标准陈旧，与国际标准相比，在有害微生物及代谢产物、农药残留量等食品安全与卫生标准方面差距很大，不能与国际市场接轨。发达国家在食品安全与质量控制方面普遍实行“危害分析与关键控制点（HACCP）”“良好生产操作规程（GMP）”体系等质量管理规范。抽查数据显示，滥用农药、土壤重金属、不合理使用生长激素和非法使用添加剂等问题，直接影响我国果品的质量，而目前我国果品质量安全追溯制度尚未全面建立。

第五节　产业发展趋势

全球果品加工产业已发生深刻变化，技术装备更新换代更为频繁，果品加工制造智能、低碳、绿色趋势更加多元，产品营养健康需要导向与个性化定制趋势愈发明显，科技创新驱动全球果品加工产业向营养健康、绿色低碳与智能化方向快速发展。

一、传统果品的绿色智能制造及装备

面对资源、能源及环境约束日益严峻的形势，传统的果品加工生产方式正在经历深刻的变化。传统果脯、果干、果酒和果汁加工制造单位操作将进一步提质升级，如高效分级、机械蒸汽再压缩浓缩、超微粉碎、非热加工、节能干燥、发酵工程、酶工程等现代食品绿色低碳加工与智能制造技术的创新发展，已成为大型跨国食品企业参与全球化市场扩张的核心竞争力和实现可持续发展的不竭驱动力。

二、营养健康导向的果品精准设计及绿色制造

针对不同人群肠道微生物宏基因组学与营养代谢组学研究发掘的新需求，果品原料功能因子高通量筛选与绿色制备、果品功能因子稳态化及靶向递送技术研究可能是今后果品营养领域的研究热点之一。系统开展人类肠道微生物宏基因组学与人类分子营养代谢组学的理论研究；探索果品营养成分、功能因子对健康靶向影响，阐明果品成分、功能因子的协同作用及营养代谢与健康效应。从分子水平揭示功能因子和营养素的协同作用，为实现营养靶向设计奠定理论基础。开展膳食营养与健康大数据分析及营养功能评价等关键技术研究，开发适用不同人群营养保健性健康食品，支撑健康产业发展。

第四章 2021年蔬菜加工产业发展情况

第一节　产业现状与发展成效

我国是世界蔬菜生产、消费第一大国。蔬菜资源丰富，是我国种植业中仅次于粮食的第二大作物。近年来我国蔬菜产量稳步上升，国家统计局数据显示，2021 年蔬菜年产量超 7.50 亿 t（图 4-1），人均产量约 530 kg。

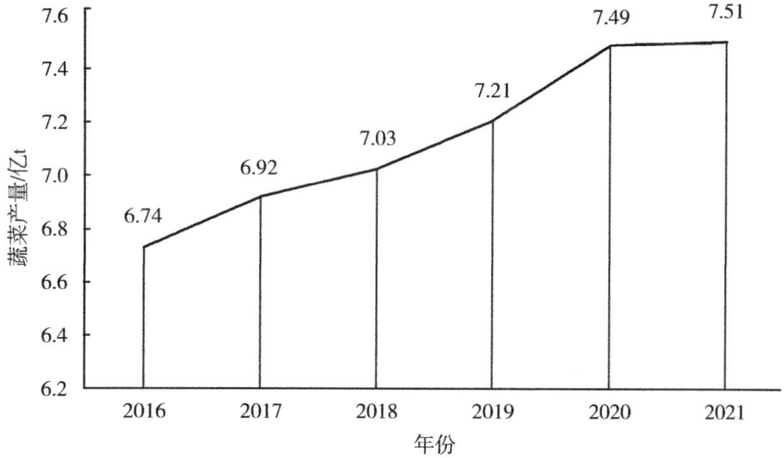

图 4-1　我国 2016—2021 年蔬菜产量

丰富的蔬菜原料给我国蔬菜加工业带来了巨大的发展空间。目前，我国规模以上蔬菜加工企业达到 2 300 余家，规模以上企业销售收入超过 4 000 亿元，在全行业中收入占比超过 50%。我国的蔬菜加工业已具备了一定的技术水平和较大的生产规模，外向型蔬菜加工产业布局已基本形成，蔬菜种植已形成优势产业带。目前，我国蔬菜产品的出口基地大都集中在东部沿海地区，近年来产业正向中西部扩展。

近年来预制菜加工产业前景广阔，从 2011—2021 年数据来看，预制菜相关企业注册量呈上升趋势。2015 年首次突破 4 000 家，2018 年首次突破 8 000 家，2020 年新注册 1. 25 万家，同比增长 9%。从预制菜行业区域分布来看，2021 年华东地区市场占比最大，为 32%。其次是华南、华北、西南、华中地区，占比均达 10%以上。

一、2021 年蔬菜加工产业发展概况

近年来，我国种植结构不断调整，蔬菜产业快速发展，联合国粮农组织数据库资料显示，2020 年以来我国蔬菜种植面积和产量分别约占全球的 50%和 57%，我国蔬菜的出口金额高达约 120 亿美元。海关总署统计数据显示，2021 年 1—12 月，我国食用蔬菜、根及块茎类产品出口总额 100. 77 亿美元，同期进口总额 28. 54 亿美元。

2020 年以来受新冠肺炎疫情影响，蔬菜产业面临巨大冲击，但消费者线上消费的习惯和健康消费理念的形成以及 5G 技术、人工智能技术等新兴科技在农业方面的应用也给蔬菜产业转型升级带来契机，可谓是危机与机遇并存。

（1）*运输成本增加*　2021 年疫情进入常态化，全国范围内不时有小区域疫情发生，“封城封路”措施给蔬菜运输尤其是跨省跨地区运输造成了很大困难。加上检验检疫的要求，运输时间和人力成本间接增加。

（2）*出口贸易降低*　随着新冠肺炎疫情蔓延全球，世界经济贸易遭受冲击。国际货币基金组织在 2020 年 10 月发布的《世界经济展望》报告中指出，2020 年以来全球经济增长率估计为负值，疫情影响超过 2008 年国际金融危机的影响。2021 年全球经济形势稍有好转，但外贸订单相较于疫情前仍较低，出口额相较于 2019 年的 103. 28 亿美元下降了 2. 51 亿美元。

（3）*销售渠道优化*　疫情期间，由于线下交易受阻，“无接触配送”模式的线上蔬菜交易逐渐被消费者认可。盒马鲜生、京东 7 鲜、叮咚买菜等电商平台逐步推广，超市门店的线上业务也加速发展，线上线下融合的销售渠道将是居民未来的消费渠道模式。这将打破蔬菜流通主要靠收购商、批发市场和实体店的流通模式，菜农可以有更多的终端销售渠道选择，获得更多的终端销售收益，降低蔬菜滞销的风险。此外，“田间初级加工+绿色蔬菜直供社区”模式、“农超对接”等模式也体现出明显的优越性，大幅优化了蔬菜的销售渠道。

（4）*优质蔬菜的发展*　经历此次疫情，人们意识到食品安全的重要性，绿色消费理念迅速深入人心。因此，未来消费者对绿色、健康、营养的蔬菜产品需

求将会增大，需求带动生产，进而也会推动绿色有机和地理标志蔬菜产品生产与产业的发展。

(5) *蔬菜基地布局的优化* 此次疫情下对于品种单一、跨区域销售的专业化种植蔬菜县区供需冲击很大，一方面要依赖大物流才能送达全国各地，另一方面又因品种单一满足不了本地蔬菜安全保障。因此，应结合大物流对环境的影响，重新审视蔬菜产业的布局，重新考虑城郊蔬菜产业的发展，以保障城市的基本需求，为城市居民提供质优价廉的蔬菜。

二、蔬菜加工产业发展成效

作为农业产业现代化的重要部分，近年来蔬菜加工行业受到国家重视。因政策利好，我国蔬菜加工产业具良好发展态势。近年来我国蔬菜产业发展取得以下成效。

(1) *加工技术与设备现代化* 在蔬菜加工过程中，低温冻干技术、微波技术、生物技术、食品辐照加工技术、食品超高压加工技术、细菌侦测技术、微胶囊技术、膜分离技术、低温连续杀菌技术、连续去囊技术等是常用的技术，其中微波干燥技术、远红外干燥技术与装备在一些企业中得到了广泛的应用。同时，随着人们对食品营养健康的需求增加，我国的冻干技术、速冻保鲜技术、含氧类胡萝卜素提取分离及纯化技术等精深加工技术也在不断地研发和推广应用。科技创新是推动蔬菜加工行业绿色优质高效发展的中坚力量，这些技术和设备的应用使我国蔬菜加工产业增值能力显著提高。

(2) *产业布局不断优化* 我国部分地区实现蔬菜产、加、销一体化经营。科学实施蔬菜加工区域布局，推进蔬菜产业结构调整和优化审计，着力完善现代蔬菜全产业链发展，加速现代农业进程。立足于区域资源优势和蔬菜产业发展历史，我国蔬菜加工产业已形成了西北番茄酱加工基地，东部及东南沿海干制、罐头、速冻和腌制蔬菜加工基地的蔬菜加工业布局。

(3) *产品形式多样化* 蔬菜加工产品种类丰富、产品品质逐渐向好。从传统的加工产品到新型蔬菜深加工的不断开拓，超高压果蔬汁、NFC 果蔬汁、鲜切果蔬、冻干果蔬、休闲果蔬零食等深加工产品层出不穷，在外形包装、品质质量、品种档次等方面也在不断满足各类消费群体，丰富了我国蔬菜产品的形式。

第二节 重要技术发展情况

一、大白菜优质多抗种质资源创新关键技术与应用

大白菜起源于中国，是我国分布最广、种植面积最大的蔬菜作物之一，其产量对蔬菜市场价格的波动有重要影响。目前，品种缺乏、多种病害严重发生等是制约大白菜产业发展的瓶颈。

针对这些问题，山东省农业科学院蔬菜花卉研究所联合青岛和丰种业有限公司、青岛市胶州大白菜研究所有限公司、山东大学等多家单位以种质资源的高效筛选鉴定为切入点，将耐盐碱、抗病毒病、抗根肿病、品质优良等重要性状作为主要目标，建立了大白菜重要基因挖掘、抗性精准鉴定、多基因聚合等关键技术体系，挖掘控制大白菜耐抽薹基因、黄心基因、耐热基因、耐盐碱基因、控制镉吸收积累基因以及 3 个控制叶球大小发育的基因，获得了与球内叶黄色紧密连锁的标记，抗根肿病、干烧心、霜霉病、TuMV 病毒病、耐抽薹性及耐热性连锁的分子标记。选育出了优质、多抗、综合性状优良的大白菜新品种，并研究配套了良种繁育和高效栽培技术，建立了高效定向多基因聚合育种技术体系，使育种年限缩短 3~4 年，育种效率大幅提高，实现了品种更新换代与良种产业化开发。

新品种及配套栽培技术已在山东、辽宁、黑龙江、吉林、河南、河北、云南等省份累计推广 512. 1 万亩，增加经济收益 20. 1 亿元，有效替代了进口种子，提高了国产化率，经济、社会和生态效益显著，大大推动了山东省及全国各地大白菜品种的升级换代，促进了白菜产业的加速发展。该成果荣获 2020—2021 年度神农中华农业科技奖科学研究类二等奖。

二、几种典型辛辣蔬菜高值化加工关键技术创新与应用

辛辣蔬菜是人们饮食中不可缺少的调味品，已成为脱贫攻坚、乡村振兴的主要经济作物。辛辣蔬菜精深加工是延长产业链条、促进产业升级的主要途径。传统的辛辣蔬菜加工主要以辣椒粉、大蒜片、大葱粉为主，产品科技含量低、附加值不高；高附加值的精深加工产品，如辣椒碱、辣椒精、辣椒红色素、蒜氨酸、大蒜素等，技术上难以突破；辛辣蔬菜加工过程中产生的椒渣、蒜渣、葱渣等被

废弃，造成资源的浪费和环境污染；以辛辣蔬菜及其功效成分开发的风味食品、保健品、医药产品极度匮乏。

为突破辛辣蔬菜加工的技术瓶颈，增加产品附加值，完善产业链条，促进辛辣蔬菜产业健康发展，齐鲁工业大学研发团队创新使用双水相原理，发明了辣椒碱、蒜氨酸的高效提取技术，创新了辣椒红色素、大蒜素、大葱油的绿色提取技术。从椒渣、蒜渣、葱渣等废弃资源中提取果胶、大蒜多糖、大葱纤维，实现了废弃物的高值转化。开发了鲜辣椒酱、保健葱油等功能性食品，丰富了辛辣蔬菜加工品的种类。项目实施解决了辛辣蔬菜行业发展的“卡脖子”难题，有效促进了辛辣蔬菜产业链条向纵深化、综合化、高端化方向发展。

主要技术突破有以下4个方面。

一是创新使用乳酸菌发酵处理辣椒颗粒，有效提高辣椒红素与果胶分离效率，减少溶剂使用量；集成创新使用双水相、模拟移动床、层析技术等制备技术，生产系列辣椒碱类物质，辣椒碱单体纯度达到98%以上，填补了国内空白，破解了传统方法的有机溶剂用量大、时间长、纯度低的难题。

二是创新使用微波灭活蒜氨酸酶，实现双水相提取蒜氨酸的技术突破，一步纯化蒜氨酸纯度可达85%；确定了大蒜素合成的影响因素，建立了超临界萃取结合微胶囊化技术制备大蒜素的生产方法。创新使用生物酶、固定化酶等技术，分离、回收蒜渣、废水中的大蒜多糖，提高了副产物的利用率，减少了环境污染，实现了大蒜综合加工技术的升级。

三是筛选适合深加工的大葱品种，分析鉴定大葱油的化学成分，发现大葱油具有较好的功能作用；制备了大葱多糖、膳食纤维；完成大葱谷胱甘肽过氧化物酶酶学性质分析。

四是创新开发了鲜辣椒酱、香脆椒、大葱油软胶囊、大葱调味油，发酵大蒜醋、风味黑蒜等风味辛辣蔬菜食品的加工工艺，最大程度保持了营养素，缩短了加工周期，提升了风味物质含量，促进了辛辣蔬菜加工多元化的发展。

该成果荣获2020年山东省科学技术进步奖二等奖。

第三节　头部企业分析

2021年初，农业农村部乡村产业发展司印发的《2021年乡村产业工作要点》

中指出，龙头企业是打造农业全产业链的中坚力量，也是带动农民增收的重要主体。将经济实力强、联农带农紧、现代化水平高的龙头企业纳入国家重点龙头企业队伍。支持龙头企业参与优势特色产业集群、现代农业产业园、农业产业强镇等项目建设。组织龙头企业联农带农、联科带科，培育一批“产学研推用”紧密结合的“产创联合体”。促进农业全产业链的建设，为农业高质高效、农村宜居宜业、农民富裕富足做出贡献，为乡村全面振兴和农业现代化建设提供支撑。

中国农业产业化龙头企业协会发布2021年度农业产业化100家头部企业名单和果蔬行业的10家头部企业名单。新疆冠农果茸股份有限公司（简称“新疆冠农”）、青岛凯盛浩丰农业有限公司（简称“青岛凯盛浩丰”）和上海银龙农业发展有限公司（简称“上海银龙”）均已入选蔬菜加工行业的龙头企业。

一、新疆冠农

新疆冠农的核心产业是番茄加工，拥有从番茄种植到流通销售的全产业链。从番茄种植、原料遴选到生产工艺、仓储物流，新疆冠农逐渐探索出了超国内、国际标准的全套质量管控标准体系，逐步建成了产品质量全球监控体系。公司还将产品冷调配、水浴杀菌、自动翻罐装置及自动漏包检测等新技术应用于番茄调味品加工，实现年产销番茄调味品超10万t。同时，得益于中欧班列的开通，番茄酱的出口订单大幅增加，企业90%的产品远销国外，成为国内产销量最大、盈利能力最强的小包装番茄制品生产商。该公司2021年上半年实现营业收入34.26亿元，比2020年同期增长115.85%。新疆冠农在自身发展的同时，积极带动“三农”发展，履行社会责任。公司与农户建立“龙头企业+基地+农户”的利益联结机制，建成了番茄基地、甜菜基地和棉花基地共计45.4万亩，累计提供临时就业岗位2 600多个，逐步建成产业带龙头、龙头领农户的产业模式。

二、青岛凯盛浩丰

青岛凯盛浩丰致力于现代农业科技研究、现代农产品生产基地建设和加工技术研发，主要研发产品为鲜切即食蔬菜、包装保鲜蔬果。公司在山东、上海、福建、河北等地共建有12处总面积达2万余亩的自由基地，合作基地8万余亩。基于基地的地理位置优势，公司实现了多品种蔬菜全年均衡稳定供应，成功拿下两大国际快餐巨头——肯德基和必胜客在中国60%的结球生菜市场份额。公司还是智慧农业的先行者，2017 年公司联合中国建材集团，建设完成了第一个压延玻璃智慧温室。温室的生产设施与荷兰瓦赫宁根大学的种植技术相结合，集互联网、云计算、大数据和物联网技术等前沿技术于一体，是科技兴农的一颗结晶。未来，公司将继续现代化农业进程，对现有蔬菜园区进行数字化改造，助力乡村振兴。

三、上海银龙

上海银龙拥有多个标准化生产示范基地，生产高质量的新鲜蔬果。在上海及其他省份建造蔬菜基地 2.1 万亩，辐射带动全国 9 个省份 14 个蔬菜基地 4.2 万亩土地，解决农民就业 2 500 人，辐射带动其他省份农民就业 15 000 人。蔬菜产品远销日本、新加坡、加拿大、中国香港等 10 余个国家和地区；内销日供应量达到 150~180 t，主要供应市政府机关及 20 余家大型餐饮集团。上海银龙正逐步从初加工转为精加工，拥有国内屈指可数的流水线设备进行切片、加工，加工出来的产品可直接食用。产品安全卫生、各类蔬菜均可进行切割生产，目前银龙的切割菜在市场占有份额近 50%。

第四节　产业发展存在的问题

一、企业研发创新能力薄弱

我国蔬菜加工企业数量多但规模小，缺少具有影响力和竞争力的大型企业。中国农业产业化龙头企业协会发布 2021 年度农业产业化 100 家头部企业名单中与蔬菜种植和加工相关的企业仅 6 家，且均不是以蔬菜加工为主要产业。果蔬行业 10 家头部企业中仅福建东方食品集团有限公司和新疆冠农果茸股份有限公司是以蔬菜加工为核心业务的企业。与发达国家的蔬菜加工企业相比，我国蔬菜加工企业中大量中小企业自动化程度偏低，加工关键设备性能在规模上、自动化控制水平上、生产效率上等仍存在较大的差距。部分大型企业自主知识产权核心技术缺乏，关键技术设备长期依赖进口，已成为我国蔬菜加工产业进一步发展的掣肘。通过国有资产配置、适度政策干预、扶持研发创新能力突出的企业成长，将有效提升我国蔬菜加工行业的国际影响力和话语权。

二、蔬菜采后减损流通亟待提升

目前，我国蔬菜90%以初级产品上市，蔬菜加工转化能力约为10%，采后损失达到20%~25%，甚至有的高达50%。以目前我国果蔬产量和采后损失率为基准，蔬菜采后减损10%就等于增产约5 600万t，无形中增加了经济效益。据不完全统计，我国每年至少有8 000万t蔬菜在采后流通过程中腐烂，占年蔬菜总产量的10%以上。

通过规范采收、升级采后处理技术、研发储藏库、完善冷链流通网络和节点建设等关键技术研发，能够有效解决我国生鲜蔬菜采后流通中仍存在的品质劣变快、腐烂损耗严重、产业适用技术缺乏、标准化程度低、产业链可控能力弱等问题。

第五节　产业发展趋势

一、持续发展蔬菜综合利用的增值加工

随着科技的发展，从工艺到技术，农产品加工将进一步向精细化发展。目前，我国农产品精深加工水平与发达国家相比，仍存在相当差距，农产品加工转化率仅65%，比发达国家低20个百分点。企业的生产加工技术一般，原料综合利用程度低、资源量肥大、能耗高、环境保护等问题仍然存在。基于以上情况，农业农村部印发的《全国乡村产业发展规划（2020—2025年）》（简称《规划》）中提出，到2025年农产品加工业营业收入要达到32万亿元，农产品加工业与农业总产值比达到2.8∶1，主要农产品加工转化率达到80%。《规划》中明确指出要提升农产品加工业。应用新型蔬菜精深加工技术，提升蔬菜加工产业的技术水平，提高蔬菜加工的产品品质和生产效率，是实现蔬菜加工业产值占比提升的重要推力。推动新型非热加工技术、节能干燥等技术升级，新型精深加工技术将不断实现信息化、智能化、工程化，提升关键技术及装备国产化水平，满足市场多样化需求，同时提升我国蔬菜加工产业的国际竞争力。

二、智慧模式逐步取代传统蔬菜贸易

我国发展智慧农业起步较晚，但受益于中央从全局角度高度重视农业农村改革，自 2012 年起，中央一号文件中就多次提及精准农业、智慧农业等关键词，极大地推动了我国智慧农业的发展进程。如今农村信息化水平迅速提高，农业生产数字化也进入起步阶段。新冠肺炎疫情影响使农村电商的作用更加突显。据农业农村部统计，当前我国电商服务站行政村覆盖率在八成左右，县域农产品网络零售额超 3 000 亿元，增速明显。乡村振兴的全面推进将加速数字技术的普及和下沉，加快实现乡村产业的数字化，促进蔬菜智慧贸易模式的发展。

蔬菜劳动力价格呈现明显的上升趋势。蔬菜生产成本持续上涨，人工成本上升是引起生产成本上涨的主要原因，2011 年之前物质费用占比最大，2011 年之后人工成本占比最大。在“十二五”至“十三五”期间中国农村剩余劳动力年均下降 6.4%，农业劳动力工资年增长保持在 14%左右。蔬菜的机械投入呈现增加的趋势，在一定程度上能够降低劳动力成本上升带来的负面影响。因此，在蔬菜生产中，需要提高蔬菜生产机械化程度，调整要素结构，实现对劳动的有效替代。

三、完善突发性事件应对体系

在新冠肺炎疫情冲击下，生鲜蔬果类产品价格波动强烈，价格下降较大。生鲜蔬果类产品的价格在 2020 年 1—2 月上涨后持续下降。新冠肺炎疫情初期大部分蔬菜价格上涨，而后疫情情况逐渐缓解后交通逐步开放，但餐饮消费不足，价格又逐渐跌落。

为了减少蔬菜产品价格波动、促进蔬菜产业健康稳定发展和乡村振兴，需要构建完善的应对突发性事件的体系。第一，进一步强化价格监测，充分发挥价格监测与预警在价格调控中的作用。第二，完善蔬菜产品生产流通的供应链体系，降低外部冲击对农产品价格带来的影响。第三，在经济运行因公共卫生事件彻底中断时，对农户开展灾害援助或生产补偿，对消费者实施物价消费补贴。完善突发性事件应对体系可以为后疫情时代下的蔬菜产品价格宏观调控、减少蔬菜产品价格波动、促进农业产业健康稳定发展和乡村振兴提供决策参考。

第五章 2021年畜禽加工产业发展情况

第一节 产业现状与发展成效

我国是世界畜禽产品生产和消费第一大国。据国家统计局公布的数据，2021年全国猪牛羊禽肉总产量 8 887 万 t，比上年增加 1 248 万 t，同比增长 16.3%，创下历史最高纪录。其中，猪肉增产 1 183 万 t，生猪产能大幅增长近 30%。畜禽肉进口量略有下降，自给率超过 90%，贸易逆差进一步改善。受生产惯性及消费需求收缩影响，猪肉供应出现阶段性过剩现象，猪肉价格明显下降，牛羊禽肉价格保持稳定。屠宰及肉类加工业营业收入小幅提升，利润总额全面下降。畜禽产业呈产能提升、价格平稳、利润下降、供应充足、种类配比合理的整体发展态势。

围绕人民群众日益多元的健康消费需求，已逐步建立起以市场需求为导向，以畜禽宰后保鲜、精深加工及装备制造、储藏与冷链物流等为主体，以相关服务业为支撑的全产业链新型畜禽加工产业。“集中屠宰，冷链运输”模式迅速推广，大数据与智能物流、移动制冷与保温技术更加成熟，全程冷链运输覆盖率显著提高，冷鲜肉市场占有率进一步提升；畜禽产业结构逐步优化升级，现代化龙头企业技术和装备水平不断提升，呈现龙头企业引领、集团化发展、专业化分工的发展趋势，组织化程度和产业集中度显著提升；畜禽屠宰、加工、流通全产业链标准体系逐步完善，质量安全检测、分级与真实性鉴别、风险评估与预警能力显著增强，产业整体质量安全水平大幅提高。科技投入逐年提高，多学科交叉融合激发产业整体技术水平不断创新发展，新型替代蛋白、绿色制造、营养与品质保持、安全控制等领域突破性、原创性、引领性成果不断涌现，多项成果达到国际领先水平。

一、2021 年畜禽加工产业发展概况

1. 畜禽加工业基本概况

（1）生猪产能快速释放，肉类产量大幅增长 2021 年，猪牛羊禽肉产量 8 887 万 t，比上年增加 1 248 t，增长 16.3%。其中，猪肉产量 5 296 万 t，增长 28.8%；牛肉产量 698 万 t，增长 3.7%；羊肉产量 514 万 t，增长 4.4%；禽肉产量 2 380 万 t，增长 0.8%。后疫情时代，随着生猪扶持优惠政策的落实出台，生猪产能快速释放，猪肉产量大幅增长；牛羊肉产量稳定增长；禽肉产量基本稳定（表 5-1）。

表 5-1 2016—2021 年我国肉类产量 单位：万 t

年份	不同肉种产量				总产量
	猪肉	牛肉	羊肉	禽肉	
2016	5 299	717	459	1 888	8 540
2017	5 340	726	468	1 897	8 431
2018	5 404	644	475	1 994	8 517
2019	4 255	667	488	2 239	7 649
2020	4 113	672	492	2 361	7 639
2021	5 296	698	514	2 380	8 887

数据来源：国家统计局。

注：2016 年为肉类总产量，2017—2021 年为猪牛羊禽产量。

（2）进口量略有下降，贸易逆差进一步改善 2021 年，中国肉类（包括杂碎）进口量累计达 938 万 t，同比下降 5.3%，进口金额累计达 2 079.2 亿元，同比下降 2.5%；累计出口量 35 万 t，同比增长 12.9%，出口金额累计达 115.7 亿元，同比增长 1.85%；整体贸易逆差达到 1 963.5 亿元，比 2020 年低 2.7%，贸易逆差进一步改善。虽受到新冠肺炎疫情和非洲猪瘟疫情双疫情及中美贸易摩擦的多重影响，我国已暂停进口德国、美国等 23 家境外肉类生产企业产品，肉类进口量略有下降，自给率超过 90%，但我国肉类供应依然偏紧，肉类市场全球化和消费对外依存度趋势依然明显（表 5-2）。

表 5-2　2016—2021 年肉类（包括杂碎）进出口变化情况

年份	肉类进口量/万 t	肉类进口额/亿元	肉类出口量/万 t	肉类出口额/亿元
2016	468. 5	699. 3	39	130. 5
2017	409. 9	666	41. 6	153. 3
2018	421. 7	750. 4	38. 2	146. 2
2019	617. 8	1 330. 2	35. 3	131
2020	991	2 131. 5	31	113. 6
2021	938	2 079. 2	35	115. 7

数据来源：海关总署。

（3）猪肉价格明显下降，牛羊禽肉价格保持稳定　受生产惯性增长影响，2021 年，我国生猪出栏 6. 7 亿头，生猪出栏量爆发式增长，同比增长 27. 4%。部分农贸市场停业和交通管制造成肉类食品流通不畅现象时有发生，消费者肉类食品购买渠道和消费量有所减少。同时，居家隔离和禁止堂食等疫情防控规定减少了消费者外出就餐频率，餐饮行业对肉类食品消费量随之降低，猪肉供应出现阶段性过剩，猪肉价格明显下降。除猪肉外，其他肉类价格虽有波动，但总体保持稳定。截至 2021 年 12 月，白条猪批发价格为 23. 61 元/kg，较 1 月价格 42. 11 元/kg 下降 43. 9%，白条牛、白条羊、白条鸡批发价格分别为 77. 24 元/kg、71. 40 元/kg、17. 47 元/kg（图 5-1）。

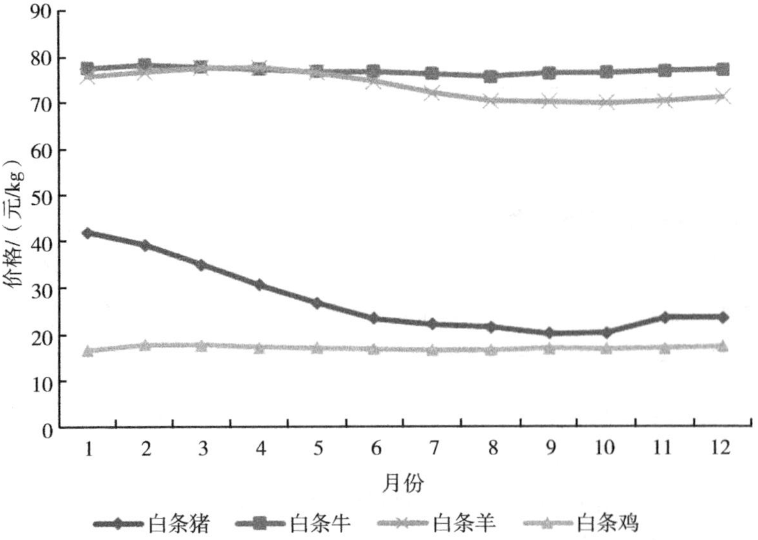

图 5-1　2021 年 1—12 月主要畜禽肉月平均批发价格变动情况

（数据来源：农业农村部重点农产品市场信息平台）

(4) 主要上市肉类企业营收略有上涨、利润全面下降　畜禽屠宰及肉类加工上市企业前三季度报告数据显示，2021 年 1—9 月，双汇发展、新希望、温氏股份等 10 家畜禽屠宰及肉类加工上市企业共实现营业收入 2 904.57 亿元，同比增长 9.32%，利润为-21.69 亿元，同比下降-105.3%。受新冠肺炎疫情影响，消费市场持续低迷，市场端供大于求，同时受猪肉价格大幅下降影响，畜禽屠宰及肉类加工上市企业利润全面下降（图 5-2）。

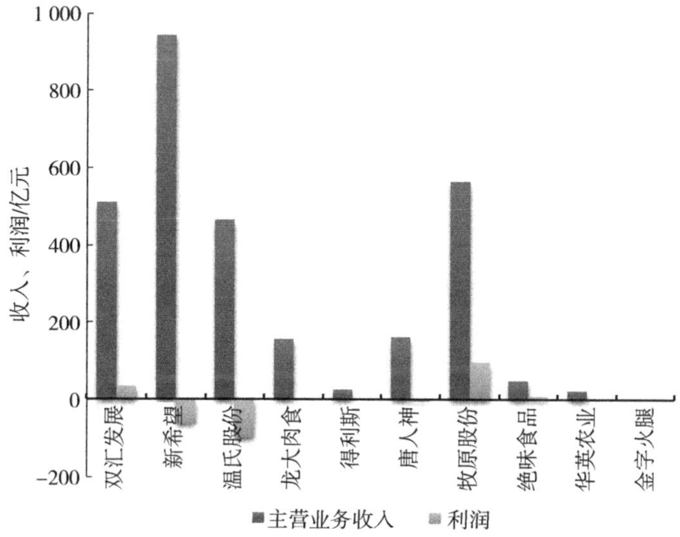

图 5-2　2021 年前三季度主要上市肉类企业营业收入和利润情况

（数据来源：各上市企业前三季度报告）

2. 疫情对畜禽加工业的影响

2021 年，全国报告发生家猪非洲猪瘟疫情 15 起，疫情数与扑杀生猪数量较往年持续减少，非洲猪瘟疫情得到较好控制。因此，以下主要分析新冠肺炎疫情对畜禽加工业的影响。

(1) 预制肉制品消费出现增长　为顺应市场发展，更好满足疫情防控期间消费者居家消费的购买需求和实际变化，双汇发展、金锣、龙大肉食、得利斯等畜禽屠宰及肉类加工企业发挥龙头优势，纷纷布局预制肉制品开发、加工与销售。2020 年末，就地过年政策让预制菜产品销量瞬间爆发。天猫数据显示，十大新年货中预制类产品销量同比增长 16 倍。凭借便捷、新鲜、健康等特点，作为消费者疫情防控期间的重要选择之一，预制肉制品消费有所增长。

（2）企业多元化销售模式发展迅速　伴随疫情防控进入常态化，国内肉类食品销售模式正在发生显著变化。国内大多肉类品牌开展多种形式的直播带货业务，促进肉类食品在天猫、京东、抖音等新媒体平台的销售。中国消费者线上购买生鲜食材品类调查报告显示，超过50%的消费者会选择线上购买肉类食品。“中央厨房+线下门店+互联网”的新零售格局正在形成，企业多元化销售模式发展迅速。

（3）屠宰、肉类加工及物流企业面临不同程度用工困难　受新冠肺炎疫情影响，地理阻隔和交通管控使人员流动受到一定限制，同时对疫情的恐惧心理也对劳动者的务工选择造成了一定影响。此外，肉类屠宰、分割、存储、包装等工作场所多为人员密集的低温潮湿封闭环境，受病毒感染风险较大，易导致一线生产人员因封控管理无法返回工作岗位，辞职人数增加，企业停工停产等问题出现，屠宰、肉类加工及物流企业均面临不同程度的用工困难。

二、畜禽加工产业发展成效

一是生猪调运模式改变，冷链物流体系建设逐步完善。非洲猪瘟疫情以来，国家对肉类冷链物流体系建设做出一系列新的部署，推行“规模养殖、集中屠宰、冷链运输、冷鲜加工”新模式，减少动物疫病的传播和扩散，维护养殖业生产安全和畜禽产品质量安全。由“调猪”变成“调肉”是我国肉类冷链物流发展的趋势之一。新冠肺炎疫情的暴发同样改变了消费者肉类消费态度、行为与模式，进而影响肉及肉制品的产品发展方向和销售模式，为肉类冷链物流行业发展带来新的机遇。《全国冷链物流企业分布图》数据报告显示，2021年，我国冷库容量总和为5 224万t，冷藏车总量为143 649辆，较2016年以来复合增长率分别为11.4%和13.5%。2021年6月7日，国家发展改革委发布《城乡冷链和国家物流枢纽建设中央预算内投资专项管理办法》，明确指出重点支持服务于肉类屠宰加工及流通的冷链物流设施项目，公共冷库新建、改扩建、智能化改造及相关配套设施项目。在政策支持、市场拉动和技术突破下，生猪屠宰行业整治深入推进，我国肉及肉制品冷链运输体系建设逐步完善。

二是产业结构优化升级，新型消费模式加快发展。在非洲猪瘟疫情和新冠肺炎疫情的双重重压下，我国畜禽加工产业主体格局发生深刻变化，小散养殖加工场（户）加速退出，规模化屠宰加工快速发展，呈现龙头企业引领、集团化发展、专业化分工的发展趋势，产业集中度显著提升。国家统计局数据显示，2020

年全国规模以上屠宰及肉类加工企业3 502家，比2016年的4 046家减少了13.45%。随着后疫情时代龙头企业全产业链加速布局趋势明显及消费者对营养健康肉制品需求日益增大，预计2021年市场份额仍会持续向龙头屠宰及肉类加工企业集中。此外，疫情带来的阶段性物理阻隔有效推动互联网消费，新型消费模式的出现加速肉类食品转型升级，年轻消费者与互联网的联系更加紧密，对肉类食品品牌理念和品质提升不断提出新要求，成为肉类产业结构调整的重要方向。

三是质量安全水平明显提升，保障能力建设持续加强。目前，我国逐步建立了肉及肉制品加工标准体系，肉类食品加工质量安全水平大幅提高。据国家市场监督管理总局统计数据，2021年国家及地方各级市场监管部门共计抽检肉及肉制品121 973批次，其中不合格样品1 122批次，抽检合格率为99.08%。同时，我国目前已初步形成了以强制性标准（食品安全国家标准）体系为核心，以推荐性标准（行业标准、地方标准、企业标准）体系为主体的肉及肉制品标准体系，肉类食品质量安全控制和检验检测技术迅速发展，保障能力建设持续加强。

四是重视学科交叉融合，多项科学技术取得重大突破。新一代信息技术、生物技术、传感技术、新材料技术等高新技术迅猛发展并向肉类加工领域不断渗透，交叉融合，加快了肉类科技的发展速度。我国高度重视肉类加工领域科技进步，依托各类科研项目，不断加强原创性、引领性科技攻关。“西式发酵（干腌）火腿品质调控关键技术研究与产业化”“传统腊肉制品绿色加工关键技术创新与装备研发”“肉类加工副产物高值利用关键技术及新产品开发”等一大批技术成果达到国际先进水平或国际领先水平，解决了行业“卡脖子”的技术难题，推动行业技术进步，填补了国内空白。

第二节　重要技术发展情况

一、生物培育肉制造关键技术

针对传统畜牧业发展过程中存在的诸多问题，研究生物培育肉制造技术，部分替代传统畜牧业肉类生产供给，构建了基于细胞工厂和微载体的猪肌卫星细胞大规模培育及增殖关键技术体系，细胞可以实现原位生长和分化，通过定向分布、接触和融合发育最终形成完整的立体肌纤维网络结构；在工业化生产方面，利用端粒酶逆转录酶过表达的方法完成种子细胞的永生化改造，通过设计端粒酶逆转录酶序列、过表达载体构建和酶切片段验证的方法得到了两个稳定转染的表达载体；研发可食用植物基支架材料的规模化制备和符合食品安全国家标准要求的微载体，确定脂肪细胞的培养参数、培养周期及关键因子，初步构建脂肪细胞规模化增殖体系。阶段成果整体达到国际先进水平，其中植物基支架和块状立体培养技术处于国际领先水平。

二、非洲猪瘟常态化防控技术

非洲猪瘟被世界动物卫生组织（OIE）列为法定报告动物疫病，是我国的一类动物疫病。非洲猪瘟常态化防控技术系统研究了生猪养殖、运输、屠宰和病死猪无害化处理等环节的风险因素和防控技术要点，引导各类生产经营者做好精准防控。建立新建规模化猪场选址的生物安全风险评估技术、场区分区管理模式；生猪调运和屠宰环节，制定了生猪屠宰场分区作业流程，提出了生猪运输车辆洗消中心应划分污区、净区和缓冲区；无害化处理环节，清洗消毒到位，防止疫情反复。该技术已在全国范围内推广应用，进一步促进了群防群控局面的形成，有效降低了环境病毒载量，降低了非洲猪瘟病毒传入和扩散风险，对恢复生猪生产和稳产保供提供了有力支撑。

三、生鲜肉精准保鲜数字物流关键技术

针对我国热鲜肉损耗大、货架期短的难题，以能量代谢关键酶翻译后修饰调控肉品质为理论基础，成功研究出冷鲜肉精准保鲜数字物流关键技术。研发超快速冷却和二段冷却控僵直技术及“冰温/超冰温+新型包装”的柔性组合保鲜技术，冷却损耗控制在1%以内，贴体包装膜贴合率不低于99%，热收缩包装膜热收缩率不低于30%；研创仓储物流数字化监控、数字立体冷库、品质数字监测等精准物流关键技术设备，构建了“互联网+”的冷鲜肉品质和新鲜度数字监测平台，补齐冷鲜肉物流设备自控精度低、温度波动大、能耗高的短板。实现了冷鲜肉加工、储藏、流通过程的降损、保鲜、节能，货架期由7天延长到45天以上，宰后损耗降低到3%以下，附加值提高20%以上。

四、西式肉制品绿色制造关键技术与装备

针对西式发酵肉制品及热加工肉制品技术与装备水平低、生产能耗大、含盐含脂量高、过程有害物控制难等产业问题，通过系统研究和技术集成形成了包括原料标准化、低盐低脂加工、危害物减控在内的西式肉制品绿色制造关键技术体系；构建出基于温湿度智能控制、酶活定向定量调控技术的绿色制造新工艺；创制大型数控真空斩拌、制冷滚揉、全自动定量灌装、基于多点/多因素监控反馈的智能烟熏蒸煮设备等多套自动化、智能化新装备；开发出系列符合现代营养健康理念的高品质西式肉制品，满足低盐、低脂、低硝肉制品消费新趋势。同时制定了第一个肉类产品 ISO 国际标准 ISO 23854 *Fermented Meat Products-Specification*，形成包括 ISO 国际标准、国家标准、企业标准和技术规程的较为完善的西式肉制品标准体系。

五、传统腌腊肉制品绿色加工关键技术

针对传统腌腊肉制品技术与装备水平低、生产能耗大、风味不稳定等问题，开展风味调控绿色加工技术，基于微发酵、风味补充剂的传统腌腊肉制品新型绿色加工技术研究，制备苹果木烟熏液产品，创制高效烟熏液制备机、新型多功能熟制腊肉真空冷却装置等多套自动化智能化新装备。与传统工艺相比，产能提升32%，次品率下降2%，出品率提升5%，能耗下降22%，水耗下降11%，污染物排放下降25%。传统腊肉风味品质调控技术与真空冷却装备处于国际领先水平，可实现传统腊肉的工业化绿色加工。

第三节　头部企业分析

2021年12月，中国农业产业化龙头企业协会发布了2021年度肉类行业头部企业名单，河南双汇投资发展股份有限公司、牧原食品股份有限公司等10家肉类企业上榜。对其中7家上市公司2021年半年报或三季度报数据进行分析发现，2021年，肉类行业整体营收略有上涨、利润全面下降（表5-3）。

表 5-3 2021 年肉类行业上市头部企业营业数据

企业类型	公司名称	营业收入/亿元	收入同比增长/%	利润/亿元	利润同比增长/%
全产业链企业	河南双汇投资发展股份有限公司（前三季度）	510.44	-8.46	34.53	-30.08
	山东龙大肉食品股份有限公司（前三季度）	155.28	-14.25	3.28	-46.62
	福建圣农食品有限公司（前三季度）	104.69	5.22	3.68	-79.62
	中粮家佳康食品有限公司（上半年）	75.03	-18.2	-4.26	-121.39
养殖屠宰企业	牧原食品股份有限公司（前三季度）	562.81	43.71	87.04	-58.53
	江西正邦科技股份有限公司（前三季度）	399.71	22.59	-76.27	-240.38
	江苏立华牧业股份有限公司（前三季度）	79.76	36.13	-6.05	-596.35

数据来源：各上市企业 2021 年上半年或前三季度报告。

综合考虑企业营业收入与主营业务类型，选取河南双汇投资发展股份有限公司（全产业链企业，主营畜类）、福建圣农食品有限公司（全产业链企业，主营禽类）及牧原食品股份有限公司（养殖屠宰企业）作为头部企业代表，就 2021 年发展情况进行分析。

一、河南双汇投资发展股份有限公司

河南双汇投资发展股份有限公司（简称“双汇发展”）以屠宰业和肉类加工业为主营业务，上游发展饲料业、养殖业，下游发展包装业、商业，配套发展外贸业、调味料业等，形成了主业突出、行业配套、上下游完善的产业群。

2021 年 1—9 月，双汇发展肉类产量（含禽产品）总外销量为 244.4 万 t，同比上升 5.8%；实现营业收入 510.44 亿元，同比下降 8.46%；实现归属于母公司股东的净利润 34.53 亿元，同比下降 30.08%。其中，由于 2021 年以来猪价、肉价快速下行，屠宰业营业收入受到较大影响，为 296.32 亿元，较上年同期减少 17.55%，占营业收入比重为 58.05%，同比减少 6.4 个百分点，肉制品业实现营业收入 209.30 亿元，较上年同期减少 3.68%，占比为 41.00%，同比增 2.03 个百分点。同时，包装肉制品与生鲜产品毛利率均有所下降，包装肉制品毛利率为 28.46%，同比下降 1.74 个百分点，生鲜产品毛利率为 6.75%，同比减少 0.23 个百分点。分析可知，双汇发展营收利润双双下滑的主要原因在于屠宰业务业绩下滑，疫情过后猪肉需求回归常态化，同时2021年猪价持续快速下跌，造成了屠宰业务业绩和利润率的大幅下降，最终造成整体利润下滑。虽然受屠宰业务影响严重，但从整体利润结构来看，毛利率显著高于生鲜产品的肉制品才是双汇发展的利润主体。近年来双汇始终坚持肉制品产品结构调整，大力推广中高端产品，实行“进家庭、上餐桌”发展战略，深耕预制肉制品、火锅食材、裹粉油炸等产品新品类，不断培育社区团购、直播带货等销售新渠道，同时重视科技创新和产品研发，研发投入一直维持较高水平，可为后续公司抵御行业风险，实现业绩提升奠定增长基石。

二、福建圣农食品有限公司

福建圣农食品有限公司（简称“圣农”）是国内规模最大的白羽肉鸡食品企业，主营业务为肉鸡饲养及初加工、鸡肉产品深加工，主要产品是分割的冰鲜/冷冻鸡肉及深加工肉制品。

2021年1—9月，圣农实现主营收入104.69亿元，同比上升5.21%，实现归属于母公司净利润3.68亿元，同比下降79.6%。2020年圣农全年营业收入137.4亿元，同比下降5.6%，归属于母公司净利润20.3亿元，同比下降50.1%。利润连续两年大幅下降，主要原因有两方面：一是新冠肺炎疫情导致餐饮行业需求下降，鸡肉价格持续低迷；二是玉米、豆粕等主要原料价格大幅上涨，饲料成本急剧上升。低迷的售价和高昂的成本致使全国白羽肉鸡行业面临巨大压力，2021年第三季度行业普遍亏损，中小企业停工、限产现象严重，但圣农受益于自身全产业链优势，一方面自有种源比例提高使养殖成本得到有效管控，另一方面深加工肉制品板块规模不断提升，增强了产品销售均价，使得圣农在行业普遍亏损的背景下依然保持了一定的盈利能力，扩大了与同行业其他企业的领先优势，同时提高了公司经营业绩抗周期波动影响的能力。

三、牧原食品股份有限公司

牧原食品股份有限公司（简称“牧原”）主营业务为生猪的养殖销售，兼有饲料加工、生猪育种、生猪屠宰等业务协同主业发展。

2021年1—9月，现营业收入562.81亿元，同比增长43.71%，实现净利润87.04亿元，同比下降58.53%。2022年1月18日牧原公布的2021年度业绩预告显示，牧原预计2021年全年实现营业收入770亿~800亿元，净利润65亿~80亿元，同比下降70.86%~76.32%。

养殖方面，从行业整体来看，市场供强需弱问题十分突出，叠加生猪产能不断释放，猪市呈现出栏踩踏现象，猪价下跌创下纪录，从2021年初到10月，生猪出栏价格从36.7元/kg降至10.5元/kg，降幅超过70%，导致企业亏损程度远超往年。主要上市企业发布的2021年业绩预告显示，温氏股份、正邦科技和新希望三大企业累计亏损预计将超400亿元，牧原得益于育种领先技术和一体化养殖模式所构筑的强势成本优势，在猪价低迷、原料价格上涨的不利环境下，仍然实现了盈利。屠宰方面，为顺应“调猪”转向“调肉”的行业趋势，牧原积极布局屠宰业务，目前河南省内乡县、正阳屠宰厂项目已投产运营，设计产能合计约400万头。虽然由于成本投入与行情下跌等叠加因素，2021年屠宰板块暂未实现盈利，但未来牧原将通过提高屠宰厂运行效率、提升产能利用率、拓宽销售渠道、优化销售结构、降低生产成本等多种措施，支撑2022年屠宰业务实现盈利。

第四节　产业发展存在的问题

尽管我国畜禽加工业具有快速发展的趋势，但与当前肉类食品消费升级的市场需求还不相适应，肉制品市场供需关系断层显著，集中在供给侧、生产端的各种深层次结构性制约日益突现，行业“大而不强”、产品“多而不优”。从产业发展角度看，当前主要存在以下4个方面的问题。

一、内外部发展环境复杂，原料供给存在不确定性

2021年我国肉类进口总量有所减少，肉类自给率有所提升，但在新冠肺炎疫情与非洲猪瘟疫情“双疫情”持续冲击和中美贸易摩擦以及俄乌局势带来的深度影响下，当前我国畜禽加工业发展的内外部环境异常复杂，依靠国内资源增产扩能的难度逐渐增加，依靠进口调节国内肉品余缺的不确定性仍在加大。从内部环境来看，养殖、屠宰等上游产业整体发展水平偏低，“多、小、散、乱、差”局面仍然存在，生产经营主体生物安全水平参差不齐，内疫扩散和外疫传入的风险长期存在，直接影响国内肉品原料供应；从外部环境来看，我国部分饲料量供需矛盾突出，大豆、苜蓿等严重依赖国外进口，部分畜禽品种核心种源自给

水平不高，在贸易保护主义抬头时期，“卡脖子”风险增大。长远来看，由于饲料用粮食等资源开发局限，我国肉类生产持续增长的空间可能受到较大制约，探究如何有效提高资源转化率、研发新型肉类替代产品是未来解决肉品供应问题的重要方向。

二、加工装备研发基础薄弱，装备更迭有待加速

长期以来，我国畜禽加工业以劳动密集型为主，缺乏智能化、规模化和连续化水平高的精深加工装备与成套装备，严重限制了产业高质量发展。特别是我国特色的传统肉制品加工装备起步较晚，一直以来以进口、仿制、改进西式肉制品生产设备为主，缺乏针对中式传统肉制品制备工艺研发的专用设备。装备设计和制造研发成本高、周期长，虽然大型企业重视技术创新与成套设备的引进，但对于整个行业来说，大部分中小企业受技术、资金等因素困扰，研发投入水平较低还是常态，造成行业整体创新能力薄弱，阻碍加工装备发展和更迭。与此同时，肉类原料均一性差、居民消费习惯不一、应用场合复杂等产业特点，同样加大了设备智能化、自动化难度。

三、消费升级刺激多元化需求，高端肉制品供给相对不足

随着消费能力提升和健康饮食观念的更迭，消费者对肉类食品的追求呈现明显的差异化和多样化，培根、火腿、牛排等中高端肉制品的市场需求不断增加，据凯度数据相关调查显示，同比 2019 年，2020 年越来越多消费者购买高档肉制品，常温贮存的肉制品在中/高档增速高达 30%以上，其中高档产品渗透率增幅超 40%。当前我国中高端肉制品种类和品质难以满足国内市场需求，虽然双汇、新希望六和、雨润等行业龙头企业已在低温肉制品领域积极布局，但相关产品尚未获得消费者充分认可，高端肉制品消费需求外溢明显，市场基本依旧被尊乐、荷美尔等进口品牌占据。“十四五”时期，如何围绕品质升级、人群细分及渠道拓展部署产业创新链，提升高品质肉制品供给能力，对推动畜禽加工产业高质量发展既是机遇也是挑战。

四、完整独立的冷链物流体系尚未形成，发展仍存多重短板

冷链运输是肉类流通的关键。我国的肉品冷链物流保鲜技术发展起步较晚，

规模化、系统化的冷链物流体系尚未形成。当前我国肉类冷链流通率为30%，比例仍然偏低，与国际上95%的冷链流通率水平还有较大差距。基础设施设备落后短缺，人均冷库用量、人均冷藏车保有量均远远落后于日本、美国等发达国家。地区间发展不平衡现象明显，原有屠宰加工和冷链物流企业主要布局在销区城市，产区城市冷链物流设施基础薄弱，无法实现产销区市场冷链物流的高效对接，不能充分适应当前“调猪”变“调肉”的政策要求。此外，第三方冷链物流企业分布存在缺口，服务网络和信息网络建设不健全，影响肉品运输中的质量安全和及时性。

第五节　产业发展趋势

一、从大食物观出发，产品开发重视健康、营养、安全、方便

人民群众怀有对美好生活的向往，越来越多地对饮食提出了安全、营养、健康、方便的需求。围绕人民群众全方位、全周期的健康需求，结合居民膳食结构的合理程度及消费观念向多元化转变，确保人民群众在物质和经济上都能够获得足够、健康、营养、安全和方便的肉类食品。一方面，进一步构建满足不同需求、不同人群的肉制品加工技术体系，开发营养健康、方便休闲、特殊人群营养管理、个性化、特色化和时尚化的肉制品新产品，提高即食、即热及烹类肉制品加工技术水平，提升产品风味、营养和口感，研发营养素均衡复配肉制品及更易于特殊人群消化吸收的高蛋白含量产品。另一方面，我国畜禽产业已进入“消费升级、结构调整、动力转换”新时期，全方位、多途径拓展食物资源，推动生物培育肉、微生物基蛋白等生物合成食品产业发展，集聚产业创新资源强化生物技术创新，贯通研发到转化、成果到市场、资本到收益的创新链条，推进肉及肉制品产业供给侧结构性改革，满足人们日益多元的食物消费需要。

二、从智能制造出发，加强核心智能化装备研发与集成

现阶段我国畜禽产品消费需求不断增加，消费者需求日趋多元化，同时人力成本持续上升，能源价格不断高涨，“碳达峰”“碳中和”等环保压力不断增大，随着信息技术的进步，未来畜禽加工装备的自动化、信息化、智能化和成套化水

平将不断提升。

1. 核心屠宰装备的创新化、本土化生产

加大畜禽屠宰关键设备的研发力度，增加自主创新能力，开展机械材料特性与安全性、信息感知、数字化设计等新技术、新方法、新原理和新材料研究。加强生猪自动劈半和自动分割剔骨设备、牛羊剥皮机、家禽自动分割设备、热收缩、真空、充气包装等新型包装设备、影像检验设备等专业装备与核心装备的研发；根据产品需求不同，加强开发小品种畜禽屠宰机、内脏处理机等适合本土需求、性能先进、物美价廉的屠宰装备；加强信息化和智能化装备研发，实现屠宰过程有效监控，产品质量安全全程可追溯。

2. 关键畜禽加工装备的智能化、成套化集成

充分集成畜禽加工 HACCP（危害分析和关键控制点）、GMP（良好生产规范）、SSOP（卫生标准操作规范）等生产管理方式，结合畜禽产品加工过程自动化、连续化程度低、品质劣变重、损耗多、清洗强度大等问题，研发热加工熟肉制品自动进料和出料、检测、腌制、绞碎斩拌、滚揉、灌装、熟制、切片、包装、杀菌等全流程工艺设备和操作系统；研发肉制品营养品质、加工品质、新鲜度等多品质数字化同步识别技术；研发智能化在线检测监测系统与设备。通过优化集成，自主开发出连续化、成套化和智能化的肉制品加工装备，实现无人化操作和清洁生产，提高生产效率，保证产品品质，减少污染和能耗。

三、从保质保鲜出发，构建冷链物流保障技术体系

围绕生鲜肉长途调运、生鲜调理肉品质保持的重大需求，针对产品流通过程中品质下降、腐败变质、货架期短等问题，研发冰温保鲜、真空包装、活性包装等产品品质智能保持新技术；研发低温高湿以及物理场辅助的原料肉解冻技术；提出基于生物、化学和物理手段的保质减损控制措施；建立肉品宰后供应链保鲜新技术、新产品和新装备体系，实现生鲜肉跨城跨区域配送。随着大数据与智能物流、移动制冷与保温、冷链消杀技术更加成熟，全程冷链运输覆盖率逐步提高，未来生鲜肉及生鲜调理肉制品的高质高效贮运能力将日趋完善。

第六章 2021年茶叶加工产业发展情况

第一节 产业现状与发展成效

茶产业是富民产业、生态产业、健康产业、文化产业，承担着支撑茶区经济、满足人们健康消费、服务乡村振兴的重要任务。2021年3月，习近平总书记在福建武夷山考察时指出："要把茶文化、茶产业 、茶科技统筹起来，过去茶产业是你们这里脱贫攻坚的支柱产业，今后要成为乡村振兴的支柱产业！"2021年，我国茶叶生产总量、消费总量、出口额等多项经济指标实现历史性突破，在从脱贫攻坚的支柱产业向乡村振兴的支柱产业转化的道路上稳步前行。

一、2021年茶叶加工产业发展概况

1. 茶叶产量增速放缓，农业产值增长明显

我国茶叶加工行业总体保持较好发展态势，茶产量增速放缓。根据中国茶叶流通协会数据，2021年全国干毛茶总产量306.32万t，比上年增加7.71万t，增幅2.5%。产量超过30万t的省份有福建省、湖北省、云南省、四川省、贵州省（图6-1）。全国干毛茶总产值为2 928.14亿元，比上年增长301.56亿元，增幅10.30%，茶叶农业产值显著增长。干毛茶产值超过200亿元的省份有6个，分别是贵州省、四川省、福建省、浙江省、湖北省、云南省；产值增长超过30亿元的省份有4个，依次是四川省、山东省、湖北省、陕西省。

2. 茶类结构持续优化，白茶快速增长

绿茶、红茶、乌龙茶、黑茶（含普洱）、白茶、黄茶六大茶类结构持续优化。中国传统茶类中，除黄茶之外，其余五大茶类的产量均有不同幅度增长，白茶增长较快，达11.43%。其中，绿茶184.94万t，微增0.67万t，比增0.36%；红茶43.45万t，增长3.02万t，比增6.95%；黑茶39.68万t，增长2.35万t，比增5.92%；乌龙茶28.72万t，增长0.94万t，比增3.27%；白茶8.19万t，

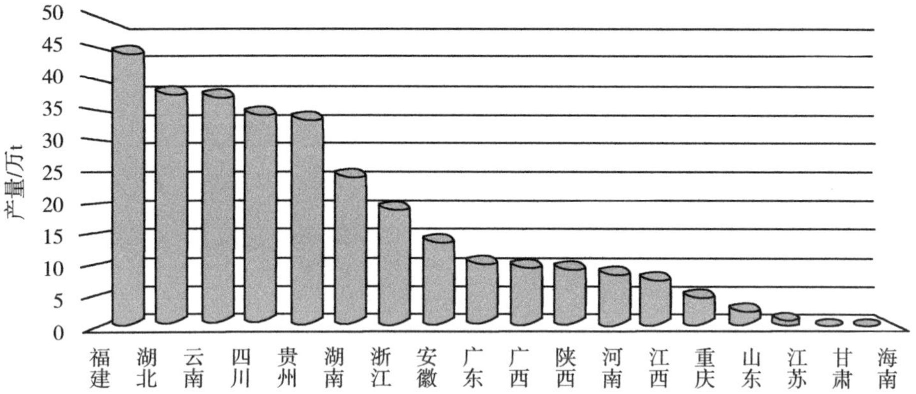

图 6-1　2021 年我国各主要产茶省份干毛茶产量

增长 0. 84 万 t，比增 10. 26%；黄茶 1. 33 万 t，减少 0. 12 万 t，降幅为 9. 02%。绿茶、红茶、黑茶、乌龙茶、白茶、黄茶的产量比为 60. 3：14. 2：13. 0：9. 4：2. 7：0. 4；红茶、黑茶、白茶在总产量中的占比出现攀升（图 6-2）。

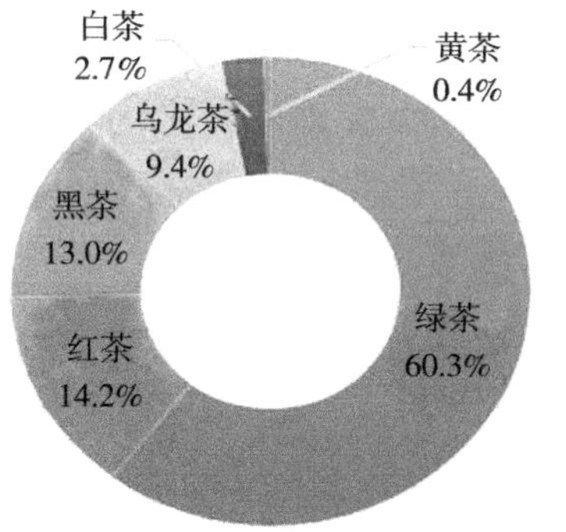

图 6-2　2021 中国六大茶类产量占比

3. 消费市场量价齐增，内销拉升茶业经济增长

2021 年，中国茶叶的内销总量为 230. 19 万 t，增长 10. 03 万 t，比增 4. 36%（图 6-3）；内销总额为 3 120 亿元，增长 231 亿元，比增 7. 40%；内销均价为 135. 5 元/kg，同比增长 3. 3%。

中国传统茶类销售格局基本稳定，白茶发展势头强劲。茶叶内销市场在线上线下均呈购销两旺态势，名优茶仍是创造茶产业价值的主力军，内销额贡献率继续保持在 70%~75%。电商平台与直播带货的发展、日常消费的整体升级及茶业营销现代化，全面助推着茶叶消费升级。

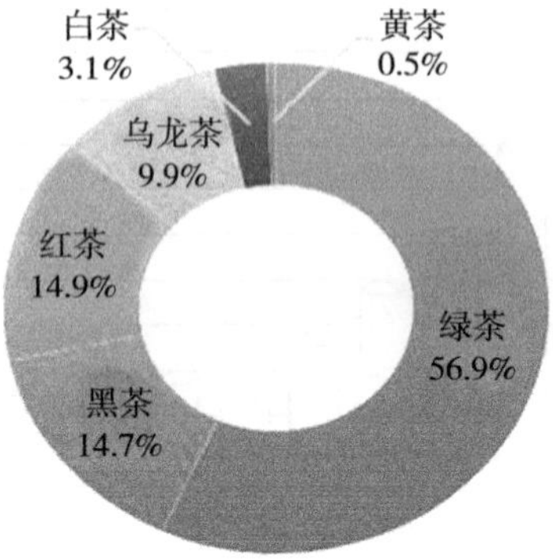

图 6-3　2021 年中国六大茶类内销量占比

4. 茶叶国际贸易较快增长，出口量、额均创历史新高

过去一年，国民经济持续复苏，为稳茶叶外贸提供了有力支撑。根据海关总署最新统计数据，2021 年，我国茶叶进出口规模达到了 6.05 万亿美元，首次突破 6 万亿美元关口。茶叶出口 2021 年实现强势反弹，出口量、额均创历史新高。中国茶叶出口量总计为 36.94 万 t，比 2020 年增长 2.05 万 t，同比增长 5.55%，出口量创历史新高；中国茶叶出口额累计为 22.99 亿美元，比 2020 年增加 2.61 亿美元，同比增长 11.35%，出口额创历史新高（图 6-4）。

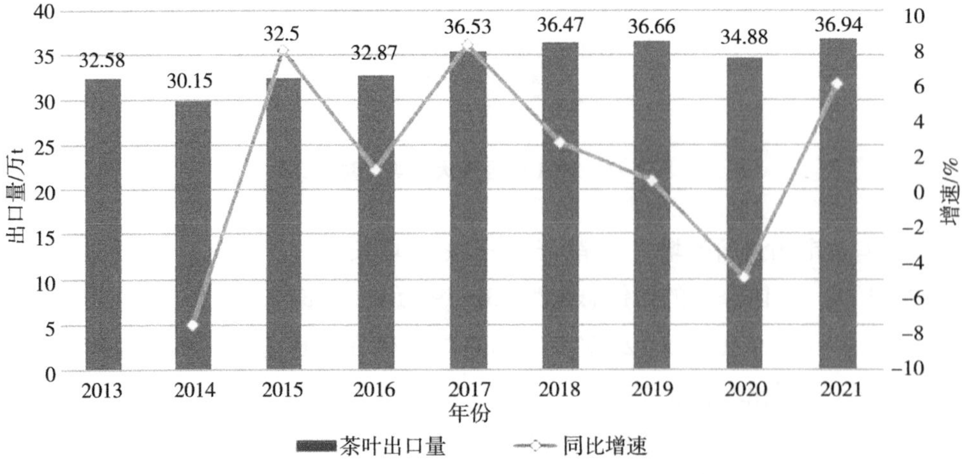

图 6-4　2013—2021 年中国茶叶出口量变化情况

5. 茶产业融合发展继续推进，产业延伸模式新颖成效显著

探索延伸产业链和商业链，茶产业与文化、旅游、饮品、健康等行业创新融合，茶文化旅游经济持续增长延伸效果显著。茶叶产品结构多样化适应不同消费群体，新茶饮成消费新热点，激活潜力市场。据不完全统计，截至 2021 年底，我国新茶饮品牌有 166 种，门店接近 45 万家，2021 年末市场规模已达 2 720 亿元。通过包装升级、功能拓展、口味创新，袋泡茶、代用/花草茶产品推动了袋泡茶消费升级，加速了新产品迭代。

二、茶叶加工业发展成效

2021 年，我国茶叶加工业保持了高质量发展，加快了转型升级步伐，生产结构、茶类品种、经营方式同步调整优化，茶叶加工业体量、科技创新实力、综合效能跃上新台阶。具体表现为：茶叶生产平稳增长，农业产值实现较快增长，茶类结构持续优化，三产业融合发展效果明显，国内市场持续扩大，出口量、额再创新高。

1. 茶叶产量稳步增长，茶叶产业综合效能跃上新台阶

2021 年茶叶生产、消费与经贸主要指标均呈现稳定增长态势，提质增效成果显著，综合竞争实力进一步提升，巩固了我国作为世界茶叶生产、消费、出口大国的地位。全国干毛茶年产量超过 300 万 t，干毛茶农业总产值为 2 928. 14 亿元；全国茶叶内销 230. 19 万 t，同比增 4. 56%，内销总额为 3 120 亿元；全年茶叶出口量总计为 36. 94 万 t，全国茶叶出口额累计为 22. 99 亿美元，金额同比增长 12. 82%，出口额创历史性新高。

2. 科技创新支撑产业提质增效显著

科技创新对产业转型升级的支撑作用更为显著，研发精制绿茶、工夫红茶等茶叶智能化技术和装备，促进了茶叶加工连续化、自动化、智能化水平；研发出高品质速溶茶制备关键技术，提高了茶资源利用率，带动了我国茶叶深加工发展。据不完全统计，2021 年茶叶加工领域共授权国家发明专利 447 项，申请专利 2 200 多项，登记成果 64 项，获国家和省部级以上科技奖 7 项，其中，中国农业科学院茶叶研究所为第一完成单位“夏秋茶高值化利用关键技术创新与应用”的 2 项成果获浙江省科学技术进步奖一等奖、神农中华农业科技奖一等奖。

3. 产品结构多元发展，营销渠道多样化

茶类结构轻微调整，格局总体稳定，白茶产量增长势头迅猛。通过新产品多

元发展、功能丰富、风味优化的袋泡茶、代用茶、花草茶、花果茶及现制现饮新茶饮等产品迅速发展，全方位拉动消费增长。茶叶营销方式更为丰富多元，茶叶批发市场、专营店、商超等传统渠道加速调整功能优化，受疫情影响，电子商务蓬勃发展、不断规范，直播带货、定制茶园等新模式竞相涌现、方兴未艾，渠道多样化、营销立体化、宣传分众化，促进消费市场规模扩增。

4. 标准体系覆盖全产业链，国际化步伐加快

茶叶安全标准体系和检验检测体系更加健全，茶叶质量安全水平稳步提升。茶叶产品监督抽检的项目增至 75 种，根据国家市场监管总局公布的食品安全监督抽检情况分析显示，我国茶叶及相关制品 2021 年上半年的抽检合格率为 99.35%，质量安全水平继续稳定向好。茶叶标准化体系愈加完善，团体标准培育激发市场主体活力，加强国际交流合作，跟踪茶叶及茶制品主要进出口国和 ISO 标准动向，制定了与国际接轨的认证与标准体系。

5. 茶叶三产融合发展推进，产业化水平提升

茶文旅融合发展延长了消费链，已初步形成了较完整的茶文化旅游体系，茶区政府、社团组织、茶企等持续加强茶文化旅游宣传，促进了茶叶企业增效和农民增收。行业进一步集聚，产业化水平明显提升，龙头企业和专业合作社数量增加，2021 年中央财政支持下批启动了茶产业集群建设项目。据不完全统计，截至 2020 年，涉茶农业产业化国家重点龙头企业达 109 家，省级龙头企业 1 139 家，茶叶专业合作社 26 800 余家，建立浙江浙南早茶、安徽徽茶、福建武夷岩茶 3 个茶产业集群。

第二节　重要技术发展情况

一、夏秋茶高值化利用关键技术创新与应用

针对夏秋季鲜叶因品质低、利用途径少而大量弃采，导致结构性产大于销的产业难点问题，创制了夏秋茶苦涩味转化为回甘的新方法，研制了茶汁高值化定向提取装备，突破夏秋茶加工高品质速溶茶的技术瓶颈，贴近民生健康与心理，开拓了茶叶健康食品应用新途径，落地企业汇聚生产，实现夏秋茶资源高值化梯次利用。整体技术居国际领先水平，解决了 30 万 t 夏秋茶高值化利用，应用区茶农增收 1 675 元/亩，近 3 年直接新增产值 47.15 亿元，实现间接收益 205 亿

元，引领了茶产业综合利用新发展方向，产生了巨大的经济效益和社会效益。本成果 2021 年获浙江省科学技术进步奖一等奖。

二、白茶提质增效关键技术创新与产业化应用

针对制约我国白茶产业发展过程中风味品质基础理论研究薄弱，加工技术和装备落后、产品种类单一、生产技术规范与标准缺乏等长期技术瓶颈，开展研究攻关，完善了白茶风味品质形成的理论基础，研发了一系列白茶提质增效关键新技术、新装备与新产品，构建了白茶产业立体化标准体系，实现了白茶产业的提质增效和高质量发展。该项目整体技术居国际领先水平，在白茶主产区进行推广应用，累计新增销售额 20. 91 亿元，新增利润 3. 48 亿元，带动了 1. 47 万农户增收，其中近两年新增销售额 9. 44 亿元，新增利润 1. 64 亿元，促进了当地经济发展、茶农增收和乡村振兴，在推动我国白茶产业技术进步等方面取得了显著的社会效益与经济效益。获 2020—2021 年度神农中华农业科技奖一等奖。

三、工夫红茶标准化加工关键技术与集成应用

围绕工夫红茶加工关键设备、标准化加工新工艺新技术、自动化加工生产线组建和控制等重点环节开展系统研究，成功构建工夫红茶标准化加工技术体系，创制出新型茶叶萎凋机、发酵机。研制出加工新技术 4 项，提出了 2 套中小叶种和 3 套大叶种工夫红茶标准化加工新工艺。集成创新建立了日产工夫红茶 400 kg、1 000 kg 等不同规模的标准化加工生产线装配体系，开发标准化加工控制系统，实现了实时控制，建成了示范生产线 6 条。整套成果已在云南、湖南、广东、贵州、浙江等省份的 14 家企业进行推广应用，技术应用后产品稳定性显著提升，综合产值提升 25%以上。该成果适宜在全国红茶产区推广应用，应用前景十分广阔，为促进红茶产业高质量发展发挥了重要作用。

四、茶叶精制智能化技术装备研发

为提高茶叶加工现代化水平，开展了茶叶精制智能化技术装备研发，突破了传统茶叶加工技术智能化瓶颈，建成了我国首套代表性绿茶的智能化加工生产线，总体技术水平达到国际领先。关键技术创新：创建了基于近红外的茶叶加工制品水分在线检测技术，成功研制了智能杀青模块；开发出基于模糊控制的揉捻

压力控制系统和智能化生产线数据采集与监控系统；成功研制针芽形绿茶和条形绿茶初制精制智能化成套设备 2 套，茶鲜叶处理能力>400 kg/h，工艺单元具备主要参数实时采集、故障诊断与自动监控等功能，实现了数字化集成控制；首次将水分、压力智能感知和信息控制等新技术应用于茶叶初制精制成套装备；创建了模块化生产线结构和生产智能管理系统。授权实用新型专利 6 件、软件著作权 5 项；制定了绿茶智能化加工技术规程 2 项，发表论文 9 篇。课题实施期间累计推广成套设备 15 台套、新增产值 1 亿余元，新增销售收入 8 000 余万元，经济效益和社会效益显著。

第三节　头部企业分析

为了做大做强茶叶加工业，在国家及各级政府的高度重视和扶持下，重点打造和培育一批龙头茶企，取得成效显著。截至 2021 年，共有 68 家主营业务为茶叶的企业入选《农业产业化国家重点龙头企业名单》，国家重点龙头茶企数量不断增多，规模不断扩大，提升了行业集聚度。

一、头部企业区域分部情况

从各省份分布情况看，68 个国家重点龙头企业分布于 13 个产茶省份。其中福建省为 13 家，其次是湖北 9 家，四川、云南各 8 家，贵州 7 家，湖南 6 家，浙江 5 家，安徽 3 家，江西、重庆、河南、陕西各 2 家，广西 1 家。18 家分布于东部地区，占比 26.5%；22 家分布于中部地区，占比 32.4%；28 家分布于西部地区，占比 41.2%。总体呈西多东少的分布局面。

茶叶行业百强企业调查数据分析，97%头部企业集中在茶叶产区，只有 3%的企业分布在北京、上海两个一线城市。福建、安徽、云南三大产茶省则成为茶叶企业最为活跃的地区，其中，福建省因其广泛生产乌龙茶、红茶、绿茶、白茶及再加工茶花茶等多种类茶，政府大力支持茶产业发展，百强企业分布最为集中。江北茶区和江南茶区的品牌企业分别占比 34%和 25%，成为实力企业分布最为密集的两个茶叶产区。

二、规模扩大，集聚提升

通过政策扶持、重点培养起点高、规模大、带动力强的茶叶龙头企业和产业集群。据中国茶叶流通协会对茶叶行业百强企业调查数据，77.6%企业总资产超过1亿元，6家企业总资产超过10亿元，样本平均资产负债率约为26%，流动资金占总资产的平均比例为43.2%。对比“十三五”期间，茶叶企业规模有所提升，但中小型企业依然是行业的主流。

三、品牌壮大，质量安全不断提高

随着国家品牌战略实施，茶叶区域公共品牌建设和企业品牌获得了快速发展，培育出了一批具有较强影响力和竞争力的全国知名品牌及地方特色区域公共品牌。形成了以浙江龙井、安吉白茶、安化黑茶、安溪铁观音、武夷岩茶、横县茉莉花茶等区域公共品牌和以中茶、湘茶、浙茶、大益、竹叶青、小罐茶、八马、华祥苑等知名企业品牌为核心的产品集群和产业集聚。目前，我国茶叶类登记注册商标总数已超过68万件（约占全国商标有效注册总数的3%），中国驰名商标（茶叶类）94件、中华老字号（茶叶类）37个，全国共有131个茶叶产品获得了地理标志产品保护，地理标志证明商标注册数超过230件，28个茶叶地理标志产品入选《中欧地理标志协定》。

茶叶质量安全水平不断提升，头部企业起到了带头作用。2019品牌企业调查显示，130家茶企通过SC食品生产许可认证，80家企业获得有机食品认证，45家企业获得绿色食品认证，并有部分企业通过了IMO、JAS、欧盟和美国等国外的有机认证。

第四节　产业发展存在的问题

一、生产成本快速上升，制约了生产效益的进一步提高

我国茶园基本建设严重滞后，持续性稳产、优产能力薄弱；大部分茶叶加工厂的装备陈旧、性能落后、自动化水平不高；茶叶加工业是劳动密集型产业，劳动力成本是生产中最主要的成本之一，茶叶采摘、加工等主要依靠人工作业，劳

动强度大，茶叶生产用工紧缺矛盾十分突出，人工成本居高不下。

二、产业组织化、集约化经营程度较低，缺少国际知名品牌和大型企业

我国茶业经营主体是广大分散的农户和为数众多的中小企业，经营分散，组织化程度低，生产规模小，标准化程度低，管理水平落后，茶叶企业实力还比较弱，品牌影响力不强。

三、茶叶生产标准化体系不够完善，产品质量和安全水平的保障条件能力需要加强

我国茶叶品类繁多、工艺复杂，使茶叶加工标准的制定和修订难度较大，许多重要的茶类产品缺乏标准；生产、加工技术规程等标准相对欠缺，难以实现从源头和流通环节保证茶叶质量。国内茶叶质量安全标准与国外先进水平相比差距较大，对新的外源和内源污染物等检测方法、安全指标标准等的研究滞后。茶叶标准的缺失和标准化体系建设滞后给我国茶叶生产和行业管理带来了挑战，制约了我国适应全球茶叶市场发展变化、防范进口国贸易壁垒和参与全球竞争的能力。

四、茶叶产品结构不能满足消费者多样化需求、产能增加与消费增长不平衡

茶叶产品结构性失衡不能满足消费者多样化需求的问题突现，市场需求的多元化问题已经十分明显，主要体现有：利用方式多元化、产品结构多元化。我国茶叶基本上是初级产品，名优茶生产存在过分关注产品外型、同质化现象严重的问题。近年来，国际上袋泡茶消费量比例已由占茶叶总消费量的2%上升到60%~90%。我国茶叶深加工技术相对落后，深加工产品只占茶叶总量的6%左右，多数属于低级、初级加工产品，附加值低。茶叶功能成分产品应用开发不足，市场规模小。

第五节　产业发展趋势

我国茶叶加工将逐步实现全面绿色转型，茶叶加工产业将从产品结构、科技发展、产业转型升级等方面加快发展。茶产品趋势向多元化、特色化和营养健康并重，茶叶加工向节能型清洁化、数字化、智能化发展。

一、茶产品趋向多元化、特色化、健康化

随着人们消费理念和对自身健康的关注，茶叶产品以市场需求为导向，茶叶产品风味将更多元化；由单纯追求风味向注重营养保健转变，从传统的茶饮料、茶食品拓展至茶叶功能产品、日化品等多元化产品，满足消费者对茶产品驱向优质化、特色化、便利化的需求。

二、茶叶加工生产方式趋势为机械化、自动化、智能化

茶叶加工生产方式依赖大量的劳动力投入，劳动短缺和生产成本快速攀升，茶业急需改变生产方式实现“机器换人”，发展名优茶机采机制技术，茶叶加工机械化、自动化、智能化技术，茶叶加工由劳动密集型向数字化、精准化的现代农业转变。

三、茶加工业趋向于高值化，三产融合发展

茶叶产量规模持续扩张，产品结构性过剩压力加剧，加强茶叶营养健康、功能挖掘与茶资源的高效化利用，研发高值化产品实现茶产业的提质增效。从过去单一饮茶向用茶、吃茶、事茶、玩茶等多种用途发展，茶叶产业从单一生产功能向一二三产业融合发展，不断延长产业链、消费链，提升价值链，实现茶加工业高值化发展。

第七章 2021年水产品加工产业发展情况

第一节 产业现状与发展成效

水产品加工业是渔业经济不可或缺的一环，在渔业经济中占有重要的战略地位。我国水产品加工产业已形成以鲜冻加工为主体的多样化加工体系和以功能健康食品为核心的多元营养产品供应体系，成为食品行业中发展快、效益高的产业之一，有效带动就业超过500万人。中国已成为全球最大的水产品加工生产基地，海水产品约有2/3进入加工环节，淡水产品约有1/5进入加工环节。现代高新技术广泛应用于水产加工业，大大提高了水产品加工业的技术含量和企业技术改造的力度。在传统工艺的升级改造、多组学技术交叉融合研究、高端智能装备研发以及食品绿色加工的理论基础与技术研发等方面的研究逐步深入，成功开发了即食海参、鲍鱼罐头、调料扇贝食品等新产品，并实现工业化生产。深远海鱼类保真与精深加工关键技术成功实现产业化应用，南极磷虾精深加工技术与产业化取得突破性进展，形成了南极磷虾油、南极磷虾脱壳虾肉等成熟产品。

一、2021年水产品加工产业发展概况

据国家统计局数据，2021年用于加工的水产品总量2 522.7万t，水产品加工率达到37.7%，全国规模以上水产品加工企业2 497家。同时，我国也是全球最大的水产品出口国。据海关总署统计，2021年我国加工水产品出口量达到954.82万t，进出口总额399.49亿美元，同比分别增长0.72%和15.41%。水产品加工业已成为我国渔业发展“带一连三”的关键环节，在渔业经济中占有重要的战略地位。

二、水产品加工产业的发展成效

1. 区域布局状况

我国的水产品加工业的发展格局基本保持不变，2021 年我国渔业大省水产品的加工现状比较见表 7-1。各省水产品加工产量由高到低依次为山东、福建、辽宁、浙江、广东、湖北、江苏，这 7 个省份水产品加工产量均超 100 万 t，合计总量达 1 882.9 万t，占全国水产品加工总量的 88.6%。山东省水产品加工产量占全国水产品加工产量的 30.2%，其水产品加工产值占该省份渔业总产值比例达 59.11%，渔业大省必然是水产品加工业发达的省份。同时，由于各省资源区域优势及出口带动了水产品加工业的非均衡发展，初步形成了某些产品集中加工基地并具有很强的地方特色，形成了我国水产品加工区域的布局。

表 7-1　2021 年我国渔业大省水产品的加工产量、产值比较

省份	加工总量/万 t	用于加工量/万 t	加工量占全国加工总量/%	渔业产值/亿元	水产品加工产值/亿元	加工产值占渔业产值比例/%
山东	641.74	724.34	30.20	1732.46	1024.03	59.11
福建	405.18	473.18	19.07	1675.42	1104.09	65.90
辽宁	235.50	351.42	11.08	709.17	257.25	36.27
浙江	181.53	164.23	8.54	1211.18	425.44	35.13
广东	148.36	162.30	6.98	1786.24	254.15	14.23
湖北	135.79	193.18	6.39	1556.04	449.94	28.92
江苏	134.80	152.68	6.34	1919.63	350.48	18.26
合计	1 882.89	2 221.32	88.61	10 590.14	3 865.36	36.50

2. 市场与贸易状况

渔业作为我国农业的重要组成部分，是农业中发展最快的产业之一。2021 年全国水产品总产量达到 6 690.29 万t，渔业总产值达到 15 158.63 亿元，占农业总产值的 9.9%。据统计，2021 年我国加工水产品出口量达到 380 万 t，出口总额 219.2 亿美元，同比增长 15.13%，贸易顺差 39.03 亿美元，比上年同期增加 4.30 亿美元。水产品出口额占农产品出口总额的 26%，继续位居大宗农产品出口首位。日本、美国、韩国、菲律宾等国是中国水产品主要出口市场，合计占水产品出口总额的 50%以上，其中日本是中国水产品的最大出口国，所占比例为 18.81%。山东、福建、辽宁及浙江出口金额占中国水产品出口总和的 86.34%。

中国主要出口产品包括对虾、贝类、罗非鱼、鳗鱼、淡水小龙虾、大黄鱼和斑点叉尾鮰等大宗水产品，由于世界罗非鱼的产量不断增长，中国出口的罗非鱼产品受到了挑战，致使产品的单价下调以换取出口数量。

3. 加工技术装备与工艺水平状况

近几年来，我国的水产冷库建设趋于稳定，连续几年增长幅度不大。冷库座数达 8 454 座，冻结能力 85 万 t/d，冷藏能力 474.6 万 t/次，制冰能力 20.1 万 t/d，实际冻结能力、冷藏能力同比有较大的增幅，制冰能力却下降 6.21%。当前水产加工技术研发以提高我国水产品加工率、适应国内外市场需求、提升渔业整体效益为目标，为我国水产品加工业的发展提供了先进适用的技术，开发具有国际竞争力的深加工产品。当前，我国聚焦水产品加工关键技术装备的配置、改造和提升，进一步促进和提升了水产品加工行业的机械化、自动化、智能化水平，加快推动了渔业产业转型升级和高质量发展，其后续实施将对全国水产品加工行业的发展注入强劲动力。针对鱼类预处理与初加工依赖人工、处理效率低、产品品质不均一等难题，开展了鱼体排序定位、鱼活体标识、小杂鱼去脏、大黄鱼开片和大宗淡水鱼去头、去鳞等技术及装备研究，形成了基于重力偏转的鱼体排序定位技术、激光定位标识技术、去脏轮旋转去脏技术、弧形切割去头技术、多级滚筒去鳞技术等一批鱼类预处理与初加工技术。

第二节　重要技术发展情况

一、水产品保鲜技术研究深入推进

水产品保鲜技术一直是热门研究课题，研究内容主要集中在腐败菌对水产品品质影响机制、储藏过程中水产品品质变化机理及调控、储藏过程中水产品中危害因子的产生与控制、水产品中蛋白质和脂质等营养成分的生物活性及构效关系等。基于大量的水产品保鲜领域的基础研究工作，初步探明了部分水产食品储藏过程中的营养成分、品质变化规律和特征性风味成分，初步明确了危害因子氟、甲醛等产生和调控机制等。现代农业产业技术体系特色淡水鱼体系岗位专家李来好研究员及其团队成员开展了基于内源酶的罗非鱼片储藏品质评价研究，通过体内和体外实验阐明了钙蛋白酶、组织蛋白酶 B 和细胞凋亡酶对罗非鱼肌原纤维蛋白的降解模式，揭示了钙蛋白酶和组织蛋白酶 B 是罗非鱼死后肌原纤维降解的主要蛋白酶，探究了储藏条件等外部作用对内源酶活性的影响，发现气调包装结合冰温储藏对罗非鱼片的保鲜作用主要在于抑制内源性蛋白酶活性和降低反应速率，减轻蛋白质氧化程度以及抑制微生物的繁殖。

二、多组学技术在水产品质变化研究中的交叉应用

多组学技术在当前研究生物体的基因、蛋白、代谢产物等差异表达上发挥了重要作用，已成为阐明水产品变化过程调控机制的重要手段。赵永强等采用高通量的蛋白质组学 Label free 定量法鉴定了冰温储藏过程中罗非鱼片的蛋白质表达谱，研究了罗非鱼储藏中的品质变化及机理，对全部蛋白进行 GO 功能注释和 KEGG 代谢通路分析发现，生物过程主要为细胞过程，代谢通路主要为 KEGG 通路；差异表达蛋白的主要分子功能为结合以及催化活性功能，缺失的蛋白质主要涉及代谢过程、氧化还原过程、翻译和运输等，相关研究对阐明罗非鱼骨骼肌蛋白质组与鱼肉鲜度和品质的关系有显著的贡献，并为鱼肉鲜度变化机制及功能研究提供了新的视角。马聪聪采用鸟枪蛋白组学对大西洋鲑及其近源掺假物种进行了区分，采用同位素标记相对和绝对定量（iTRAQ）技术对冰鲜大西洋鲑和在 −18℃条件下贮存 30 d 后冻融处理的大西洋鲑进行了区分研究，筛选出 20 个与大西洋鲑冻融后品质变化相关的差异蛋白，并利用多反应检测模式（MRM）对这些蛋白进行了验证，找到了变化蛋白中包含降解位点的关键肽段，与 iTRAQ 结果互相印证，为解释冻融处理后大西洋鲑品质变化规律奠定了理论基础。

第三节　头部企业分析

一、湛江国联水产开发股份有限公司

国联水产 2021 年实现销售收入 447 417.0 万元，主营业务已实现盈利，研发经费支出 16 285 万元，占当年销售收入的 3.6%。国联水产预制菜业务期内营收提升，达到 8.41 亿元。国联水产利用其全球供应链和研发优势，产品结构逐步向以预制菜品为主的餐饮食材和海洋食品转型，产品附加值和影响力得到提升，打造较为完善的产业链标准化体系。开发了多种新产品，如茄汁凤尾虾、罗非鱼深加工产品、川香麻辣小龙虾调理包产品、青花椒风味酸菜鱼、裹粉小龙虾尾产

品、金汤酸菜鱼产品、麻辣小龙虾意面、泰式黄金虾球产品、南美白虾饼、米香虾等。在智能生产线的基础上对设备进行改造，同时以工业互联网为基础，开发智能平台，通过构建智能化生产系统、网络化分布生产设施，实现生产过程的智能化，提升生产设备的生产性能和生产速度，提高生产效益。

二、安井食品集团股份有限公司

主要从事速冻火锅料制品（以速冻鱼糜制品、速冻肉制品为主）和速冻面米制品、速冻菜肴制品等速冻食品的研发、生产和销售。下辖无锡安井食品营销有限公司、辽宁安井食品有限公司、四川安井食品有限公司等 14 家控股子公司，在全国共有十大生产基地。近年来，注重技术与新产品研发的投入，累计承担国家级项目 12 项，2021 年营业收入 92.72 亿元，较上年同比增长 33.12%，投入 4 336.56 万元用于研发，并承担各类科研项目经费 189.98 万元，现有专利 280 件，其中发明专利 56 件。主持或参与《速冻食品术语》《冷冻鱼糜》等 60 余项标准的制定和修订工作，其中 34 项已完成并发布。近年来，开发了锁鲜装系列等新品 16 项，其中“虾滑”荣获中国方便食品行业最佳创新产品，“V 形仿蟹肉”荣获中国食品科学技术学会产品创新奖三等奖。

第四节　产业发展存在的问题

近年，我国水产品加工技术的研发主要专注于对传统加工技术的优化升级，使我国脱离“粗放型”加工状态，在水产品保鲜技术、加工工艺、品质控制、活性物质提取、废弃物综合利用方面都取得了长足进步，助推了产业的发展。相比而言，国际上的研究更加深入，而国内研究在广度与深度上存在明显差距，与其他学科的交叉融合不多，在加工装备水平、冷链物流技术、海洋生物资源开发利用等领域还存在明显的差距。

一、水产品加工装备研发水平的差异

与水产品加工装备发达的国家相比，我国水产品加工企业的自动化程度不高，仍以劳动密集型为主，目前多数企业 80%的前处理步骤仍全部由人力完成，

使用的水产品加工设备，约有 50%仍停留在 20 世纪 80 年代的水平，仅有 10%能达到世界先进水平。发达国家在积极使用机械代替人工的基础上，更加注重机械生产的效率和节能等问题，研发更为连续的、自动化的成套生产设备。受饮食习惯的影响，欧美国家喜欢食用无刺的水产品，加工装备主要侧重于中大型鱼类的初加工、贝类加工、活性物质提取等，如鱼片、鱼糜制品、贝类、头足类和水产保健品等；水产品加工装备以单机设备为主，成套设备研发、工艺创新与集成能力与国外还存在较大差距，尤其是远洋捕捞船载加工装备集成能力还相对落后。国产装备在加工效率、精度、连续性、稳定性和自动化程度等方面还存在较大差距，材质、外观、耐用性等也还有待提高。

二、冷链物流技术与发达国家的差距

目前，我国的水产品冷链物流逐步形成了依托公路、铁路、机场、水运等交通网络和各类运输工具（冷藏汽车、冷藏集装箱），以生产性、分配性水产冷库为主，以加工基地船、渔业作业船为辅的冷藏链。我国冷链市场需求逐年扩大，冷链运输市场呈现快速发展变化的局面，多种冷链运输方式之间的竞争加剧，逐步摆脱以往以公路冷链运输为绝对主力的固有格局。与国外相比，我国冷链物流发展的差距在于：冷链物流基础设施规模小，地区分布不均衡。当前我国冷链物流较发达地区主要集中在东部沿海城市、西南地区以及华中地区，其他地区分布极少，地区分布不均衡。目前我国的冷链运输车辆以及包装方式都存在一定的“断链”风险，冷链信息网络平台仍处于建设阶段。冷链物流企业规模普遍偏低，缺乏具有市场掌控力的龙头企业。

三、海洋生物资源开发利用产业化能力的差距

在海洋生物酶的研究与开发方面，我国取得了一些重要进展，但与发达国家相比，还存在很大差距。国外一些大型酶制剂企业，如诺维信、杰能科、杜邦等借助于其多年来在酶制剂行业的雄厚基础积累，较快地实现了资源挖掘、功能改造、产业化应用开发等全链条发展。而我国海洋生物酶研究仍集中在前期的资源挖掘、功能改造方面，在后期的产业化应用开发方面比较薄弱，亟待加强；主要的研究力量集中在部分高校和科研院所，覆盖领域有限，多学科交叉融合程度不够，技术创新的主体企业参与力度低，缺乏统筹规划与协调。

第五节　产业发展趋势

一、大宗水产品智能化加工装备研发与生产线构建

加强智能环境传感器技术研发与应用，实现水产品加工厂、船载加工区等环境参数变化的实时感知与调控，确保水产品加工环境处于最适宜状态；利用红外线技术、图像识别技术等，实现对加工对象及其体型特征、温度等参数进行感知，为水产品智能前处理和加工机械装备研制提供基础；通过在冷链物流过程中增加自动温控装置、互联网和物联网技术，实现水产品加工物流环节的低温条件感知与保障。开发建设水产品原料特征信息大数据平台，实现对智能水产品加工业基础数据信息的汇集与整合，对机械化加工前处理等辅助设备进行熟化升级研究，向研制高性能专业装备和构建大宗鱼类连续式、机械化预处理与初加工生产线进发；开展水产品加工过程关键控制点筛选分析，确定加工关键点、环境、过程等信息数据，建立关键数字信息数据库，集成智能控制系统，对生产线的设备实时监控与数据采集，快速、及时地调整控制关键参数，实现加工过程优化及智能控制，提高我国水产加工业自动化、智能化加工技术装备水平，推动我国水产品加工业高质量发展。

二、大宗水产品绿色加工与高质化利用体系构建

研究水产生物活性物质的定向筛选、分离纯化、分子修饰与改造、稳定化以及复配技术，研制以大宗水产品为原料的精准化营养食品与个性化制造产品，满足现代消费者需求；深入解析水产品不同于一般食品的物质基础、品质内涵及其形成、保持机制，研究大宗水产品营养组成与健康功效分析评价，构建水产品品质评定与质量控制技术体系，研发海珍品加工过程品质控制与稳定化技术；研究水产原料质量安全信息提取、鉴伪鉴真技术；研究水产品原料绿色保鲜、生态保活贮运技术；探究虾酱、鱼露、咸干鱼、虾米等传统水产食品风味品质形成机制，优化传统水产食品生产工艺；推广低铝海蜇、高品质干海参、南极磷虾粉、南极磷虾油等产品的绿色加工技术，研究具有高附加值的新型海洋保健食品及新型水产品方便食品（冷冻调理、即食、半干）绿色加工技

术并示范推广；研究水产品加工副产物综合利用与节能减排技术，研发基于膜工程技术的生产废水中有效物质的回收利用工艺；构建海藻全资源利用生产模式，向医药保健、农业肥料等领域进行拓展；创制水产绿色食品技术标准体系并进行宣传推广。

第八章 2021年特色农产品加工产业发展情况

第一节 产业现状与发展成效

以蜂产业为例，2021年我国蜂群总数约为1 000万群，其中2/3为西方蜜蜂，1/3为中华蜜蜂。受新冠肺炎疫情和气候影响，蜂蜜的年产量不足40万t，有所下降，南方各省油菜花期遭遇几十年难遇的特大灾情，油菜蜜平均减产50%以上，蜂蜜总产量仍居世界之首。蜂王浆、蜂花粉、蜂胶更是以我国为主，如蜂王浆的产量占世界的90%以上，我国年产蜂王浆约4 000 t，蜂花粉约5 000 t，蜂胶约400 t，蜂蜡9 000 t，蜂蛹60 t，蜂王幼虫600 t，蜂毒50 kg。

2021年4月26日，中共中央办公厅、国务院办公厅印发的《关于建立健全生态产品价值实现机制的意见》强调，建立健全生态产品价值实现机制，是贯彻落实习近平生态文明思想的重要举措，是践行绿水青山就是金山银山理念的关键路径，是从源头上推动生态环境领域国家治理体系和治理能力现代化的必然要求，对推动经济社会发展全面绿色转型具有重要意义。要求各级政府加快推动建立健全生态产品价值实现机制，走出一条生态优先、绿色发展的新路子。令人可喜和欣慰的是我国的养蜂和蜂产品加工业逐渐走上了这条生态优先、绿色发展之路。

养蜂理念逐渐与世界接轨，《可持续养蜂管理——良好蜜蜂饲养规范》（以下简称《规范》）一书由中国农业科学院、联合国粮食及农业组织（FAO）、国际蜂联、意大利IZSLT研究所4家机构于2021年在意大利罗马联合出版，是FAO动物生产与健康系列指南中唯一针对养蜂业的指南性书籍，旨在为世界各地蜜蜂管理提供有用信息和建议，并指导相关项目的开发和实施，促进养蜂业可持续发展。2022年2月23日，联合国粮食及农业组织（FAO）举办线上发布会，面向全球推出此书。该书的出版是中国农业科学院蜜蜂研究所引领养蜂业可持续发展、增加我国养蜂业国际话语权的又一项成果。《规范》强调现代养蜂业正在向一种更可持续、更尊重本土蜜蜂的养殖系统转变。蜜蜂对环境和人类的健康至关重要。它们的授粉活动支持了生物多样性，可持续养蜂和蜂产品加工业有助于减少农村贫困；获得高质量农产品和蜂产品；通过授粉维持环境生物多样性和作物生产。换句话说，可持续养蜂和蜂产品加工业将有助于实现联合国可持续发展目标（SDGs）。随着《规范》的实施，养蜂和蜂产品加工业将逐渐成为我国的生态产业、致富产业、健康产业和文化产业的统一体，成为乡村振兴工作的重要抓手，对促进我国养蜂和蜂产品加工业提质升级，加快推进产业发展，实现农业现代化、加快推进“三农”问题和决胜全面建成小康社会将具有重要的生态、经济和社会意义。

一、2021年特色农产品加工产业发展概况

以蜂产品和糖加工行业为例。

（一）蜂产品加工业

根据中国蜂产品协会罗照明的报道，2021年我国蜂产品行业总体运行平稳，蜂产品出口数量再创新高，蜂产品出口总量超16万t，同比增长9.30%，出口总额达3.71亿美元，同比增长1.01%。其中，蜂蜜出口14.59万t，同比增长10.13%，出口金额2.60亿美元，同比增长2.36%，蜂蜜出口均价1.78美元/kg，同比下跌7.05%。蜂蜡出口9 510.67 t，同比增长4.57%，出口金额4 442.51万美元，同比增长5.33%，出口均价4.67美元/kg。

蜂王浆出口768.89 t，与2020年相近，出口金额2 080.58万美元，同比增长5.64%，出口均价27.06美元/kg，同比上涨5.24%。蜂王浆冻干粉出口244.54 t，同比下降15.12%，出口金额2 020.43万美元，同比下降16.16%，出口均价82.62美元/kg，同比下跌1.23%。蜂花粉出口3 010.48 t，同比下降5.15%，出口金额1 520.31万美元，同比增长3.10%，出口均价5.05美元/kg，同比上涨8.69%。

其他蜂产品（蜂胶类、蜂蛹类、花粉提取物及其他蜂产品制品，下同）出口342.78 t，同比下降30.59%，出口金额741.03万美元，同比下降32.98%，出口均价21.62美元/kg，同比下跌3.44%。蜂王浆制剂出口340.67 t，同比增长80.13%，出口金额320.48万美元，同比增长80.76%，出口均价9.41美元/kg（表8-1）。

表 8-1　2021 年我国蜂产品总体出口情况

商品名称	数量/t	金额		单价	与 2020 年同比增长/%		
		万美元	占比/%	美元/kg	数量	金额	单价
蜂蜜	145 886.04	26 004.67	70.04	1.78	10.13	2.36	-7.05
蜂蜡	9 510.67	4 442.51	11.96	4.67	4.57	5.33	0.73
蜂王浆	768.89	2 080.58	5.60	27.06	0.38	5.64	5.24
蜂王浆冻干粉	244.54	2 020.43	5.44	82.62	-15.12	-16.16	-1.23
蜂花粉	3 010.48	1 520.31	4.09	5.05	-5.15	3.10	8.69
其他蜂产品	342.78	741.03	2.00	21.62	-30.59	-32.98	-3.44
蜂王浆制剂	340.67	320.48	0.86	9.41	80.13	80.76	0.35
合计	160 104.06	37 130.02	100.00	2.32	9.30	1.01	-7.59

（二）糖加工产业发展概况

截至 2021 年 9 月底，本制糖期全国共生产食糖 1 066.66 万 t（上制糖期同期产糖 1 041.54 万 t），比上制糖期同期多产糖 25.12 万 t。其中，产甘蔗糖 913.4 万 t（上制糖期同期产甘蔗糖 902.23 万 t）；产甜菜糖 153.26 万 t（上制糖期同期产甜菜糖 139.28 万 t）。截至 2021 年 9 月底，本制糖期全国累计销售食糖 961.8 万 t（上制糖期同期 985 万 t），累计销糖率 90.2%（上制糖期同期 94.6%）。其中，销售甘蔗糖 808.52 万 t，销糖率 88.52%，销售甜菜糖 153.26 万 t，销糖率 100%（表 8-2）。

表 8-2　2020/2021 年制糖期全国食糖产销数据

省区	截至 2021 年 9 月底累计		
	产糖量/万 t	销糖量/万 t	销糖率/%
全国合计	1 066.66	961.78	90.17
甘蔗糖小计	913.4	808.52	88.52
广东	53.98	53.28	98.7
广西	628.79	552.38	87.85
云南	221.23	180.81	81.73
海南	8.77	6.44	73.43
其他	0.63	0.63	100
甜菜糖小计	153.26	153.26	100
内蒙古	89.1	89.1	100
新疆	57.61	57.61	100
黑龙江	1.45	1.45	100
其他	5.1	5.1	100

二、特色产业发展成效

（一）蜂产业发展成效

1. 提质增效，蜂产品消费市场日趋成熟

相较于农业其他产业，养蜂的优势比较明显，蜂农的收入普遍高于其他养殖业。同时，我国蜂产品的市场消费也在快速增长，人民生活水平稳步提升，蜂蜜消费量也在过去10年有较大幅度增长，达到人均蜂蜜消费量约240 g，已接近日本人平均消费量300 g左右的水平，虽然离欧美人均消费量还存在较大差距，但是足以说明我国蜂产品消费市场日趋成熟，发展潜力巨大，蜂产品品质也在稳步提高。

2. 生态效果越来越明显

养蜂业是生态农业的重要组成部分，商业化蜜蜂授粉不断取得成效。农业大省山东已出现商业化授粉的中介组织，通过在养蜂大省购买蜜蜂，为本地种植大户的农作物提供蜜蜂授粉服务，从中赚得服务费。同时，农业农村部《蜜蜂授粉与绿色防控增产技术集成应用示范方案》文件发布以来，绿色防控技术与蜜蜂授粉便被并列提上议程。蜜蜂授粉与绿色防控技术集成成为助推蜜蜂授粉的商业化、专业化进程的重要一步。

3. 使蜜蜂成为蜂蜜的唯一生产者——大力推广成熟蜂蜜

采用上下两个箱体的“双箱体养殖”和“转地养蜂，追花夺蜜”是目前我国养蜂行业的主要模式，但生产出的蜂蜜产量低、质量差，蜂蜜的营养价值得不到充分体现，养蜂者的收入上不去，养蜂行业亟待一场技术变革来改变现状。针对这一产业重大需求，中国农业科学院蜜蜂研究所联合相关单位在多箱体成熟蜂蜜生产技术上突破了多项技术瓶颈，取得了显著成效。在国家科学技术学术著作出版基金资助下，《中国成熟蜂蜜生产技术》出版。

此外，中国农业科学院蜜蜂研究所还对成熟蜂蜜与浓缩蜂蜜、掺假蜂蜜鉴别、成熟蜂蜜营养功能评价方面进行了艰苦攻关并取得了突破，切实提升了蜂产品质量，推动了“优质优价”市场形成，促进了我国蜂业健康发展。

4. 电子商务快速发展，为蜂产品市场营销创造了良好的条件

从当前乡村蜂产业市场营销的整体情况来看，很多地方对电子商务的应用进行了针对性的设计，特别是在当地政府政策的支持下，进一步完善了信息化、网

络化营销体系，使乡村蜂产业电子商务营销获得了较好的发展。

（二）糖产业发展成效

“十四五”期间糖业总体发展思路：围绕深度融合，主动服务国家“一带一路”倡议，稳住境内面积，扩展境外规模，将继续紧扣高产高效的生态安全的要求，聚焦基础建设，改善两种联法的配套加工，优化区域布局，突出产业优势，改革现代产品基地，提升我国的竞争力和效率，促进农民持续稳定的增产增收，为保障国家粮食安全做出应有贡献。围绕总体发展思路，糖加工产业在产业转型升级、新技术新装备推广、节能减排、科技创新等方面均有所突破。

1. 稳步推进糖业转型升级行动，产业转型升级成果初显成效

甘蔗单产提高 9.7%，吨糖耗水下降 14.4%，吨糖 COD 排放量降低了 11.9%；甜菜含糖分提高了 8.7%，甜菜糖回收率提高了 4.5%，优、一级品率提高了 8.6%，吨糖耗水降低了 24.8%，吨糖 COD 排放量降低了 24%。

2. 继续加强科技创新能力建设，全产业链加工实力逐步加强

坚持降碳、减污、扩绿协同推进，积极推行制糖加工清洁生产技术改造，从源头减少污染物产生，力争吨糖 COD 排放在 0.08 kg 以下，吨糖耗标煤 342 kg 以下。充分挖掘未开发利用资源，大力发展蔗糖精深加工和副产品高值化利用，重点推进环保餐具、调味品、甘蔗植物水、蔗叶饲料等产业化生产。同时继续推进蔗叶饲料化、燃料化、肥料化综合利用，促进蔗叶禁烧，蔗叶利用率同比提升 3 个百分点以上。

3. 双减双高建设成果显著

云南省农业科学院甘蔗研究所“甘蔗化肥农药减施增效技术集成研究”依托国家糖料产业技术体系平台，结合滇西南不同蔗区的生产实际，因地制宜示范推广甘蔗新品种+“两减”（减施化肥、农药）绿色生产技术模式，实现了甘蔗生产“双减”（化肥、农药减少）、“双增”（产量、蔗糖分增加）的重要突破。相关专家组田间实际测产验收结果表明，与蔗农常规施肥、施药模式相比，“两减”技术模式增产幅度达 3.9%～25.79%、蔗糖分增幅达 0.12～1.41 个百分点。实现了甘蔗生产减肥减药、增产增糖，有效推进了蔗糖产业高质量发展，为食糖供给和生态安全提供了强有力的保障。

4. 机械化组织化程度提高，服务能力明显提升

全国制糖企业深入贯彻落实中央和自治区关于加快推进农业机械化和农机装备产业转型升级的决策部署，持续提升农机装备产业科技创新能力，进一步优化

农机具配置结构，实现重点农机产品和关键零部件协同发展，农机作业条件加快改善，农机使用效率进一步提升，主要农作物耕种收综合机械化率达到 70%以上。同时大力发展新型农机社会化服务组织，鼓励农业企业、新型农机社会化服务组织开展农机租赁和农业生产托管社会化服务。支持组建广西农机作业服务集团，服务范围覆盖至村级，并延伸至区外、国外。深化产教研融合创新，明确科技攻关目标和方向。加强生产、教学、科研单位优势互补与合作，做好农机化新技术新产品技术规范、标准和评价指标供给，加速农业科技成果转化和农机化新技术、新机具推广应用步伐。

第二节　重要技术发展情况

以蜂产品和糖加工行业为例。

一、蜂产品重要技术发展情况

1. 蜂蜜

在对蜂蜜的研究中发现，蜂蜜药理活性的研究逐渐关注于抗癌活性，并且发现蜂蜜可以作为一种天然补充剂来预防癌症。研究方法侧重于蜂蜜的质量控制方法，而对蜂蜜成分的研究，研究人员不仅探究蜂蜜中的未知成分，还聚焦于蜂蜜来源鉴别与掺假。近年来，文献中对于蜂蜜的研究深度逐渐增加，围绕蜂蜜的活性、方法和成分的研究陆续取得了令人满意的结果，尤其是我国科研人员在蜂蜜的研究上做出了巨大的贡献。

2. 蜂王浆

2021 年蜂王浆研究仍然主要集中于生物学活性、化学成分分析和质量控制方面。在 62 篇 SCI 论文中，有 45 篇是有关蜂王浆及其活性成分的生物学活性研究，有 10 篇是有关蜂王浆成分、理化特性和质量控制的研究。此外，有 7 篇是有关蜂王浆的研究综述。

（1）蜂王浆质量控制研究　蜂王浆的化学成分十分复杂，会受到蜜蜂的食物来源及环境变化的影响。de Almeida 等研究发现，在蜂粮中添加锌能抑制参与哺乳蜂幼虫和腺体发育的王浆主蛋白（MRJP1、MRJP2、MRJP3、MRJP5 和 MRJP7）的表达及促进参与防御系统的王浆主蛋白（MRJP8 和 MRJP9）的表达，从而影响蜂群的营养和维持。

（2）蜂王浆化学成分研究　已有大量研究表明蜂王浆中的水溶性蛋白有多种功能活性，但对醇溶性蛋白的活性研究甚少。Yuan 等对新疆黑蜂蜂王浆醇溶蛋白的两种主要蛋白质进行了纯化和鉴定，经 LC-MS/MS 鉴定，一种为葡萄糖神经酰胺酶，另一种为王浆主蛋白 1（MRJP1），其中葡萄糖神经酰胺酶可降解细胞膜上的葡萄糖神经酰胺，破坏细胞膜结构，从而导致细胞坏死。

（3）蜂王浆的生物学活性及其作用机制研究　蜂王浆的多种生物学活性越来越受到研究者的关注。2021 年发表的 7 篇英文综述中有 6 篇是对蜂王浆生物学活性的综述。Collazo 等回顾了近年来有关蜂王浆成分及其生物活性和在健康应用上的研究，并对蜂王浆或其特定成分具有的抗高血脂、抗氧化、抗增殖、抗微生物、神经保护、抗炎、免疫调节、抗衰老和雌激素作用等活性进行了综述。

3. 蜂胶

2021 年国内外发表的蜂胶论文研究方向十分广泛，主要包括蜂胶的生物学活性研究、蜂胶的地理来源及化学成分分析、蜂胶中有效活性成分的提取与鉴定、蜂胶及蜂胶产品的质量控制、蜂胶产品的开发以及蜂胶在医药、食品、农业等领域的应用等多个方面。其中，蜂胶生物学活性相关研究的论文数量最多，占全部论文的 69.66%，与 2020 年相比有较大幅度的增加；蜂胶在食品、口腔保健、畜禽疾病控制等应用方面的论文占总数的 24.14%，相较于 2020 年的占比有小幅度的下降；有关蜂胶化学成分的研究较 2020 年有较大上升，占总数的 18.28%；有关蜂胶质量控制方面的论文占总数的 9.31%。

4. 蜂花粉

2021 年共发表涉及蜂花粉的 SCI 论文 155 篇，其中研究性论文占发表论文的绝大多数，共有 138 篇，综述类 17 篇。其中，中国发表数量最高为 22 篇，排在前 10 位的还有波兰、土耳其、西班牙、埃及、巴西、意大利、沙特阿拉伯、美国和葡萄牙。2021 年国内外发表的蜂花粉相关文章，涉及的研究方向十分广泛，主要包括蜂花粉生物学活性研究、蜂花粉的化学成分分析、蜂花粉中有效活性成分的提取与鉴定、蜂花粉破壁技术研究、蜂花粉干燥技术研究、蜂花粉对蜜蜂健康及其在日用化妆品领域的应用。近来研究蜂花粉中总酚含量（TPC）和总黄酮含量（TFC）得到较多关注，文献中以蜂花粉作为辅助治疗药物应用在研究中，如抗微生物剂、抗氧化剂、保肝、化学预防和抗癌、抗动脉粥样硬化、抗炎、抗过敏和免疫调节等保健功能。

二、糖类产品重要技术发展情况

1. 国家甘蔗资源库成果获云南省科学技术进步奖一等奖

甘蔗育种和生产一直面临两大挑战：一是遗传基础狭窄、育种亲本单一，育成品种糖分和抗性难有较大突破；二是病虫害和干旱等不断加剧，品种抗病虫抗旱能力弱，导致甘蔗单产长期低位徘徊。近30年的积累，国家甘蔗资源库于2021年申报“国家甘蔗资源库创建及高糖多抗种质创新利用项目”，该成果获得了云南省科学技术进步奖一等奖，该成果促进了甘蔗品种的更新换代，为云南甘蔗出糖率从5年前的12.3%提升到2019年的12.8%做出了重大贡献。

2. 粤糖09-13（海蔗22号）获美国作物科学协会（CSSA）颁发的植物新品种登记证书

粤糖09-13（海蔗22号）由广东省科学院生物工程研究所自主选育，品种平均蔗茎产量100.565 t/hm^2，平均含糖量14.836 t/hm^2，平均甘蔗蔗糖分15.37%，具有中大茎、有效茎数多、全期生长稳健、高糖、宿根性较强、抗逆性较好、适应性广等特点。该证书与美国本土育成甘蔗新品种登记证书一致，对提升“粤糖”品种的国际知名度、促进“粤糖”相关的国际糖业科技合作具有重要意义。参考国内蔗糖业平均亩产6 t、收获用工150元/t、出糖率12.5%、平均蔗价450元/t的生产实际，新品种比我国主要蔗区当家品种增加1个百分点的出糖率，预计新增经济效益可达1.17亿元。该品种已在广西、云南、广东、海南等我国主要蔗区种植和推广，2020年推广面积达39万亩，深受制糖企业和蔗农认可。

3. 甘蔗钾转运蛋白基因研究取得新进展

我国甘蔗主要栽培在广西、云南，蔗区土壤普遍存在酸化、钾淋溶严重等现象，蔗区耕作层中全钾和速效钾的含量都处于较低水平。高亲和钾转运蛋白HAK（high affinity K transporter）能加强植物在低钾胁迫时的钾吸收和转运，广东省科学院生物工程研究所深入探讨甘蔗HAK基因的生物学功能及其调控耐低钾胁迫的机制，可为通过常规育种和现代生物技术培育钾高效的优良品种提供重要参考（图8-1）。

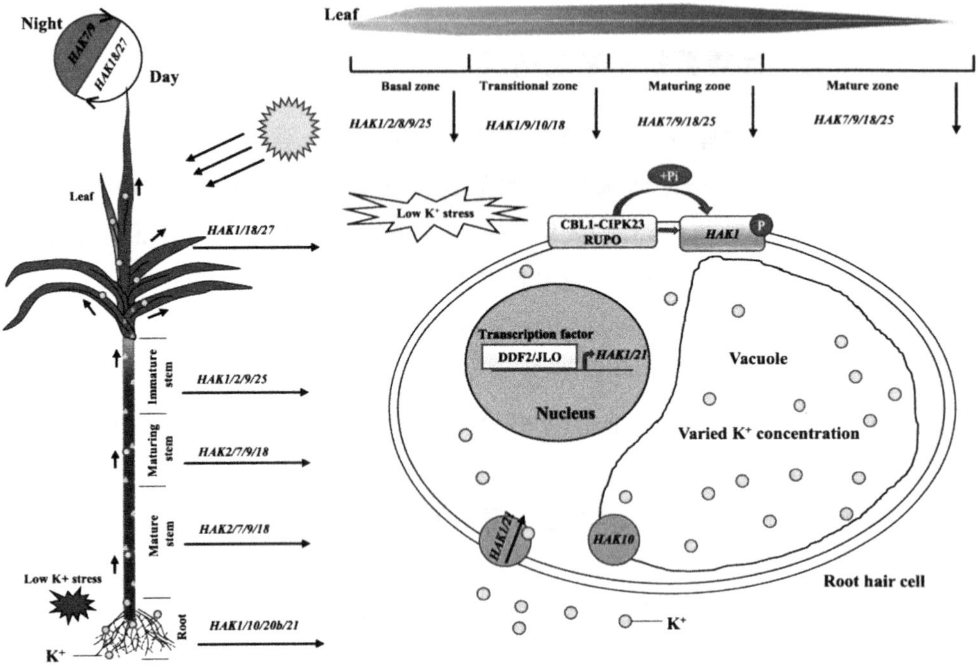

图 8-1　甘蔗 HAK 基因家族成员在不同发育时期、昼夜节律、不同叶段以及在低钾胁迫下的作用部位及功能模式

4. 制糖副产品综合利用

甘蔗渣是甘蔗加工业的一种主要且丰富的副产品，其丰富的资源含量使其成为生产各种增值产品的理想原料。在全球范围内的资源危机和生态环境恶化、我国积极倡导资源可再生的时代背景下，甘蔗渣作为可再生的、清洁型的生物质材料，用作活性炭的原料具有深刻的政策意义以及较好的前景（图 8-2）。

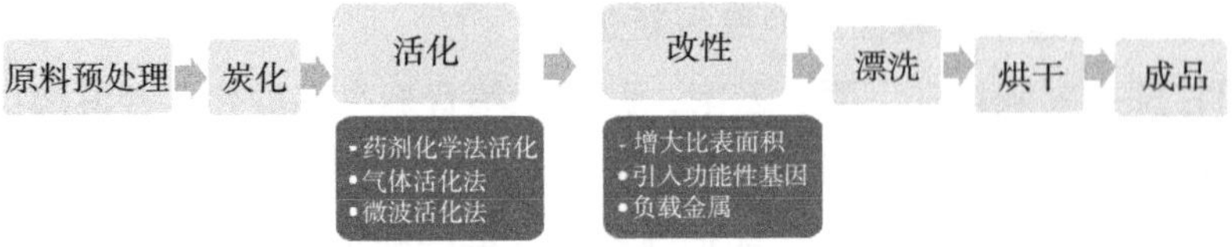

图 8-2　甘蔗渣制备活性炭工艺流程

第三节　头部企业分析

以蜂产品和糖加工行业为例。

一、蜂产品

据对国内蜂胶主要重点企业不完全统计，几乎所有企业的蜂胶产品销售额不仅恢复到 2020 年同期水平且都略有不同程度的增加。据对北京、江苏、浙江、安徽、河南、陕西、福建厦门等省市的蜂胶企业初步调查和统计，蜂胶提取物生产和蜂胶制品生产与销售都在稳步回升，有些蜂胶企业业务量回升得甚至比新冠肺炎疫情之前还要好。

主要原因有两个方面：一是随着新冠肺炎疫情趋于平稳，部分地区市场恢复较快，2021 年 5—10 月蜂胶市场好转，因此蜂胶市场利好的大局已经确定。二是 2019 年八部委对保健品的整顿以及 2020 年的新冠肺炎疫情对蜂胶产品市场乃至于整个保健食品市场都有极大的影响，但经过两年多的沉淀，特别是经过了 2020 年新冠肺炎疫情洗礼之后的中国消费者慢慢趋于理性选择和消费保健食品，由于蜂胶及其产品具有独特的增强人体免疫力和消炎等作用，受到消费者的信任，因此一些把握住蜂胶质量和品质的企业销售量增至疫情之前甚至还有提高就证明了这一点。

二、糖产品

广西洋浦南华糖业集团股份有限公司（简称“南华集团”）是一家跨地区，集工、农、贸于一体的大型企业集团，由原广西南华糖业集团有限公司于 2012 年 1 月整体改制设立而成。公司的主营业务是：甘蔗制糖；蔗渣制浆造纸；糖蜜发酵生产味精、酒精；滤泥等废弃物生产生物有机肥等。公司下属企业分布于广西、云南、海南、贵州、福建和江苏 6 个省区，其中制糖生产企业 45 家，制浆造纸企业 4 家，生物有机肥厂 5 家，炼糖企业 2 家，酒精生产企业 1 家。现有员工 2 万余人，是全国规模较大的制糖企业。

公司通过统筹建设制糖企业、蔗渣制浆造纸企业、生物有机肥企业、生物科技公司等企业集群，完成了整个制糖循环经济的产业链，实现了“甘蔗原料—食糖—废弃物—再生资源利用—还原自然界”的循环经济新模式，提高了资源的综合利用水平，维持了生态平衡，实现了良好的循环经济（图 8-3）。

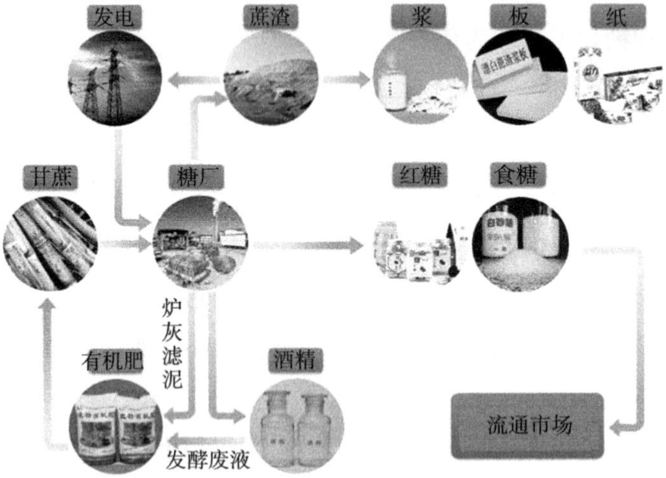

图 8-3　甘蔗多尺度综合利用示意图

1. 发展现代种植模式

为了提高甘蔗种植效益，实现高产高糖，南华集团于 2018 年出资成立了农业科技有限公司，探索甘蔗种植的现代化、标准化、机械化发展之路，经过不到 3 年的探索，突破土壤改良、深翻深松、机械种植、合理施肥、全程机械化、资源综合利用、延长宿根年限、轮作与间套作的农业生产模式，现已拥有甘蔗现代化农场 4.5 万亩。

2. 技术引进与革新，提高生产效率与产品品质

针对食糖生产要素价格持续上涨以及市场对产品质量要求越来越严格的情况，南华集团通过不断引进新技术、新工艺，从而提高了生产效率，保证了产品质量稳定和安全。通过引进自动包装、码垛、溯源系统，降低了成本，提高了劳动生产效率；改进自动煮糖技术解决了间断煮糖生产波动大、稳定性差的问题；试验推广熟化仓技术，提高了产品质量和稳定性。以自动包装系统应用为例，南华集团东门糖厂应用自动包装系统后，工人由原来的 48 人/班减少到 18 人/班，生产稳定性高，包装袋密封性好，工人劳动强度低，基本杜绝了二次污染，同时增加了产品安全性和可追溯性，直接节约费用 300 万元/榨季，间接经济效益达 700 万元/年。

3. “互联网+电商平台”双剑合璧

南华集团以当下先进的云技术、移动互联网技术为支撑，构建起了线上农资商城电子平台。通过该平台将甘蔗种植生产过程中所需的种苗、机械、肥料、植保等资源集中整合，为甘蔗种植户提供一站式服务，让种植户通过手机点一点，即可足不出户，解决甘蔗耕、种、管、收所需的各种服务，从而降低甘蔗种植的难度。该农资商城电子平台以糖企为主体，不断整合甘蔗种植户、农资商供需双方的信息和资源，以公开、公平、公正的市场化运作模式进行优胜劣汰，推动甘蔗生产向专业化、现代化发展。

4. 打造产业集群，着力循环经济发展

长期以来南华集团专注于甘蔗制糖和制糖副产品的综合利用，通过统筹建设制糖企业、蔗渣制浆造纸企业、酒精生产企业、生物有机肥企业等企业集群，完成了甘蔗制糖循环经济的产业链。在此过程中，南华集团注重循环经济发展模式的社会化、市场化、专业化和规模化，兼顾企业发展、节约资源和保护环境三位一体，实现企业与自然关系和谐、可持续发展。南华集团在循环经济发展、资源节约和环境友好型企业的建设方面已走在了国内同行的前列。

第四节　产业发展存在的问题

一、蜂行业

1. 2021 年养蜂业生产不同地区间差异化明显，主要蜜源植物蜂蜜产量和收购价格有跌有涨

油菜蜜生产期间，长江流域主产区早春气温偏高，油菜提早开花，部分蜂农春繁速度跟不上。其中，湖北和江苏油菜流蜜量和单产较低，但油菜蜜收购价格较往年有明显提高。洋槐蜜生产期间，收购价较 2020 年持平，主产四省（山西、甘肃、陕西、河南）总体上采蜜期间洋槐流蜜情况良好，蜂农洋槐蜜收成尚可，其中甘肃、陕西等部分地区属于丰收年，品质也好。荆条蜜生产期间，山东、河北、辽宁等地流蜜属于中等年景，辽宁西部荆条流蜜情况要好于其他省份，收购价格平稳。椴树蜜生产期间，东北三省主产区黑龙江、吉林和辽宁椴树流蜜不佳属于小年年景，大部分地区歉收甚至绝收，主要是受到流蜜期寒潮影响。此外，2021 年蜂王浆收购价格有所回升，高于往年同期。

2. 蜂业生产依然靠天吃饭

2021 年极端天气频发，给蜂业生产带来不小的挑战，不同地区间蜂蜜产量差异也较大，蜂农在组织好蜂产品生产的同时还要保障好生产资料和生命财产安全，养蜂靠天吃饭的现状没有改变，蜂农收入也很不稳定。

3. 企业库存压力大，蜂农蜂蜜销售困难

由于出口成本的增加，企业出口订单利润被压缩，2021 年蜂产品企业收购蜂蜜的意愿不高，意蜂蜂蜜要稍好于中蜂蜂蜜。中蜂蜂蜜由于价格较高、养殖规模不断上升，2021 年部分地区还丰产，企业库存压力明显，中蜂蜂蜜有较大滞销的风险，蜂蜜价格也有所下降。

4. 中蜂的普及与推广带来的隐患

近年来中蜂饲养规模发展迅速，但技术服务跟不上，饲养中蜂的蜂农文化素质相对较低，饲养分散，技术推广成本较高，对药残的危害认识不足并难以监管。另外，随着中蜂养殖规模的不断扩大，参与的人越来越多，中蜂蜂蜜出现了销售困难的情形，部分丰收的地区中蜂蜂蜜基本无人问津，蜂产品企业也不愿意收，蜂农的蜂蜜卖不出去。

5. 蜜蜂良种和扩繁体系还需进一步健全完善

我国蜂农使用良种意识有所提高，但是，一方面依然存在蜂场自行生产自用蜂王，蜂农各自为政，良种普及率不高的情况。另一方面我国优质种蜂场数量少且产能有限，种蜂场供种能力不足、分布不均衡、假冒伪劣种蜂王等问题依旧存在，这些都是制约我国种蜂产业发展的不利因素。

6. 蜂群农药中毒事件时常发生

2021 年 8 月，陕西富平县、蓝田县、长安区、安康汉滨区几家蜂农反映，他们在内蒙古乌拉特前旗放蜂采葵花蜜，因当地有人用无人机给葵花喷洒农药，蜜蜂中毒死亡严重，蜂场蜜蜂 60%~80%死亡，采集蜂基本全部死亡，蜂场损失惨重。2021 年 3 月初，海南包先生带着蜜蜂来到海南澄迈县福山镇的一大片荔枝园赶花期。没想到也遭遇一场中毒灾难，在一夜之间，他养的 59 箱蜜蜂，死了一大半，损失 10 多万元。类似情况在全国各地时有发生，已经严重影响到养蜂业的健康稳定发展。

二、糖行业

1. 甜菜种质资源被“卡脖子”

我国甜菜年均播种面积 20 万 hm^2 左右，种植区域主要集中在新疆、甘肃、内蒙古等地，内蒙古甜菜产业发展迅猛，已成为我国最大的甜菜糖产区。20 世纪 90 年代以前主要以国内甜菜品种为主，1995 年糖料列入鼓励外商投资产业目录后，国外品种大量涌入，因其产量比国产品种高出 1 倍，很快就占领了我国市场。目前，我国甜菜种子 95% 以上由国内公司从国外引进。只有 3%~5% 的生产用种依靠国内的科研育种单位供应，当前国内尚没有一家经营甜菜种子的企业。截至 2020 年底，甜菜登记品种达到 191 个，含 8 个菜用品种，183 个糖用品种。所有糖用品种中自主选育品种 16 个，境外引进 167 个。随着国外甜菜种业公司对我国甜菜种子市场垄断局面的形成以及单胚雄性不育丸粒化品种的需求量逐年扩大，目前国外进口单胚雄性不育丸粒化种子质量出现下降现象，每年均会出现低等级种子、陈种子进入我国。同时，国外品种的进入也造成我国甜菜褐斑病、丛根病、根腐病等病害加重，导致甜菜含糖率下降。为实现突破，可从以下 5 个方面着手：一是破解种子丸粒化卡点，加工出好种子；二是加大品种原始创新力度，选育出好品种；三是推进甜菜种业产业化发展，培育出好企业；四是扶持创建良种繁育基地，产得出可用种；五是加大种子市场监管服务，创造出好的市场环境。

2. 糖料面积或大幅下滑，亟须跟进相关支持

近年来，受糖料生产成本、价格、城区发展等因素的影响，甘蔗产业受到冲击，种植甘蔗面积和产量大幅减少。与此同时，甜菜种植面积或大幅下滑，作为我国重要的糖料作物，得益于生产种植的规模化和机械化，甜菜糖近年来发展势头良好。截至 2020/2021 年制糖期，我国甜菜种植面积 347 万亩、甜菜糖产量 153 万 t（均为近 7 个制糖期高值）。按中国糖业协会估计，种植甜菜利润是 400 元/亩，种植玉米收益是 890 元/亩；种植土豆利润是 2000 元/亩（含地方政府补贴），导致 2021/2022 年制糖期农民种植意向减弱，面积或大幅下滑，国内食糖保供风险上升。随着玉米、土豆等大宗农产品价格上涨，甜菜主产区地租上涨，农户种植成本刚性增加，企业需提高甜菜收购价以维持种植面积，否则将面临原料不足等问题，最终导致生产成本增加。据统计，内蒙古地租由 400 元/亩上涨至 700~800 元/亩，部分地区甚至涨至 1 000~1 200 元/亩，新疆由 500 元/亩上涨至 900~1 200 元/亩，黑龙江也上涨近 1 倍。2020/2021 年制糖期甜菜糖企业含税成本在 5 400~5 800 元/t（甜菜平均收购价 460~560 元/t），甜菜糖累计平均销售价格 5 134 元/t，企业已亏损，如国内糖价仍维持目前水平或更低，甜菜糖企业将继续亏损。

3. 公众闻糖色变，需做好科普宣传，引导食糖消费

2019年中国糖尿病患病人数约为1.16亿人，20年来中国年轻人糖尿病患病率增长了4倍，媒体有意无意的引导促使公众产生“吃糖=得糖尿病”的错误认识。同时，2019年，我国出台的《健康中国行动（2019—2030年）》提出合理膳食，鼓励全社会减盐、减油、减糖，提倡到2030年人均每日添加糖摄入量不高于25 g，进一步加剧了公众对糖的恐慌。研究表明：糖尿病跟遗传、免疫以及自身身体状况相关。人体老龄化、妊娠、药物副作用、肥胖均可能引发糖尿病。所以，“吃糖过多”和“得糖尿病”之间没有直接关系，相反“代糖”或“零糖”食品将可能引发公众过多摄入能量，导致腹胀、腹痛、腹泻等，同时导致肥胖及肥胖相关病症。这需要相关部门做好科普宣传，引导科学食糖消费，同时禁止企业以零糖、无糖等标志吸引误导消费者。

第五节　产业发展趋势

一、蜂行业

1. 进一步完善商业化蜜蜂授粉技术与环境

根据农业农村部办公厅关于印发《2020年种植业工作要点》的通知（农办农〔2020〕1号），明确要求“大力推广绿色生产方式，重点推广蜜蜂授粉绿色增产技术”，强调了开展蜜蜂授粉工作的重要性。各地可以采取政府引导、开展授粉试点补贴，集成授粉规程技术与授粉人才队伍建设，加强宣传力度提高农民授粉意识，调动蜂农积极性等措施推动商业化蜜蜂授粉的推广。

2. 电商环境下进一步开拓乡村蜂产品市场营销

将蜂产品电子商务市场营销纳入“乡村振兴战略”当中，打造乡村蜂产品电子商务营销平台，大力发展“线上”与“线下”相结合的模式，完善市场营销机制与基础设施建设，切实发挥网络化、信息化的功能，不断利用数据挖掘技术、云计算、大数据等为客户提供特色化和针对性的蜂产品。同时，对蜂产品企业及蜂农进行培训，提升他们的营销能力，为乡村蜂产业电子商务营销创造良好的条件。

3. 加大蜂产品深加工，开发新产品

我国对蜂产品的认识与国外相比还存在很大差距，主要表现为产品单一、技

术含量不高等。未来要注重蜂产品的精深加工，加快蜂蜜、蜂王浆、蜂胶等高附加值的蜂产品开发，还可以开发针对特定消费人群的蜂产品，不断提高产业层次，延长产业链条，市场的需求也将更庞大。

4. 对农药使用进行严格的规范和监督

农药在杀死害虫的同时，也会对有益昆虫，甚至人畜造成严重的损害。加大宣传和普及蜂业相关法律法规，在农药使用方面严格按照《中华人民共和国农药管理条例》相关规定和农业农村部颁发的《养蜂管理办法》第十二条的规定执行。另外，要尽快建立完善蜂群农药中毒损失评估、责任认定和索赔机制，蜂农放蜂时要注意防止农药中毒及采取防治措施，并学会用法律武器保护自己。

二、糖行业

1. 新型品种选育与新技术推广应用

利用生物融合技术，实现甘蔗与其他物种杂交，如玉米、高粱等。使茎含糖率进一步提升的同时还能发挥其他功效，如生产玉米、高粱等，从而保障国家食品安全。加快“双减双高”技术推广示范，改善糖料生产条件，扩大脱毒种苗栽培面积，优化糖料品种栽培结构，提高糖料良种覆盖率；全面推广综合农艺措施，包括测土施肥、深耕深松、地膜覆盖、甜菜纸筒育苗、病虫害防治等实用技术。通过综合施策，使全国糖料含糖分平均提高 0.3～0.5 度，单产平均提高 0.5～0.8 t。

2. 糖原料多层次利用，产业链有效延伸

推进特色红糖、冰糖、液体糖浆、黄金砂糖、甘蔗浓缩汁、甘蔗醋饮料、糖果、药用糖等近 20 个产品大型工业化生产；综合利用向纵深发展，制糖副产品逐步向高值化利用转化，如蔗渣浆生产绿色高档餐、蔗渣种菇、蔗叶养牛等。

推进甘蔗多样性产品的研发和生产，引导甘蔗转向生产其他高附加值产品，进一步拓宽产业带、延伸产业链。一是发展生物化工产业：包括醇及醇的衍生物、有机酸及其衍生物、酯类及衍生物、高分子化合物及其他生物基化学品等；二是发展食品工业：包括功能性糖、功能性糖醇、酒类、饮料类、食品添加剂等；三是发展发酵工业：氨基酸产业（赖氨酸、谷氨酸），多糖产业（黄原胶、凝胶多糖）等。

3. 节能减排、产业融合发展

推行绿色制造技术，实施清洁生产，降低制糖生产过程的能耗、水耗和污染物排放，2022 年，通过推行绿色制造技术，全行业百吨糖料能耗下降 10%，吨糖料耗水下降 20%，吨糖 COD 排放下降 30%。提升糖料蔗经营规模化、种植良种化、生产机械化、水利现代化和全程智慧化水平，降低糖料蔗生产成本，全面提升我国糖业生产的综合竞争力；同时进一步优化和完善产业链，实现一二三产业融合，实现糖产业可持续绿色循环发展。

第九章 2021年农产品加工装备发展情况

第一节 产业现状与发展成效

我国农产品加工装备产业走过40多年发展历程，特别是21世纪以来，产业不断加大技术创新、积极推进产业转型升级，总体保持稳步发展，产品结构升级趋势显著，头部企业实力明显增强，行业集中度进一步提升；出口稳定增长，贸易顺差逐步扩大。

行业发展保持稳定态势

行业规模总体稳中有升，走出去步伐明显加快。2020年，全国农产品加工装备产业1 097家规模以上企业实现主营业务收入1 194.28亿元，同比增长1.30%。其中，包装专用设备制造相较2019年有较大增长，同比增长7.51%；商业、饮食、服务业专用设备制造同比增长2.87%；农副农产品加工专用设制造大幅下滑，同比增长-16.97%；农产品、酒、饮料及茶生产专用设备制造，同比增长-3.88%。2020年，农产品加工装备产业全年实现进出口贸易总额89.46亿美元，同比增长-19.12%。其中，出口额57.01亿美元，同比增长-16.62%；进口额32.45亿美元，同比增长-23.18%。由此可见，2020年进出口额出现大幅下滑。其中，同比出口额增长要比进口额增长高出6.56个百分点。

科技创新推动行业技术进步

创新成效显著，科技投入持续增长，推动产品结构向多元化、优质化、功能化方向发展，高科技、高附加值产品的比例稳步提升，建立了服务全产业链的农产品加工装备制造创新体系。产品综合性能和自动化水平不断提升，部分装备填补了国内空白，高端装备、成套装备的技术水平与国际先进水平逐步接近，部分产品性能达到或超过国外先进水平，部分产品已替代进口，并开拓了国际市场；实现了高端成套装备从长期依赖进口到基本实现自主化并成套出口的跨越，科技进步促进了行业整体水平和产品质量不断提高。研发了一批具有自主知识产权的核心技术和先进装备，研制了一批高水平成套装备和自动化生产线。如饮料80 000瓶/h吹灌旋一体机，纯净水2 000~6 000瓶/h，8~12 L大瓶吹灌旋一体机，8~20 L大桶吹灌旋一体机；啤酒90 000罐/h高速易拉罐灌装生产线，100~3 000 L/d的精酿啤酒生产系统和桶装鲜啤酒清洗灌装设备，啤酒60 000瓶/h灌装在线检测及跟踪系统；国内首条12 000瓶/h非浓缩还原汁超洁净冷灌装生产线，36 000瓶/h PET瓶装植物蛋白饮料无菌冷灌装生产线，15 000瓶/h PET瓶牛奶无菌冷灌装机组，18 000瓶/h PET瓶发酵乳超洁净灌装机组，智能仓储系统、液态食品机器人自动化生产线成套装备与示范应用项目；机器人上甑、智能化白酒酿造成套装备，大型酒糟绿色循环酿酒智能发酵仓技术，谷物醋固态发酵机组及其成套装备关键技术；其中“双粗双精四塔蒸馏生产燃料乙醇节能工艺技术装备”“三效溶剂回收节能工艺技术装备”“双粗双精八塔蒸馏生产优级酒精节能工艺技术装备”等达到了国际先进、国内领先水平。开发了一批下游产业和市场亟须的新产品和高端成套装备，行业领军企业完成了一批生产整体解决方案和信息化、智能化系统开发应用，在车间交钥匙工程设计、设备集成优化、数字化监控、信息化远程管理、节能降耗、质量追溯等方面取得了明显进步。

产业结构调整促进产业高质量发展

围绕全产业链发展需求，进一步推动了农产品加工装备与上下游产业的融合发展，不断推进产业发展方式、经营模式、产品结构的调整。传统酿造食品、面食、肉类等领域装备的自动化、智能化水平不断提升，休闲食品领域装备、新兴中央厨房领域蓬勃发展，液态食品领域的技术装备不断升级。初步实现了食品和包装机械与人工智能、大数据、云计算、互联网、机器人等新技术的融合发展。培育形成了一批市场占有率高、辐射带动能力强、技术创新和成套集成实力显著、具有明显竞争优势的行业骨干企业和龙头企业，提高了重点产品与关键装备的生产集中度，有效提高了国产关键装备和高端成套装备的技术水平。对中小食品和包装机械企业，通过打造企业“专、精、特、新”等优势，形成了各类企业分工协作、共同发展的新格局。

产业技术创新体系和服务平台不断完善

建立了依托食品装备产业技术创新战略联盟为主导、以大中型骨干企业为主体、以科研单位和高等院校为支撑的农产品加工和包装机械行业技术创新体系。成立了一批国家级、省级和行业的研发中心及创新示范基地，一批具有较强科技创新能力的企业在各个细分领域建立了企业工程技术研发中心。在技术创新过程中，产学研合作不断向纵深发展，合作层次不断提高，合作模式不断创新，人才队伍不断壮大，创新能力普遍增强。相关高校积极开展农产品加工装备、包装机械等领域的人才培养和科学研究等工作，培养一批高素质的专业创新人才；与企业合作，共同完成一批国家重点研发计划项目和省级技术创新项目，突破了一批产业共性关键技术和重大产品技术创新，解决了部分影响产业发展的技术瓶颈。

全力打造产业服务平台，以中国食品和包装机械工业协会为核心，依托食品装备产业技术创新战略联盟、中国食品工业互联网产业联盟、中国机械工程学会包装与食品工程分会、中国农业机械学会农产品加工机械分会等联合建立学术研究与技术创新平台，服务行业技术创新和科技进步，推动产业与信息技术的深度融合和创新发展，服务产业产品质量提升和技术创新。

标准化和知识产权工作取得积极成效

依托全国包装机械标准化技术委员会、全国食品包装机械标准化技术委员会、机械工业食品机械标准化技术委员会、中国食品和包装机械工业协会标准化技术委员会等，建立了标准化与技术规范服务平台，完善了国家标准、行业标准、团体标准和企业标准的四级标准化体系。“十三五”以来，制修订颁布国家标准28项、行业标准108项、团体标准25项，支撑了食品和包装机械行业的产业结构调整和产品优化升级。国家食品机械质量监督检测中心和国家包装机械质量监督检测中心积极开展产品质量技术检测工作，努力为设备制造企业和设备使用企业提供质量评价，标准化工作推进了企业规范化生产和质量提升，规范产业有序竞争。

一、2021年农产品加工装备产业发展概况

2021年，农产品加工装备产业总体发展态势良好，尤其是食品、酒、饮料及茶生产专用设备制造领域主营业务和利润总额增长水平高于全国机械工业的增长水平。行业骨干企业科技投入超过5%，实现了“十四五”良好开局，为我国的经济建设和社会发展做出了积极贡献。

2021年，我国农产品加工装备产业主要领域主营业务收入1 440. 13亿元，实现净利润107. 81亿元，包括包装专用设备制造，食品、酒、饮料及茶生产专用设备制造，农副食品加工专用设备制造，烟草生产专用设备制造，商业、饮食、服务业专用设备制造5个细分行业。其中，包装专用设备制造和商业、饮食、服务业专用设备制造两个细分领域营业收入增长较高，同比增速均超过

20%；利润方面，食品、酒、饮料及茶生产专用设备制造和包装专用设备制造增长较高，同比增长分别超过 40%和 20%。2021 年，农副食品加工专用设备和烟草生产专用设备制造领域主营业务收入与上年基本持平；受原材料涨价、供应链不畅和物流成本增加等因素影响，农产品加工装备产业营业成本上升明显。农产品加工装备产业稳中有升的发展内涵，主要体现在农产品加工装备中高端制造领域技术进步很大，产品附加值提高，利润增长加快。另外，白酒、调味品等传统行业的技术改造和装备更迭换代带来的增量使产业盈利大幅提升。

2021 年，国际经济形势复杂多变，中美贸易摩擦持续、新冠肺炎疫情在全球继续蔓延，全球供应链受阻、市场供求关系失衡，可用运力跟不上贸易需求，港口周转效率降低，集装箱进出速度缓慢、船只延误，海运价格一路暴涨，不仅影响到了准班率，还导致了港口货物积压。我国农产品加工装备产业骨干企业在海外市场拓展极端困难的情况下，在对外贸易方面做出了优异成绩。2021 年农产品加工装备产业对外贸易实现逆势增长，全年累计实现进出口总额 141. 14 亿美元，出口额 89. 42 亿美元，进口额 51. 72 亿美元，全年贸易顺差 37. 70 亿美元，创历史新高（表 9-1）。

表 9-1　2021 年中国农产品加工装备产业进出口数据

分类名称	出口额		进口额		进出口额总计	
	全年累计/亿美元	同比增长/%	全年累计/亿美元	同比增长/%	全年累计/亿美元	同比增长/%
农产品加工装备产业	43. 83	58. 92	30. 45	62. 40	74. 28	60. 33
包装机械行业	45. 59	54. 91	21. 27	55. 26	66. 86	55. 02
合计	89. 42	56. 92	51. 72	58. 83	141. 14	57. 68

我国农产品加工装备和包装专用设备主要出口到亚洲、欧洲、北美洲。从国别上看，出口前 5 位的国家是美国、越南、印度、印度尼西亚、马来西亚，从省份来看，出口前 3 位的是广东省、浙江省和江苏省；在进口方面，我国农产品加工装备主要从德国、日本、意大利和美国进口，这 4 个国家进口额占全部进口额的 59. 05%。

二、农产品加工装备产业发展成效

2021 年是“十四五”开局之年，在国家各部委支持下，我国农产品加工装备产业在复杂严峻的国际贸易形势、多点突发的疫情、原材料大幅涨价、国外进口关键零部件供应不畅等各种不利条件影响下，共克时艰，开拓进取，贯彻新发展理念，构建新发展格局，通过推动数字化、智能化转型，不断创新，持续推动产业基础高级化与产业链现代化，取得了较好的业绩，实现了行业稳中有升的发展局面。

2021 年，我国农产品加工装备产业企业自主创新能力不断提高，多项制约产业发展的新技术得到突破，高端的关键装备、成套装备的技术水平缩小了同国际先进水平的差距，一些单项设备制造水平已经与国外一流产品比肩；中端产品已基本实现了国产化，整机的技术水平和可靠性得到提高；乳制品前处理工艺装备、高速无菌包装等关键设备在高中端乳制品生产企业大量使用；乳制品后段包装领域的智能化、数字化和机器人技术的应用也越来越多。农产品加工装备产业继续为浓香、清香和酱香型白酒行业龙头企业智能化转型升级提供可行的解决方案，白酒智能化酿造工艺、高速白酒灌装、包装和仓储智能工厂建设等创新技术及产品在泸州老窖股份有限公司、安徽古井贡酒股份有限公司、宜宾五粮液股份有限公司等企业智能化技术革新项目中都得到了很好的应用；农产品加工装备产业在调味品行业的智能化酿造、包装设备、物流装备的推广范围和力度也在加大；工业化的中央厨房设备的智能技术应用也有了广泛推广。

第二节　重要技术发展情况

2021 年，我国农产品加工装备产业在产学研用结合方面取得了较好成绩，产学研用相结合的技术创新模式，在农产品加工装备各个细分领域发挥了较强的科技创新引领作用。杭州中亚和浙江大学联合研制的《包装食品杀菌与灌装高性能装备关键技术与应用》项目获国家技术发明奖二等奖。合肥中辰轻工机械有限公司与合肥工业大学合作的《机械产品数控化创新研发及应用示范》项目，获得安徽省科学技术奖一等奖。

饮料行业的营养新概念产品继续为农产品加工装备产业无菌饮料灌装线提供市场支撑。多功能无菌灌装生产线能够同时满足灌装中性产品、满足多内容物兼容灌装能力、满足接触式灌装与非接触式灌装能力且可快速切换、满足含气产品与不含气产品兼容灌装能力的灌装。

主食工业化是我国食品工业领域未来最重要也是潜力最大的领域，其细分行业中央厨房的快速发展、标准化中央厨房的建立将向消费者提供标准化产品。在紧急情况下，主食工业化可以为军事、学校、社会活动、备灾救灾等方面提供紧急的餐饮食品保障，随着主食工业化的发展，保鲜设备、冷藏技术设备、冷藏运输设备以及相关的包装设备将会迎来快速增长。如南京乐鹰商用厨房设备有限公司生产的中央厨房无菌米饭生产线填补了国内空白，已达到国际先进水平。

数字化、智能化烘焙机械发展前景乐观。2021 年，网红零食中的烘焙食品、零糖低卡的糕点类食品等迅速走红，直接拉动了烘焙装备的快速发展，烘焙装备已经开始向数字化、智能化及生态化方向发展，未来智能化烘焙装备将是农产品加工装备产业的发展亮点。

第三节　头部企业分析

2021 年，在新冠肺炎疫情常态化环境下，农产品加工装备产业头部企业突破固有模式、开辟新增长点，创新产品技术；如在农产品加工装备数字化转型方面，头部企业在吹瓶技术、无菌灌装、吹贴灌旋、智能酿造、乳品柔性无菌纸盒灌装、异形瓶机器人装箱、精酿啤酒装备生态链等众多产品技术方面都有突破，缩小了我国的农产品加工装备技术水平与国际先进水平的差距。

杭州中亚突破了无菌灌装自动化生产线制造的关键技术，相继推出直线式瓶装无菌灌装设备、预制杯无菌灌装设备、联杯无菌灌装设备、旋转式多功能无菌吹灌旋一体设备，成功解决了国内液态乳品及饮料包装“卡脖子”问题。

山东碧海包装材料有限公司自主研发的 BH7500III 系列无菌纸盒灌装机的无菌系统，通过了第三方国际机构的挑战性无菌验证，各项技术指标达到世界行业先进水平；先后推出了柔性无菌纸盒灌装机，高速无菌枕包灌装机、超洁净屋顶纸盒灌装机、直喷式杀菌机等。

中国包装和食品机械有限公司自主研发的“挂面智能干燥系统”开创了中国高端挂面新征程，全封闭干燥空间，使挂面在均匀、稳定、洁净、封闭的干燥环境下实现连续脱水，不仅提高了挂面产品品质，还综合利用智能化技术对热能进行高效利用，实现干燥过程的节能降耗，并建立挂面可追溯体系，整体技术达到了国际先进水平。已与山东鲁花集团再次签订 3 660 万元 10 条 1 000 型“挂面智能干燥系统”合同项目。

山东金塔机械集团有限公司结合国家双碳目标，围绕绿色节能方向，研发了四效溶剂回收节能技术及装置利用前级蒸馏系统的高压高温溶剂气体热量给后级蒸馏系统加热，一次热源的热量利用了 4 次，降低蒸汽消耗；采用四效耦合塔热集成工艺，一二三效塔的酒精蒸汽均靠后一级的再沸器冷凝，节省了 75%循环水量。

广州达意隆包装机械股份有限公司研发出第 6 代高效节能 PET 瓶吹瓶机，能耗降低 15%以上，单模腔最高产量可达 2650BPH。同时，其高速 PET 瓶吹贴灌旋一体化装备、新一代无菌吹灌旋生产线已在国内外全面实现市场化，实现中国高端装备走出去。

昆明克林轻工机械有限责任公司开发了甘蔗翻板除杂系统、糖浆过滤系统、蔗渣干燥系统、糖厂滤泥生化处理等新技术、新设备；在微生物应用技术领域，在全国全面推广有机垃圾生物式处理设备。

合肥泰禾智能科技集团股份有限公司研制的粮食果蔬智能分选、包装成套装备，重点突破了粮食、果蔬等大宗及优势农产品高品质、高产量分选、检测分级及包装、质量追溯等关键技术；开发了中药材、茶叶等特色农产品分选、分级、干燥、包装等智能成套装备以及转运仓储、配送系统等，降低了黄曲霉毒素和菌数，提升了食品的品质。企业研发的分选机、智能包装、智能装车产品填补了国内外空白，产品已出口 80 余个国家和地区。

第四节　产业发展存在的问题

我国食品工业规模以上企业总营业收入已超过 10 万亿元，成为国民经济各门类中名副其实的第一大产业。但食品加工技术整体上仍处于初加工多、综合利用低、能耗高的发展阶段，国产化的食品加工核心技术装备水平不高，以传统制造装备为主，大型食品企业超过 80%的高端装备依赖进口；食品企业较多通过技术引进或者装备仿制来满足市场需求，面临潜在“卡脖子”风险，食品加工装备已成为我国食品产业安全和高质量发展的瓶颈。

一、高端关键零部件和重要软件还依赖进口

目前，国产农产品加工和包装机械基本满足了我国大部分农产品加工业的发

展需求，但高性能装备和高速生产线的高端关键零部件国产性能达不到要求，如高性能 PLC、伺服电机、控制单元、气动元器件、密封件、电磁阀、高速轴承、部分高端精密仪器和专用传感器等需要进口，装备制造的设计软件、控制软件、信息化管理软件等高端软件也依赖进口。这些“卡脖子”问题，短时间内无法替代。

二、核心技术研发和自主创新能力亟待提升

虽然通过引进、消化吸收、再创新的发展历程，快速提升了我国农产品加工装备产业的整体水平和产品性能，但面对激烈竞争的国内外市场，产业还普遍存在核心技术缺乏、研发投入不足、自主创新能力不强的局限；大多数企业属于中小企业，没有研发中心，技术力量薄弱，不重视研发和技术创新；企业之间挖人才、产品同质化现象普遍存在。研究院所和高等院校本领域专业化的研究团队和研究平台较少，缺少能与发达国家可比的研究开发试验基地。基础研究、原创性研究，共性技术创新和关键核心技术集成创新不够，高端关键装备和高水平智能生产线攻关力度不够，具有自主知识产权的产品供给不足。致使企业缺少核心竞争力和市场占有率，严重制约产业创新驱动和高质量发展。

三、产业集中度低且缺少具有国际影响力的企业

我国农产品加工装备制造产业 80% 以上为中小企业，规模以上企业仅有 1 047 家，2019 年仅有 1 家企业的主营业务收入突破 20 亿元，与国际顶尖企业相比，2018 年瑞典利乐公司（TetraPak）全球营收 112 亿欧元，德国克朗斯公司（Krones）2017 年全球营收 36. 91 亿欧元，本领域国内装备企业在规模上相差巨大，缺少竞争力和产品垄断力。产业中小企业发展，缺少围绕产业链错位发展的战略和路径，创新投入和融资能力有限，围绕产业链高端生产线和成套装备供给能力不足，企业规模发展缓慢。国际知名企业依托庞大的营收规模，投入巨额研发资金，在技术创新、系统集成和智能化方面不断推出新一代产品，形成跨代垄断和竞争优势。国内企业受到规模和创新能力的制约，难以形成与国际一流企业集团抗衡的创新能力、成套服务能力、资本实力和市场竞争能力。

四、行业标准化建设有待进一步加强

目前，行业标准体系和结构不够合理，国家标准与行业标准覆盖率不高，现

有标准主要是产品标准，缺乏基础标准、方法标准、管理标准、安全标准、卫生标准和通用技术规范等，制约了标准的适用性、规范性和引导性，用标准规范市场竞争环境和提高产品质量任重而道远。行业等效采用国际标准、欧盟标准等发达国家和地区标准的步伐较慢，国内标准主要指标和国际标准的通用技术规范还有一定的差距。

第五节 产业发展趋势

一、制造方式绿色化

食品工业、农产品加工业是高能耗、高污染、高耗水的产业，包装工业是材料消耗大、回收利用差、环境污染问题突出的产业，克服这些问题需要积极开展基于装备全生命周期的技术创新和集成，实现从产品设计、制造、包装、运输、使用、报废与回收利用等全生命周期的绿色化，重视采用绿色制造技术和生产工艺，考虑资源和能源的节约与持续利用，减少废料和污染物的产生及排放，提高生产和使用过程的经济效益与社会效益。

二、设备卫生安全标准化

农产品加工装备是食品质量与安全的重要保障，必须符合《中华人民共和国食品安全法》及相关标准的技术要求，必须建立卫生要求和使用安全的技术标准。必须强化装备的质量、卫生安全、机械安全等要求，通过食品加工机械和包装机械的标准化建设，制修订一批产品标准及通用技术要求，提高装备的技术水平和国际竞争力。

三、工艺创新与装备成套化

目前，中小规模农产品加工企业生产工艺落后，特别是传统农产品生产工艺源于手工作坊式生产，致使生产装备落后，缺少成套生产装备，不能适应食品的工业化生产需求。必须基于大工业化和现代化生产的特征与需求，采用新技术和技术集成的方法，改造和创新食品生产工艺，开发适应现代农产品加工生产和包装的新工艺、新方法、新技术、新装备及生产线，提高装备的技术水平和生产效率，实现食品生产装备的成套化和智能化。

四、信息技术融合与智能化

农产品加工与产品包装具有生产过程复杂、工作环节多、参量耦合性强、质量控制要求高等特点，互联网技术、机器人、大数据、云计算、人工智能等先进技术的快速发展，实现食品加工和包装生产过程的数据采集、分析处理、控制的实时化，实现面向不同产品的柔性化和智能化生产，为装备自动化、柔性化、智能化和智能车间、智慧工厂发展提供了重要支撑。

五、制造服务化

加快发展服务型制造业是我国农产品加工装备产业转型升级、技术进步、提质增效的重要途径。要积极推动产业全价值链服务型制造业的发展，实现企业从“产品销售导向”转向“客户需求导向”、产品从“技术集成”延伸到“技术服务集成”、价值链从“产品”延长到“技术服务”、产品服务从“售后单一技术服务”走向“智能全面服务”、产品制造从“企业”走向“全球网络协同”的发展模式。产业进入了个性化需求驱动的数字化定制式制造服务、创意创新设计引领系统集成创新、产品制造与用户体验相结合的服务型制造业的新时代。

专题一 2021年稻米加工产业发展情况

第一节 产业现状与发展成效

国家统计局数据显示，2021年我国稻谷播种面积较上年减少了0.51%，回落至2 992.12万hm^2。但得益于生长期气候条件相对适宜，单产474 kg/亩，比2020年提高了0.98%，弥补了种植面积减少的损失，稻谷总产量达历史新高，为2.128亿t。早稻、中晚稻生长和收获期间天气总体好于2020年，大米的品质整体优于2020年。美国农业部2022年1月12日发布报告，预计2021/2022年度全球大米产量5.10亿t，同比增加263万t，创历史最高纪录，期末库存1.86亿t，与上年基本相当，处于历史高位。国家粮油信息中心2021年1月预计，2021/2022年度国内稻谷总产量为2.128亿t，稻谷总消费为2.07亿t，我国稻谷仍为产大于需，供给充裕。整体上预测，2022年国内稻谷市场将呈现供需宽松状态，稻米在国家粮食安全中继续发挥压舱石的作用。

在价格方面，2021年籼稻市场上早籼稻价格较2020年略涨，中晚籼稻市场价格较2020年回落。由于近年来我国米粉产业的快速发展，湖南、江西等产区早稻收购价格从开秤初期的2 500元/t左右，到8月中旬上涨至2 700~2 780元/t，超过了2014年、2015年的历史高点，也成为2021年唯一没有启动最低收购价政策执行预案的品种。在国家对粮食生产支持力度不断加大的情况下，尽管局部地区种植结构或因品种比较效益偏低可能有所调整，但预计2022年稻谷种植面积将继续保持稳定。

2021年国际市场大米价格出现回落，进口大米完税成本普遍低于国内大米。2022年一季度，泰国、越南5%破碎率大米进口完税成本比南方国产早籼米价格低600~800元/t，巴基斯坦、印度大米进口完税成本更是比国产早籼米低1 100元/t以上，进口大米的价格优势十分明显。根据海关总署统计数据，2021年我国进口大米496万t，同比增加202万t，增幅为69%。但大米折稻谷进口量仅占稻谷总产量的 3. 3%。2021 年我国累计出口大米 244 万 t，同比增加 15 万 t，增幅为 7%，大米净进口 252 万 t，同比增加 187 万 t，对国内稻谷替代作用略有增强。

在新冠肺炎疫情及国际形势复杂多变的情况下，国家坚持将解决粮食安全问题作为首要任务，立足世情、国情、粮情，进行了一系列重大部署，“确保国家粮食安全，把中国人的饭碗牢牢端在自己手中”成为国家共识。主食是我国粮食转化的主要渠道，传统主食制造产业是粮食产品的最佳市场，成为粮食产业的重要支柱。发达国家加工食品约占饮食消费总值的 90%，而我国的这一比重仅为 25%，以粮食为原料的主食深加工行业发展空间巨大。中粮集团、益海嘉里集团等企业纷纷布局中央厨房等主食加工产业，可以说发展传统主食制造产业对于保障国家粮食安全、推动粮食产业转型升级成为必然趋势。

一、2021 年稻米加工产业发展概况

随着我国人均 GDP 突破 1 万美元，主食消费市场不断升级，消费者对于大米的消费观念从“吃得好”向“吃得营养”“吃得健康”逐步转变。在当前形势下，从大食物观的角度考虑，通过科学技术降低大米的损失保障粮食安全尤为重要。2021 年，农业农村部等国家各级部门采取有效措施推进粮油加工业节粮减损，发布了粮食减损典型案例，大幅度减少粮油加工环节的损失浪费，适度加工提高出品率，更大程度保留粮食中的营养成分。随着我国大米 2018 年发布的新标准不再强调精白，我国传统的大米加工正在通过自动化向着数字化转型，全面降低大米全产业链中各个环节的能耗和物耗。

在育种方面，抗虫害、抗病害、抗寒、抗旱、抗倒伏的品种，对于减损效果明显。在风大、病虫害多的区域，通过品种改良，可以实现增产 20%～30%。在采收方面，北方大规模机械化采收损失率在 3. 5%左右，人工采收损失率小于 2. 8%。在晾晒环节，烘干设施集中对于稻谷进行晾晒几乎没有损失，现在大部分稻谷均采用集中到烘干设施进行烘干。很小一部分农户在自家晾晒过程中碾压、鸟食等会有 2%的损失。在仓储环节，大部分大型粮库已经实现了智能化储存。但很多中小库、企业库、农民自建的库，技术条件还比较差，不能实现恒温恒湿，对虫吃鼠咬的防御力度不够，造成 1%左右的损失。在加工环节，过度加工的损失十分严重，是粮食损失中最主要的环节。尤其是近年来出现的过度加工，粮食企业、消费者追求更白、更精，百斤（50 kg）稻谷有的仅仅加工出 50

斤（25 kg）大米，按照正常加工可以加工出75斤（37.5 kg）大米。粮食中的蛋白质、脂肪、矿物质、纤维素等75%的营养物质进入了米糠。过度加工造成的损失占全部损失的25%左右。尽管这些损失掉的部分被用作饲料等其他用途，但是从人类粮食供给看，这种损失是十分可惜的。

随着我国进口粮食依存度的不断提高，粮食自给自足显得尤为重要，特别是从大米加工副产物米糠中获取稻米油以补充大豆油缺口具有重要意义。2021年我国稻米产量2.128亿t，加工过程中可以生产出10%的米糠，因此我国米糠年产2 128万t。米糠含油在18%左右，按此推算，我国每年实际可生产米糠油383万t，按照目前米糠制油利用率不足50%计算，通过加强米糠油的加工可以增加190万t的食用油产量，一定程度上可补充食用油缺口。同时，大米蛋白的氨基酸组成合理，且氨基酸含量高，被公认为优质的食用蛋白。大米蛋白粉因较高的营养价值、低过敏性是开发成婴幼儿食品和高端食品的优质原料，近年来大米蛋白市场快速增长，产业发展前景十分广阔。

二、稻米加工产业发展成效

我国稻米加工产业发展成效显著，主要体现在以下几个方面。

一是大米加工精度有所降低。2021年10月31日，中共中央办公厅、国务院办公厅印发的《粮食节约行动方案》明确提出，要提高粮食加工转化率，提升粮食加工行业数字化管理水平，发展全谷物产业，加强粮食资源综合利用，在加工环节节粮减损。以往行业中常规大米加工流程为4台米机、5台抛光机的加工工艺，造成大米过度碾磨抛光，碎米多，膳食纤维流失严重。改进工艺流程后，只保留了3台米机、减少抛光机的使用，增加了凉米装置、润糙装置、大米精选设备、云色选机等，缩短了大米加工工艺流程，对大米进行适度碾磨抛光，降低了破碎率，增加了出品率，同等稻谷经过改良工序可多产出大米5%以上。

二是方便米粉产业飞速发展。自从2014年广西柳州市颁发首张袋装螺蛳粉生产许可证以来，短短7年时间，小米粉做成了大产业。2021年，柳州实现袋装螺蛳粉销售收入140亿元、配套及衍生产业销售收入200亿元、实体门店销售收入120亿元，同时通过一二三产融合发展，创造就业岗位30多万个。中国农业科学院农产品加工研究所等单位突破了大米半干法磨粉绿色加工、专用菌发酵等多项加工关键技术，以及低温无热源干燥等核心装备，推动地方特色小吃从现煮堂食到袋装速食，从凭经验制作到标准化生产，从路边摊到产业园，以“工业思维”发展农业，推动螺蛳粉产业化、规模化、品牌化发展，让原先不易储运的螺蛳粉走向全国、出口海外，并成为“网红美食”。2021 年 4 月 26 日，习近平总书记来到柳州螺蛳粉生产集聚区，详细了解螺蛳粉特色产业促进就业、带动农民增收等情况。习近平总书记强调：“发展产业一定要有特色。螺蛳粉就是特色，抓住了大家的胃，做成了舌尖上的产业。要继续走品牌化道路，同时坚持高质量、把住高标准。我相信，将来螺蛳粉产业会有更大的发展前景。”

三是副产物利用水平不断提高。稻米深加工副产物利用水平是反映一个国家农业现代化程度的重要标志。近年来，我国稻米加工副产物综合利用水平不断提升，碎米、米糠、稻壳，不仅广泛应用于酿酒、制油、调味品、饲料行业，还用于加工代餐粉、固体饮料、烘焙以及化妆品等产品。但由于集中收集困难、加工技术与装备落后等原因，仍有大量米糠被低值化处理。目前，相比于日本 90%的米糠利用率，我国的米糠高值化利用的比例不足 20%。随着《粮食节约行动方案》的深入实施，以碎米和米糠为原辅料，开发米粉、米线、米糠油、胚芽油、膳食纤维、功能物质、多糖多肽等食品或食品配料等研究和推广正在推进。针对粮食加工过精过细问题，“十三五”国家重点研发计划围绕大宗米制品加工关键技术装备研发及示范，突破了糙米米粉加工、米糠发酵等关键技术，显著提升了大米加工副产物的综合利用科技水平。

第二节　重要技术发展情况

目前我国米粉加工仍以中小企业和作坊加工为主。传统的泡米、湿磨、自然发酵等加工方式所带来的废水污染严重、生产效率低下、微生物超标等突出问题严重制约了米粉产业的发展。中国农业科学院农产品加工研究所佟立涛研究员带领团队，自 2013 年以来在国家自然科学基金、公益性（农业）科研专项、国家重点研发子课题、中国农业科学院科技创新工程等项目支持下，围绕加工专用原料、大米绿色制粉、专用菌种发酵 3 个重大科技问题，系统开展了理论研究和技术创新，历经 8 年，构建了米粉绿色高效加工关键技术体系并进行产业化应用。

一、创建了加工专用原料筛选、制品品质评价指标体系

确立原料直链淀粉与蛋白质含量作为加工专用原料筛选的双指标，明确了直

链淀粉含量 21%～25%、蛋白质含量 6%～7%的选择标准，筛选出来湖南香米等 3 个米粉加工专用原料品种；提出应用质构仪快速评价产品品质的新方法，确定了硬度值 1 776～4 124 g、弹性值 0.88～0.97 作为优质米粉品质判定的核心指标，为我国米粉产业的原料专用化、评价体系标准化、产品优质化发展提供了依据。

二、创制了大米半干法绿色高效节能制粉技术

提出了利用定量着水润米降低米粒入磨硬度和减少磨粉输入能、控制大米粉破损淀粉含量的大米绿色节能加工新理论；揭示了热风干燥与过热蒸汽预处理促进米粒裂缝的快速着水机制，有效提升了制粉加工的效率；集成创新了大米粉绿色制粉关键技术与装备，使大米粉碎阶段较传统湿法减少 90%的废水排放，大米粉出品率提高 5%，原料预处理时间从 12 h 隔夜浸泡缩短到 10 min，原料粉杂菌含量下降 90%。

三、创制了米粉发酵专用菌快速高效发酵技术

明确了传统米粉自然发酵优势菌为乳酸菌和酵母，其中乳酸菌占到 91%以上。在此基础上，进一步优化筛选出米粉发酵专用菌种，加工形成米粉发酵专用菌剂——乳杆菌 YI-Y2013；利用专用菌发酵将传统 2 d 以上的自然发酵时间缩短至 12 h 以内，且能够有效抑制高安全风险的杂菌生长，产品安全品质得以有效提升；利用新发酵技术所获得的产品在质构、吸水率及蒸煮损失等品质评价方面较传统技术更具优势。本技术的突破有望引导我国传统米粉由自然发酵向优势专用菌发酵的转变。

成果评价认定该成果“整体达到国际先进水平”。成果先后荣获农业部 2017 年农产品加工业十大科技创新推广成果奖、2018 年河南省科学技术进步奖三等奖、2019 年湖南省科学技术进步奖二等奖、2020 年中国粮油学会科学技术进步奖一等奖、中国农业科学院青年科技创新奖。成果在广西螺霸王食品科技有限公司、贵州茅贡米业有限公司、河南黄国粮业有限公司等 6 家企业推广应用。实现了废水排放量减少 90%、生产周期缩短 4.5 倍、出品率提高 5%、综合生产成本节省 30%，取得了良好的经济效益和社会效益，推动了我国传统米粉产业转型升级。

第三节　头部企业分析

一、广西螺霸王食品科技有限公司

成立于2015年8月，是一家以研究、开发、生产及销售柳州预包装螺蛳粉的食品企业，市场占有率超过10%，为螺蛳粉行业的领军企业。公司位于柳州市鱼峰区葡萄山路1号，投资4.5亿元，占地面积53.98亩，工厂面积5.22万m^2，日产能达到150万包，现有员工700多人。与中国农业科学院农产品加工研究所佟立涛研究员团队合作成立研发中心。产品已遍布中国21省35市，有数百位经销商、全国大商超进店32 000家、连锁便利店进店18 000家、实现全国性及地方性商超95%覆盖率，线上天猫、京东以及新零售渠道200余个平台。2021年螺霸王出口45个国家，包含北美洲的美国、加拿大，欧洲的英国、法国、德国等，东南亚的马来西亚、文莱等地，大洋洲的澳大利亚等，东亚的日本、韩国。2021年，企业产值突破13亿元，随着新生产线的正式投产，产值将达到50亿元。公司被农业农村部誉为“国家螺蛳粉加工技术研发专业中心”，是唯一一家螺蛳粉企业获得这个荣誉。公司获得了“全国主食加工示范企业”、2016年“广西特产行销全国核心品牌”、2017年广西“有礼”伴手礼、2018年“自治区农业龙头企业”、2018年广西农业企业品牌等荣誉称号，通过ISO9001国际质量管理体系认证、ISO22000国际食品安全管理体系认证、HACCP食品安全管理体系认证、知识产权管理体系认证。作为首家获得出口资质的螺蛳粉企业（4500/15045螺蛳粉出口备案号），2021年4月和2022年1月习近平总书记和胡春华副总理曾到公司视察。

二、中粮粮谷控股有限公司

2021年12月，“2020年中国大米加工企业50强”榜单发布。榜单按照产品销售收入、产品产量、利润、利税综合评价和自然排序的原则确定。中粮粮谷控股有限公司位居第一，益海嘉里金龙鱼粮油食品股份有限公司、湖北国宝桥米有限公司、湖南粮食集团有限责任公司、万年贡集团有限公司、湖北瓦仓谷香生态农业有限公司、湖北禾丰粮油集团有限公司、湖北省粮油（集团）有限责任公司、华润五丰米业（中国）有限公司、安徽省阜阳市海泉粮油工业股份有限公司入选榜单前 10。中粮粮谷控股有限公司以“好粮源、好粮油”为核心，聚焦“优质粮食工程”子项目“中国好粮油”示范行动，以全产业链“收购、研发、供给、推广”4 个环节为着力点，依托下属 36 家米面加工企业，着力实现“32215”行动目标，即通过 3 年时间，力争实现优质稻谷和小麦订单种植面积达到 300 万亩，收购优质稻谷和小麦 200 万 t，好粮油产品产销 200 万 t，打造一个好粮油品牌“福临门”，每年带动农民增收 5 亿元（以优质品种高于普通品种平均 250 元/t 计算）。中粮粮谷控股有限公司借助“从田间到餐桌”全产业链优势，在收购、研发、供应、推广 4 个环节全面提质增效，推动供给侧结构性改革，增加优质粮食产品供给，引领产业结构升级。建立健全质量保障和追溯体系，做到“研好粮”。

第四节　产业发展存在的问题

一、加工适宜性良好的专用品种结构单一

米制食品制造的原料品种比较多，在制造过程中容易出现加工工艺因原料品种、年份、产地不同各异，加工过程及产品品质控制难度较大，实用技术难以复制推广，产品质量的稳定性因无法有效量化而难以保障等现象，直接导致产品市场竞争力不强、经济效益低下等问题。稻谷有临时收储政策，但临时收储不分品种优劣，使得农户趋向于种植有临时收储政策的粮食品种，致使米制食品制造原料的品种结构单一化、低品质化趋势越发明显。因此，将选种、育种与米制食品品质有效关联，推广种植方便米饭、米粉、汤圆等加工适宜性良好的专用品种是当前面临的一大问题。

二、米制食品深加工水平低，产品结构不合理

大米碾米加工发展势头稳定，但在米制食品深加工方面依然存在水平较低、初级产品产出较多、产品同质化严重、加工企业小而分散等问题。米粉米线、糯米类制品市场上能够满足改善膳食需求和营养需求的相关产品较少，且大多缺乏标准规范和技术规程。在方便主食产业中，精细加工的大米主食比重较大，而各

类营养主食如糙米食品的比重很低。米粉、汤圆、粽子等普通主食占比较大，营养早餐谷物食品、功能性米粉等精深加工主食制品的市场份额较小。

三、高新技术与智能专用装备的应用比例较低

我国方便主食加工装备工业起步较晚，普遍维持粗加工模式，缺少专业化配套装备。在螺蛳粉等方便米粉产业，很多技术和装备都是企业和科研人员联合研发，在点上的突破，没有形成全国、全行业的推广应用。米制食品企业装备自主研发能力较弱，大部分企业缺乏核心技术与市场竞争力。随着米制食品产业规模化程度的不断提高、社会劳动力成本的不断增加，自主研发适合我国米制食品加工工业化和标准化生产的智能专用装备，已成为大米加工产业实现智能制造发展的迫切需求。

四、大米制品标准化体系有待进一步完善

国家主管部门制定的《大米》《米粉专用稻》等一批国家标准和行业标准，在促进我国传统米制食品产业的标准化发展方面发挥了积极作用。然而，传统米制食品本身衍生种类繁多，很多产品没有统一的产品标准体系，无法真正突破地域限制，相应的工业化和标准化发展受到制约。与发达国家相比，我国传统米制食品的现行标准水平较为低下，标准体系不健全、不完善，尤其是新型营养健康的米制品标准体系建设明显滞后。

第五节　产业发展趋势

米制食品加工发展重点在理论、技术装备、产品开发、节能减排、标准体系等方面。在基础理论研究方面，主要集中于解析不同品种大米品质特性与米制食品品质间的关系，从而筛选出加工适宜性品种；通过改性和组分相互作用降低大米淀粉的消化性来开发低 GI 米制食品。在技术装备方面，新型加工设备和辅助装备的研制成为大势所趋，包括大型米制品成套设备的优化设计和过程控制技术，以及新型机电一体化技术等。在产品开发方面，运用酶工程、发酵工程、生物技术在米制品加工效能和产品种类与营养品质的保持提升方面进行拓展。在节

能减排方面，通过新型磨粉和加工技术使米制食品加工过程中的废水、废渣得到控制，增加了企业的综合经济效益，实现了低碳经济发展。在标准制修订方面，强化米制品相关国家标准研究及快速在线检测方法与仪器研究，为米制品品质评定和检测方法的制修订与完善提供技术支撑，围绕我国传统和新兴米制食品建立标准体系。

营养健康米制品产业发展重点在于充分利用稻米中丰富的营养物质，进行基础理论研究和新产品开发。未来的研究重点主要包括稻米的营养组成及其生理调节活性的研究、全谷物产品营养健康新技术开发、大米适度加工技术研究开发、杂粮营养食品关键技术研究开发与示范、粮食副产物综合利用技术研究开发等方面。在理论研究方面，研究稻米中大分子组分及微量元素与小分子组分改善慢性病的构效关系，解析大米营养组分加工过程中的变化规律，阐明不同人群对于米制食品的营养需求，突破研究糙米食品品质调控机理并开发品质保持及改良新技术，创制稻米食品适度加工优化调控智能化设备。在产品开发方面，通过稻米与杂粮、食药同源原料的科学复配，开发营养健康主食及其他类新产品。在副产物利用方面，开发米糠、碎米蛋白等功能活性物质的高效分离制备技术，开发新产品，提升产品附加值，最终推动米制食品加工向着营养健康方向发展。

专题二 2021 年小麦加工产业发展情况

第一节　产业现状与发展成效

小麦是我国最重要的口粮之一，小麦加工行业是粮油加工业的主力军，对全国粮油加工业的发展起到重要的决定性作用。2021 年我国小麦面积、单产和总产实现“三增”。据国家统计局数据，2021 年中国小麦播种面积 3.54 亿亩，同比增加 283 万亩，增长 0.8%；小麦单产 387 kg/亩，同比增加 4.6 kg/亩，增长 1.2%；小麦产量 13 695 万 t，同比增加 270 万 t，增长 2.0%。受收获期降雨及内涝等因素影响，2021 年小麦品质有所下降。《中国农业展望报告（2021—2030）》预计，2021 年国内小麦消费总量 14 016 万 t，比上年增长 6.9%，其中口粮消费 9 155 万 t；饲料消费 2 200 万 t；工业消费 1 474 万 t；种子和损耗用量 1 187 万 t。近年来，我国小麦加工产业（小麦制粉加工、面制品精深加工、综合利用加工）在市场竞争中不断转换升级并发展壮大，已形成一定规模的生产体系，发展势头平稳；但也面临着产能过剩、行业利润率低、竞争力不强等问题。目前，我国小麦加工行业正处于转变经济增长方式，调整产业结构的重要时期。

一、2021 年小麦加工产业发展概况

1. 小麦制粉加工

根据国家粮食和物资储备局粮食储备司 2020 年粮食行业统计资料，我国规模以上小麦粉加工企业 2 566 家，其中国有及国有控股企业 152 家，占 5.92%；内资非国有企业 2 361 家，占 92.01%；港澳台商及外资企业 53 家，占 2.07%（专题图 2-1）。国家级龙头企业 59 家，占 2.00%；省级龙头企业 367 家，占 14.00%。2020 年国内小麦粉加工企业数量较 2015 年的 3 930 个减少了 1 364 个、较 2015 年的企业数量下降了 34.70%。

另据统计，2020 年小麦加工的处理能力为 26 423.2 万 t，较 2015 年的

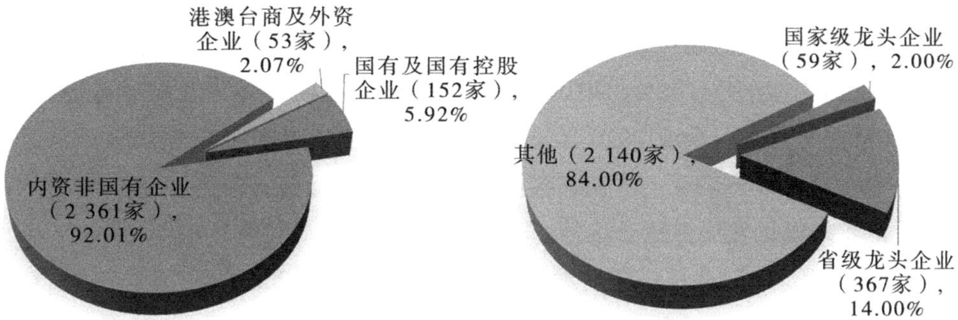

专题图 2-1　小麦粉加工企业分布

19 400.1 万 t，提高了 36.22%。2020 年小麦粉加工企业的小麦处理量为 10 054.8 万 t，较 2015 年的 10 047.9 万 t（扣去饲料用和工业用小麦）提高了 0.1%。望都县龙河工贸有限责任公司纯天然粉（特制一等）等 50 个小麦粉产品入选 2021 年度“中国好粮油”产品名单。以上数据表明，我国小麦粉加工业的集约化、规模化程度得到了很大提升。

2. 面制品精深加工

2020 年中国小麦面粉总产量 6 920 万 t，挂面、方便面行业全年生产消耗面粉分别约为 622.8 万 t、519 万 t，分别约占全国面粉总量的 9.0%、7.5%。近 30 年的健康发展中，其工艺更加完善、装备水平快速提升，已成为中国食品工业中国产化率最高的行业。

2020 年我国方便食品行业累计营业收入 2 944.6 亿元（专题表 2-1），同比增长 3.37%，累计利润总额 203.71 亿元，同比增长 9.97%，延续和保持了较好的发展态势。

专题表 2-1　2020 年方便食品制造业各子领域营业收入情况

行业	营业收入/亿元	占比/%	同比增长/%
米面制品行业	813.3	27.6	-5.6
速冻食品行业	897.6	30.5	16.0
方便面行业	813.8	27.6	2.9
其他方便食品行业	419.9	14.3	11.5
总计	2 944.6	100.0	3.4

数据来源：国家统计局。

（1）*方便面*　世界方便面协会（WINA）数据显示，2020 年全球消费方便面约 1 166 亿份，同比增长 9.5%。中国方便面消费量 463.5 亿份，占全球总消费量的 39.75%，居全球第一。2020 年中国方便面规模以上企业 127 家，累计产量 556.8 万 t，同比增长 1.02%。中国食品科学技术学会面制品分会统计数据显示，全国 22 家主要方便面企业 2020 年产量 379.75 亿包，同比增长 7.02%。从方便面行业整体发展形势来看，主题阵容加速创新，引领行业，提升价值；新进入品牌激活行业差异化发展并拉升价值。

（2）挂面　中国食品科学技术统计数据显示，截至 2021 年，全国在业/存续挂面加工企业总数为 4 158 家，其中排名前 5 名的省份为陕西（855 家）、四川（481 家）、河北（439 家）、山东（341 家）、河南（313 家），累计占全国挂面加工企业总数的 58.42%。2020 年，我国挂面行业总产量为 887.5 万 t，较上一年继续增长，增长率为 5.7%，新冠肺炎疫情期间需求增长后，回归常态的行业面临着严峻的产能过剩的竞争。据中国食品科学技术学会面制品分会统计，2020 年挂面产量排名位列前 5 的企业分别为河北金沙河面业集团有限责任公司、陈克明食品股份有限公司、想念食品股份有限公司、博大面业集团有限公司、益海嘉里金龙鱼粮油食品股份有限公司，总产量达 286.4 万 t，占全国总量的 32.2%。望都县龙河工贸有限责任公司生产的刀削面等 22 个挂面产品入选 2021 年度“中国好粮油”产品名单。行业整体竞争不断加剧和挂面产品的多元化使挂面的“功能”逐渐从主食向餐食进军。

（3）速冻面制品　2020 年速冻食品行业主营业务收入 897.6 亿元，同比增长 16%，头部企业［三全食品股份有限公司、思念食品有限公司、通用磨坊（中国）投资有限公司］市场占有率在 65%以上。速冻饺子、汤圆、面点是最受消费者认可的 3 个主要品类（专题图 2-2）。当前消费市场个性化需求不断增加，随着消费者从原来的吃饱到现在的顾全营养、健康、风味、精选食材、优化工艺，走向高端化是未来速冻食品行业创新转型的大势所趋。

二、小麦加工产业发展成效

一是针对小麦加工过精、过细、过白、营养物质损失严重、面制品加工适应性能差等产业突出问题，在小麦适度加工、全麦粉稳态化等方面取得了较快的发展，技术和装备有了一定的创新，市场上出现了一批相应的产品。

二是国内挂面加工业发展迅速，高品质挂面生产技术日渐成熟，生鲜面的工业化生产在多加水、栅栏保鲜等方面突破了技术瓶颈，初步形成市场规模。冷冻

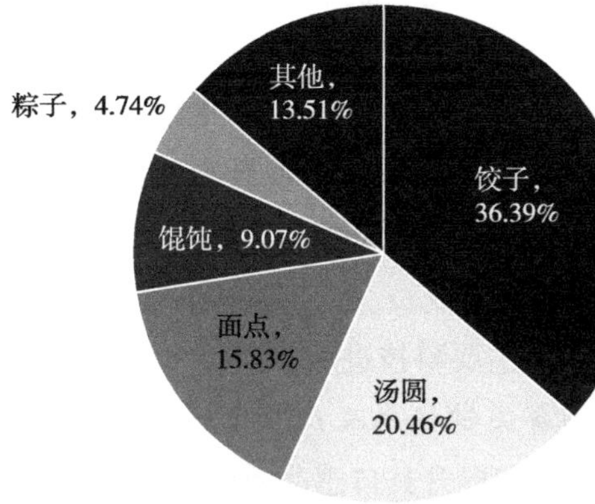

专题图 2-2　2020 年速冻面米食品各品类占比

（数据来源：中国食品科学技术学会冷冻与冷藏食品分会）

面团制备技术和冷冻生坯制备技术已经成为我国面制主食品加工行业最具发展潜力的技术之一，且冷冻面团技术开始在馒头、包子等主食产品生产领域推广应用。另外，冷冻面制品（冷冻熟面团、冷冻熟面等）加工行业快速崛起，加工技术得到快速发展，真空和面、静置、复合压延与连续压片、切面、煮面、冷却、快速冷冻等一系列技术日臻成熟。

三是随着人们对营养健康需求的不断增长，具有低 GI 食品认证的低 GI 挂面等产品相继上市，推动着面制品加工行业向着营养健康产品方向发展。

第二节　重要技术发展情况

科研立项方面，2021 年重点研发专项“中华传统与民族特色食品品质形成机理及调控技术研究（2021YFD2100100）”“方便主食食品规模化加工关键技术研究与集成应用（2021YFD2100200）”，河南省“揭榜挂帅”科技项目“节能减损型粮食加工自动化生产线及溯源系统的研发和应用”“高直链抗性淀粉小麦及慢升糖食品的产业化开发”“豫南酿酒专用弱筋小麦优质高效产业化集成技术研究与规模化应用”等一批小麦及传统面制主食加工相关国家、省级科研项目启动实施。

科研成果奖励方面，“小麦高值化综合利用关键技术集成创新与示范”“营养健康面制品关键技术开发及产业化”获中国粮油学会科学技术奖一等奖，“全麦粉稳态化制备关键技术及产业化”获中国粮油学会科学技术奖二等奖。“全麦粉稳态化制备关键技术及产业化”“小麦粉适度加工关键技术与应用”“传统酸面团（老面）馒头的冷藏中种发酵关键技术”“粮食产后‘全程不落地’收储质量安全检测指标体系和技术装备”“MMR 型磨粉机的研发及产业化”“FSFG 型高方平筛的研发及产业化”等科研成果通过科技成果评价，总体技术均达到国际领先/先进水平。

2021 年度小麦加工行业主要科技进展如下。

（1）全麦粉稳态化制备关键技术及产业化　针对全麦粉加工及利用中存在的延长全麦粉产品的保质期和提升其口感品质两个主要的技术难点，该项目突破了麸皮挤压重组技术，有效钝化麸皮中的脂肪酶，使脂肪酶活性下降至 11 mg/g 以下。集成挤压重组和微粉碎技术创建了国内首条稳态化规模化全麦粉生产线，全麦粉产品的膳食纤维≥10%（行业标准要求≥9.0%），维生素 B_1≥0.21 mg/100 g。全麦粉中麸皮粉粒度在 200 μm 以下的部分占 90%以上，有效改善了全麦粉的口感。该项目突破了小麦籽粒的干法微波灭酶技术，小麦的脂肪酶活性下降 30%以上，有效延缓了全麦粉脂肪酸值的升高，保质期比未处理的全麦粉延长 40% 以上。

（2）小麦粉适度加工关键技术与应用　该成果围绕小麦加工精度变化（出粉率、研磨强度、粒度调控）对小麦粉营养组分保留、风险因子去除及大宗面制主食加工适应性的影响规律展开研究，开发了柔性脱皮、振动着水、动态润麦、小麦粉粒度控制等关键技术与装备，明确了适合面条和馒头加工需求的小麦粉适度加工关键技术指标及阈值范围，为营养、安全、高品质专用粉产品开发提供了重要支撑。

（3）冷冻对非发酵面团特性与微观结构的影响　该成果系统研究了不同冷冻温度、解冻方式、冻藏时间对非发酵面团的质构、流变特性、蛋白质结构以及微观结构的影响，分析面团物理特性与化学结构之间的关系，为冷冻非发酵面团的生产提供相关理论依据。

（4）挂面干燥过程蛋白质结构变化与产品质量的构效关系　该成果通过实验室仿工业小试规模制作挂面，借助“食品水分分析技术平台”对干燥过程的可控性和精确性，研究了挂面干燥条件和干燥过程产品质量和烹饪特性的变化；以蛋白质分子结构变化为重点，采用 SDS－PAGE、SE－HPLC、TGA、FTIR、SEM、ATR-FTIR-M 等分析技术或手段，从分子水平、介观或微观水平分析了干燥条件对挂面蛋白亚基组成、分子量大小和分布、聚集状态、热力学特性、二级结构、蛋白网络结构等的影响程度，研究了干燥过程挂面蛋白质分子组成、面筋蛋白网络结构等变化；通过皮尔逊相关性分析、逐步回归分析、通径分析等多元统计方法，确定了影响挂面产品质量的关键蛋白质和作用大小，探讨了蛋白质结构及理化特性对产品质量性状的影响过程或作用机理。研究结果对挂面生产原料选择、干燥工艺设计、工艺控制及稳定产品质量具有重要指导意义。

（5）*冷冻生坯馒头品质劣变及改良研究* 该研究主要对冷冻生坯馒头的劣变规律进行了探究，并对其主要影响因素进行了分析，在此基础上建立了针对面筋蛋白网络冷冻后完整性不佳、商业酵母冻融耐受性差等问题的解决方案，并通过代谢组学探究酵母冻融耐受性的提升机制。

（6）*国际粮食减损大会取得10项减损共识成果* 2021年9月11日，农业农村部等部门主办的国际粮食减损大会发布了《国际粮食减损大会济南倡议》，从10个方面向世界发出中国“粮”言，在二十国集团以往有关粮食安全和营养的承诺基础上，实现“减少粮食损失浪费，促进世界粮食安全”的目标。会议取得的“十项减损共识成果”分别为行动减损、机制减损、平台减损、生产减损、收获减损、储运减损、加工减损、流通减损、消费减损、意识减损。其中，加工减损主要包括倡导适度加工，建立科学的加工标准体系，优化加工技术装备和工艺，挖掘加工副产物利用潜力，提高成品粮率和副产物综合利用率。

第三节 头部企业分析

一、五得利面粉集团有限公司

五得利面粉集团有限公司（简称“五得利集团”）始建于1989年，农业产业化国家重点龙头企业、2021中国民营企业500强、2021中国制造业企业500强、中国粮油领军企业、中国驰名商标、国家标准化良好行为企业。总部坐落于河北省大名县，目前已发展成为行业内最大制粉民营企业。五得利集团目前拥有6省19个子公司，分别位于河北大名、深州、雄县、柏乡、邯郸，山东东明、禹城、青岛，河南新乡、周口、商丘、遂平，陕西咸阳、渭南，江苏宿迁、兴化，安徽亳州，35个大型制粉车间，82条现代化面粉生产线，日处理小麦能力达6.4万t。

五得利集团高度重视创新，并持之以恒、敢于实践、勤于实践。多年来，五得利集团投入巨资进行科技创新，提高面粉精度和出粉率，引进国际先进工艺、生产低灰分高精度面粉，开发有中国人饮食特点的各类专用粉，打破了高档面粉靠进口的局面。以五得利特精高筋小麦粉、富强高筋小麦粉为拳头产品的多功能民用粉系列主要销向大中城市的批发流通渠道、各类高校、机关单位食堂。目前五得利系列面粉有 140 多个品种，广泛用于面包、饺子、拉面、面条、馒头、花卷、烙饼等面制品。五得利产品以良好的成品效果和稳定性深受广大客户青睐。

2020 年度五得利面粉集团有限公司在“中国轻工业食品行业五十强企业”中排名第 13 位，在“中国轻工业二百强企业”中排名第 31 位。2021 年 3 月，五得利集团正式进军挂面行业，旗下中高端挂面品牌天麦然开始上市销售，天麦然全新系列主打产品“澳洲麦芯软弹挂面”（以下称“澳麦系列挂面”）。2021 年 9 月 19 日，五得利集团遂平面粉有限公司顺利试车投产，日加工小麦 6 000 t。

二、益海嘉里金龙鱼粮油食品股份有限公司

益海嘉里集团是新加坡丰益国际有限公司在华投资的以粮油加工、油脂化工、仓储物流、内外贸易为主的多元化企业集团，主营业务为油脂加工，而小麦加工是近几年稳步推进的业务之一，是五得利集团最大竞争对手之一。近几年益海嘉里集团加工产能迅速提升，目前拥有 16 家面粉工厂、7 家挂面工厂，小麦年加工能力达 750 万 t，挂面年加工能力超 40 万 t，预拌粉年加工能力 3 万 t。

益海嘉里面粉事业部成立于 2009 年，是集团小麦加工项目和小麦制品营销的专业管理部门。益海嘉里的面粉产品充分依托“集团研发中心、事业部产品管理、工厂品研部”三级新品研发体系，积极推进民用粉专用化、烘焙粉差异化的生产营销模式，自主研发的“金龙鱼”多用途小包装粉、“金山”“花鼓”高端烘焙粉、“香满园”牛肉面专用粉等市场细分产品取得丰硕成果，深得消费者和专业客户好评，树立了良好的质量口碑和行业影响力。

益海嘉里集团小麦粉产品的营销网络在油脂业务已有营销网络的基础上进行推广，统一品牌宣传、统一各大商超的促销。推出家庭装小包装品牌化小麦粉产品，品牌有“金龙鱼”“香满园”“元宝”“蓝匙”“海皇”“紫兰花”“双圈”“丰苑”等产品，涵盖小包装面粉及挂面、工业粉、烘焙粉、餐饮通用粉及小麦加工副产品等。开拓小包装家庭用粉市场，并试图率先在全国打造出领先的家庭用粉品牌。

2021 年，益海嘉里主持完成的“营养健康面制品关键技术开发及产业化”项目获得了中国粮油学会科学技术奖一等奖。该项目开发销售的核心产品为“金龙鱼优+活性发酵空心挂面”。

三、河北金沙河面业集团有限责任公司

河北金沙河面业集团有限责任公司（简称“金沙河集团”）是一家以小麦粉、挂面加工、生产、销售为主营业务的一二三产业融合发展的民营企业。公司起源于 1971 年，现有 13 家子公司：金沙河集团沙河公司、邢台公司、重庆公司、饮品公司、承德公司、廊坊公司、南和农业合作社、沙河佛照山农业开发公司、沙河红薯岭农业开发公司、新疆公司（阿拉山口）、陕西公司（武功县）、安徽公司（涡阳）、山东公司（商河），现有 6 000 余名员工，日处理小麦 20 000 t，100 条挂面生产线，日生产挂面 5 000 t，年产值 150 亿元。

公司相继通过 ISO9001 质量管理体系认证、ISO14001 环境管理体系、HACCP 食品安全管理体系认证。2010 年被农业部评定为“农业产业化国家重点龙头企业”。经中国粮食行业协会专项调查被评为 2019 年挂面加工企业“10 强”、小麦粉加工企业“50 强”。2019 年金沙河合作社被农业农村部评为国家农业合作社示范社，是全国 24 个典型示范社案例之一。产品畅销全国各地，进入了沃尔玛、家乐福、大润发、华润万家、乐购等国际卖场，并远销欧洲、美洲、大洋洲、非洲的 70 多个国家和地区。

第四节 产业发展存在的问题

我国的粮食与主食加工业与发达国家相比起步晚，受消费习惯和原粮品质的影响，粮食加工与欧美等发达国家有很大不同之处。我国在粮食加工领域的科研基础研究相对薄弱、原始创新少，目前小麦加工产业主要存在以下问题和挑战。

第一，小麦原粮质量波动大、专用原粮缺乏。小麦产量高、栽培品种多、品质差异大是我国小麦的重要特点。小麦加工企业通常采用配麦、配粉等技术手段来稳定产品质量、生产专用粉。随着人们物质文化生活水平的不断提高，面制品加工制造企业对优质专用面粉需求越来越大，从而对优质专用原粮需求不断增加，也对小麦制粉企业专用粉加工技术提出了更多新的挑战。集中力量发展专用

小麦粉加工产业，已经成为我国制粉行业走出当前行业发展困境、提升产品经济效益的重要途径之一。

第二，传统面制品工业化程度低、关键加工技术仍有待突破。目前，除了方便面、挂面、速冻水饺等面制品加工工业化程度较高以外，馒头、包子、生鲜面、冷冻熟面、地方特色面食等面制品仍存在加工工业化程度低、风味口感保持难、产品抗老化技术水平低、品质形成及调控机制不清等问题。

第三，小麦及主食加工机械装备制造技术创新能力明显不足。目前我国小麦制粉、方便面等面制品加工对进口设备依赖度较高。国产设备的智能化、规模化和连续化能力相对较低，设计水平、稳定可靠性及加工设备的质量等，与发达国家相比存在较大差距，成套装备长期依赖高价进口和维护。食品冷链运输过程品质控制技术和现有冷冻设备性能也存在缺陷。

第四，小麦及主食加工产业的科技创新与应用转化存在脱节。科技创新的主力多存在于科研院所，但是产业应用技术转化率较低。我国小麦及面制主食加工领域的专利申请总量增加明显，但是专利权有效率与发达国家仍有较大差距。此外，小麦制粉及面制主食加工企业自主研发和创新能力明显不足，科研队伍的人才水平和研发水平偏低，国内企业平均专利申请数量远落后于发达国家水平，且多集中于技术改良方面，缺乏原始创新、跨越式的高层次突破，科技创新产出质量与效率有待提高。

第五节　产业发展趋势

一、面制品加工，专用原料需求不断增长

随着餐饮外卖行业迅猛发展，对生鲜面、熟鲜面、冻鲜面、冷冻熟面、冷冻生坯发酵面制品等的专用小麦粉的需求也与日俱增。此外，随着兰州拉面、肉夹馍、安徽板面、山西刀削面等地方特色主食加工化程度的不断发展，同样需要加快专用粉开发。这些势必会带动专用小麦品种培育、专用小麦粉研发与生产。

二、新型营养、健康、方便和高端化产品需求不断增加

随着我国经济社会的发展，人们对小麦等口粮的要求已经不满足于“吃得

饱”，正在从“吃得饱”向“吃得好”“吃得健康”“吃得方便”等方向发展。建设“健康中国”已上升到国家战略，该行动指出，合理膳食是保证健康的基础。但是，我国小麦及面制品加工行业还远远不能满足消费者对营养健康食品的需求，所以未来将更加注重产品和技术的创新，将继续向安全、美味、健康、营养、方便等多样化方向发展，如天然无添加的绿色面粉以及适合“三高”人群等特殊人群的低血糖指数、低热量、低蛋白面制品。

三、加工技术装备低碳化、智能化、高效化程度不断提高

随着现代食品工业、信息技术等的快速发展，以及“碳达峰”“碳中和”等国家战略的不断深入，小麦及面制主食生产向低碳化、智能化、高效化方向发展已经成为不可逆转的大趋势。深入研究与集成开发新型能源技术、热能回收技术、非热加工技术、组合干燥技术等现代绿色加工与低碳制造技术，降低对石化能源的消耗，将极大地提升企业的核心竞争力，促进行业健康发展。基于计算机辅助图像识别、5G 通信、大数据、云平台、机器学习等新技术的智能巡检机器人、全息模拟控制系统，使小麦加工向自动化、无人化、智能化方向发展，提高生产效率，提升经济效益。

专题三 2021年玉米加工产业发展情况

第一节 产业现状与发展成效

产量再创新高，单产有所下降

2016—2020年中国玉米播种面积连年下降，从4 416万hm^2降至4 126万hm^2，减少6.57%，产量保持稳定。2021年受玉米价格上涨因素影响，主产省份玉米播种面积增加，相较2020年增长4.98%，分产区来看，东北产区面积增长幅度较大，华北地区增长幅度较小。玉米产量相较2020年增长4.56%，达27 255万t，约占粮食总产量的40%（专题图3-1）。

2021年我国玉米产量增加，但单产较2020年下降4.12%，为6 291 kg/hm^2。主要原因是受河南等黄淮地区的洪涝灾害影响。河南等地7—8月遇到了极端强降雨天气，进而引发了洪涝灾害，玉米被淹；西北陕甘宁局部地区遇到阶段性的干旱天气，当地的农作物因干旱缺水出现减产现象；9—10月，正值秋收季节，华北和黄淮海的部分地区遇连阴雨天气，收获延缓、产量下降。

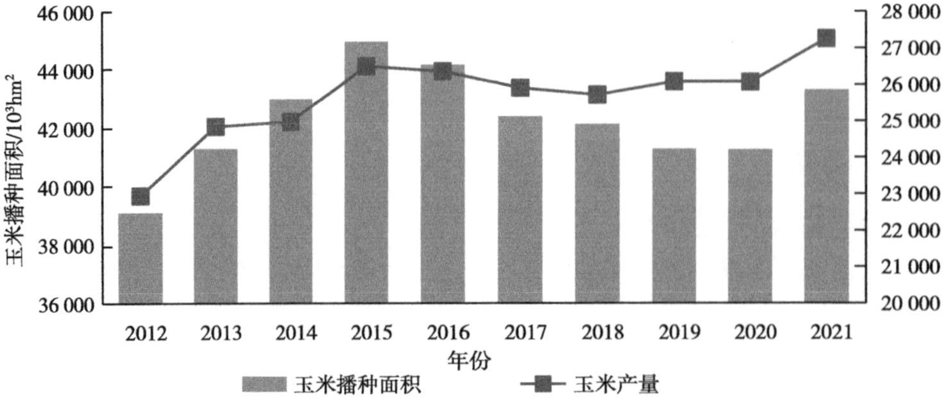

专题图3-1 2012—2021年我国玉米播种面积和产量

进口量激增

2017—2019 年国内由于商务部“反倾销”和“反补贴”的影响，玉米进口总量出现下滑，2020—2021 年去库存化正式拉下帷幕，而 2021 年生猪产能复苏，禽肉、牛羊肉产量增长，国内供应面临紧张的局面，主要为满足养殖业发展需求，我国谷物进口量激增，进口替代品价格优势明显。2021 年 1—12 月玉米进口量大幅上涨，高粱、大麦作为玉米的替代品种，进口数量也有明显的增长。2021 年我国进口玉米 2 835 万 t，创下历史最高水平，同比增幅超出 152%，远远超出配额限制；进口高粱 942 万 t，同比增长 95. 6%；进口大麦 1 248 万 t，同比增长 54. 5%。

价格高位震荡，总消费量下降

玉米属于大宗商品，2019 年新冠肺炎疫情前价格向来较为稳定。2020 年，临储玉米库存告罄，由于新冠肺炎疫情以及贸易战的影响，交通不畅，进口玉米量直线下降，加之非洲猪瘟后养猪业逐渐恢复，饲料需求量成倍增长，以及南方洪涝和北方的台风灾害损失，造成了国内玉米市场的货源紧张，价格持续上涨。2021 年第一季度玉米价格即创历史最高，至第二季度 6 月价格达 2 870 元/t（专题图 3-2）。其后受小麦和稻米等替代品的影响，玉米饲料消费下降；2021 年全国玉米总消费量下降至 22 700 万 t，较 2020 年全年下降 1 296 万 t，降幅 5. 40%。促进后半年玉米价格振荡下调，但 2021 年 11—12 月玉米价格依然处于 2 740 元/t 的高位区间。农业农村部 2022 年 1 月供需报告显示，2021/2022 年度玉米消费量及进口量总和约为 3. 16 亿 t，供大于需略有结余。

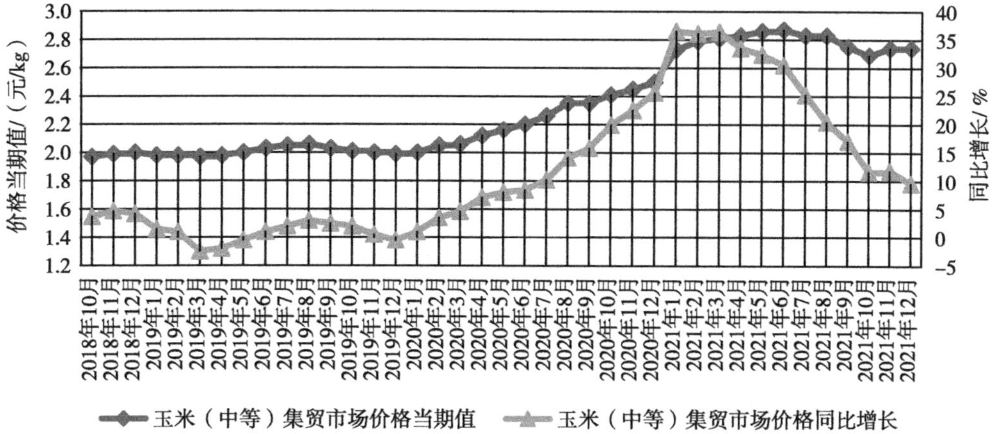

专题图 3-2　2018 年 10 月至 2021 年 12 月我国玉米价格走势

一、2021 年玉米加工产业发展概况

1. 玉米工业消费量下降，食用和饲用消费量增加

2020/2021 年度玉米消费总量约 2.82 亿 t，其中饲用消费 1.80 亿 t，工业消费 8 000 万 t，食用消费 955 万 t，种用 187 万 t，损耗及其他 1 074 万 t，分别占玉米消费总量的 63.79%、28.35%、3.38%、0.66%和 3.81%（专题图 3-3）。

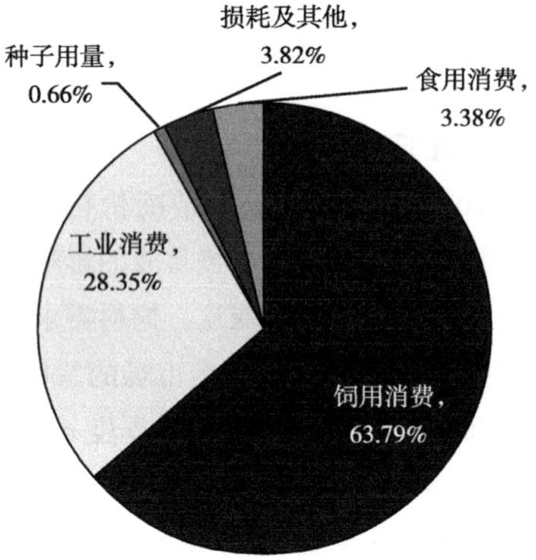

专题图 3-3　2020/2021 年度我国玉米主要消费途径及占比

“十五”以来，《关于促进玉米深加工业健康发展的指导意见》《粮食加工业发展规划（2011—2020）》发布，期间玉米深加工被列引入多地发展规划，政策导向以及科技装备的进步令以玉米淀粉及其下游产业为主的玉米深加工业迅速发展。多种淀粉及淀粉糖关键设备结束进口历史，转为向欧美地区出口。玉米深加工产品从单纯的淀粉、酒精产品发展至淀粉糖及酶制剂、变性淀粉、玉米油、蛋白饲料、氨基酸、有机酸、多元醇等多种产品。玉米深加工产业集群基本形成，企业规模不断提高。由于产能的持续扩增，2019 年我国玉米深加工消费量达到阶段性高点。

2020 年初新冠肺炎疫情暴发后，2020—2021 年玉米深加工企业整体开工率连续两年出现下滑。2021 年全年深加工行业玉米消费量为 6 553 万 t，同比降幅 3.81%，相较 2019 年的 7 466 万 t 降幅达 12.23%。但玉米饲用消费同比增长 3.45%，食用消费同比增长 1.27%。

2. 玉米深加工消费结构基本保持稳定

我国目前玉米深加工产品大概有 200 种，包括淀粉、淀粉糖、变性淀粉、酒精、柠檬酸和燃料乙醇等，这些产品被广泛用于食品、纺织、汽车、电子、医疗等领域。2021 年玉米深加工产品消费结构基本保持稳定。按照玉米消费量从高到低依次是玉米淀粉及淀粉糖 55%、酒精 26%、味精 7%、赖氨酸 7%、柠檬酸 3%、其他 2%（专题图 3-4）。相较 2015 年末，玉米深加工需求中淀粉和淀粉糖占比增长 3%，酒精下降 1%，味精下降 3%，赖氨酸增长 2%，柠檬酸下降 1%。

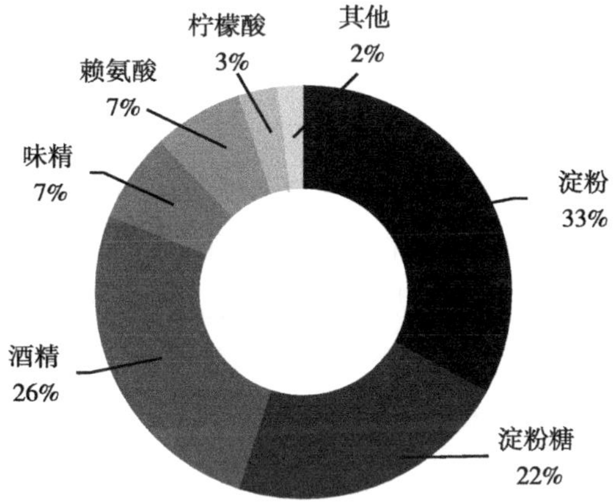

专题图 3-4　2021 年我国玉米籽粒深加工细分产品的玉米消费量占比

按照类别细分：2021 年玉米淀粉产量为 1 482 万 t，玉米消耗量 2 149 万 t，加上生产淀粉糖的玉米用量，2021 年玉米淀粉（含淀粉糖）的玉米用量为 3 600 万 t，同比减少 0. 31%。玉米酒精（含燃料乙醇）产量为 559 万 t，按玉米单耗 3. 0 推算，2021 年国内酒精的玉米用量为 1 677 万 t，较 2020 年减少 14. 13%。用量下降的主要原因：一是玉米乙醇生产处于亏损状态；二是其他粮食在燃料乙醇中仍有应用。味精产量为 237. 5 万 t，按玉米单耗 2. 0 推算，玉米的用量在 475 万 t，同比减少 3. 06%。味精行业连续两年玉米用量减少，主因是各项化工辅料价格涨幅偏大带来的成本压力，中小型企业运营压力增加，进而被动降低开工率。赖氨酸产量为 180 万 t，按玉米单耗 2. 4 推算，玉米的用量为 432 万 t，较 2020 年略微提升 2. 86%。上半年原料价格上涨明显，赖氨酸成本增加，企业生产积极性不足。下半年尽管原辅料价格维持高位，但赖氨酸价格上涨明显，厂家开工积极性增加，行业开工率整体较 2020 年小幅提升。近 3 年赖氨酸行业玉米用量不断减少，主要是受需求端疲软影响。柠檬酸较 2020 年提升

9.29%，且处于近5年的次高点，主要是出口拉动行业整体玉米消耗量增加。

二、玉米加工产业发展成效

1. 稳粮调结构初现成效

2020年12月21日，国务院新闻办公室发布《新时代的中国能源发展》白皮书，提出“坚持不与人争粮、不与粮争地的原则，严格控制燃料乙醇加工产能扩张”。2021年3月15日，农业农村部畜牧兽医局发布《饲料中玉米豆粕减量替代工作方案》，提出制定利用稻谷、小麦、杂粮、薯类、杂粕和其他农副产品等原料替代玉米、豆粕的饲料配方调整方案，推进料中玉米豆粕减量替代。海关总署数据显示，中国2021年1—2月进口小麦247.3万t，较去年同期攀升近300%；进口玉米量为479.6万t，同期大幅飙升414.51%；进口高粱140.44万t，同比增365.57%。加之2020年玉米价格持续升高，提高了2020/2021季度农民种植玉米积极性，促进了料粮保供，产销平衡。2021年从供应量来看，玉米食用消费量同比上升，深加工消费量下降；从单品上看，玉米消耗量最大的淀粉及淀粉糖的玉米消费量下降，味精玉米消费量下降，生物乙醇的玉米消费量大幅下降。

玉米深加工企业向集团化方向发展，有助于进一步淘汰过度产能，提高了玉米深加工产业集中度和产业化水平。“十二五”末玉米淀粉年产量100万t以上的企业（集团）只有5家，目前已超过10家，占全国玉米淀粉产量的50%以上。变性淀粉年产量超过10万t的企业（集团）数量5家，占全国产量的50%左右；固体淀粉糖产量10万t以上企业数量超过10家，占全国产量的90%左右；年糖醇产量超过10万t的企业（集团）有10家，其产量占总产量的90%以上。液体淀粉糖生产企业相对比较分散，产量10万t以上的企业30家左右，而年产量超过50万t的企业（集团）有5家，约占全国产量的40%。整体玉米深加工品消费结构、产业布局调整已初现成效。

2. 绿色制造业初具规模

绿色环保、安全、循环、可持续成为我国国民经济发展的主导方向，多地确定了新一代信息技术产业、生物产业、高端装备制造产业、新材料产业、绿色低碳产业、数字创意产业六大战略新型产业，大力发展“生物炼制，绿色循环”产业链模式。

2020年1月，国家发展改革委和生态环境部印发《关于进一步加强塑料污染治理的意见》，明确一系列限塑“时间表”。7 月国家发展改革委等 9 部门联合发布《关于扎实推进塑料污染治理工作的通知》，要求扎实推进塑料污染治理工作。8 月商务部发布《关于进一步加强商务领域塑料污染治理工作的通知》。一系列“禁/限塑令”打出“组合拳”，促进生物降解塑料的需求急剧增长。2021 年《中华人民共和国国民经济和社会发展第十四个五年规划和 2035 年远景目标纲要》和商务部发布的《一次性塑料制品使用、报告管理办发（征求意见稿）》中均提出，塑料源头减量、鼓励公众减少使用一次性塑料制品。同年，《关于“十四五”大宗固体废弃物综合利用的指导意见》建议大力推进秸秆综合利用，拓宽秸秆原料化利用途径，鼓励利用秸秆生产环保板材、碳基产品、聚乳酸、纸浆等，推动秸秆资源转化为高附加值的绿色产品。

在此背景下，以玉米、秸秆加工制成的聚乳酸材料为代表，包括石墨烯、尼龙等在内的具备可降解功能的生物基材料快速走入大众视野。2020 年，我国聚乳酸产量达到 19.7 万 t，同比增长 41.7%；国内聚乳酸需求量 21.99 万 t，同比增长 37.1%。相关聚乳酸新增注册企业数量 73 家，同比增长 40.4%。另外，2020 年，全国秸秆综合利用率达 86.72%，同比增长 1.49%。2021 年我国多省市秸秆综合利用率已超过 90%，其中黑龙江全省秸秆综合利用率达到 91%以上，哈尔滨等部分地区玉米秸秆全综合利用率可稳定在 95%以上。截至 2020 年，我国生物质资源量能源化利用量约 4.61 亿 t，我国生物质发电装机规模占全球的比重已经从 5%左右上升到 14%左右，各类途径的利用包括生物质发电、生物质清洁供热、生物天然气、生物质液体燃料、化肥替代等共实现碳减排量约 2.18 亿 t。

3. 生物发酵产品出口规模进一步扩大

随着生物基新材料产业的不断创新发展，玉米的生物发酵技术日趋成熟，在成本控制方面也具有优势。近年来，多家骨干企业联合发力投资建设玉米深加工产业链，巨能金玉米生产的高光纯 D-乳酸产品指标国际领先，生产成本仅为国际生产成本的 1/3，山东天力药业有限公司生产的山梨醇和海藻糖产品国际市场占有率达到 40%以上。以寿光为核心的潍坊生物基产业集群被国家发展改革委批复为三大生物基产业集群之一。2021 年我国玉米生物发酵产品赖氨酸、苏氨酸、柠檬酸产量分别达 180 万 t、76.5 万 t、150 万 t，分别达全球产量的 50%、90%、60%以上；从出口规模上来看，从 2016 年开始我国生物发酵主要产品出口量开始大幅增加。2021 年我国赖氨酸、苏氨酸、柠檬酸出口量分别达 82.6 万 t、57 万 t、107 万 t，同比增长 5.06%、2%、13.8%，反映出随着生产技术水平和产品质量不断提升，国内玉米生物发酵产品在国际市场中也占据了一席之地。

第二节　重要技术发展情况

一、非粮生物质高值化利用技术助力绿色节能减排

2021 年 12 月，秸秆还田固碳技术被选为 2021 年 10 项重大引领性农业技术，该技术是通过亚高温热裂解工艺在相对缺氧、700℃以下条件下，将秸秆等生物质转化为富含稳定性有机碳的生物炭，同时秸秆炭化过程还联产可燃气，用于炭化设备的辅助自加热，供暖供热或实现发电并网，实现能源替代减排，秸秆生物炭还田后可提升土壤碳库容量，实现长期的农田土壤碳封存，利用秸秆碳材料蓄肥缓释的良好性能，精确组配无机养分和有机物料，减少化肥使用，从而让玉米秸秆炼制高效绿色循环发展之路。

二、酶促分离新技术解决化学污染难题

“ZL2019102203588 提高玉米浸泡效果的复合菌剂及其应用”专利获得 2021 年第 22 届中国专利奖金奖。玉米中的淀粉深埋在玉米角质胚乳区，分离淀粉颗粒和蛋白质、细胞壁的传统方法是向浸泡液中加高浓度的 SO_2，使蛋白质网膨胀，释放淀粉。然而，高浓度的 SO_2不仅会污染环境，还会产生设备腐蚀和淀粉产品中亚硫酸残留过高等问题。中粮集团在淀粉生产中引入生物浸泡、酶促分离新技术，解决了化学-机械浸泡分离工艺污染高、周期长的技术难题，并在淀粉糖生产中使用生物酶降低加热糊化过程中淀粉的黏度，从而能够在较低的蒸汽喷射压力下对高浓度的淀粉乳进行处理，实现高浓度淀粉的连续液化，提高淀粉糖的生产效率。

三、人工合成淀粉实现颠覆性突破

2021 年中国科学院天津工业生物技术研究所首次实现了二氧化碳到淀粉的从头合成，相关工作发表于 2021 年 9 月 24 日的 *Science* 杂志上，名为“Cell-free Chemoenzymatic Starch Synthesis from Carbon Dioxide”。我国科学家突破二氧化碳人工合成淀粉技术，这是继 20 世纪 60 年代在世界上首次完成人工合成结晶牛胰

岛素之后，中国科学家又在人工合成淀粉方面取得重大颠覆性、原创性突破。在这项工作中，研究人员以高密度能源和高浓度二氧化碳为原料，采用化学和生物催化技术，创新地以“搭积木”的方式通过人工途径从二氧化碳合成了淀粉（专题图 3-5）。自然界中生物从二氧化碳合成淀粉，需要大约 60 个生化反应，且需要复杂的生理调节，该人工合成仅需 11 步主反应，自然界从玉米合成淀粉的效率约为 2%，而工业合成效率是玉米淀粉合成效率的 8.5 倍。理论上 1 m^3 大小的生物反应器年产淀粉量相当于我国 5 亩玉米地的年产淀粉量。如果未来二氧化碳人工合成淀粉的系统过程成本能够降低到与农业种植相比具有经济可行性，将会节约 90%以上的耕地和淡水资源，避免农药、化肥等对环境的负面影响，推动形成可持续的生物基社会，提高人类粮食安全水平。同时，这一技术可以突破阳光的利用效率，将为我国碳达峰、碳中和的发展目标提供一种新的思路。

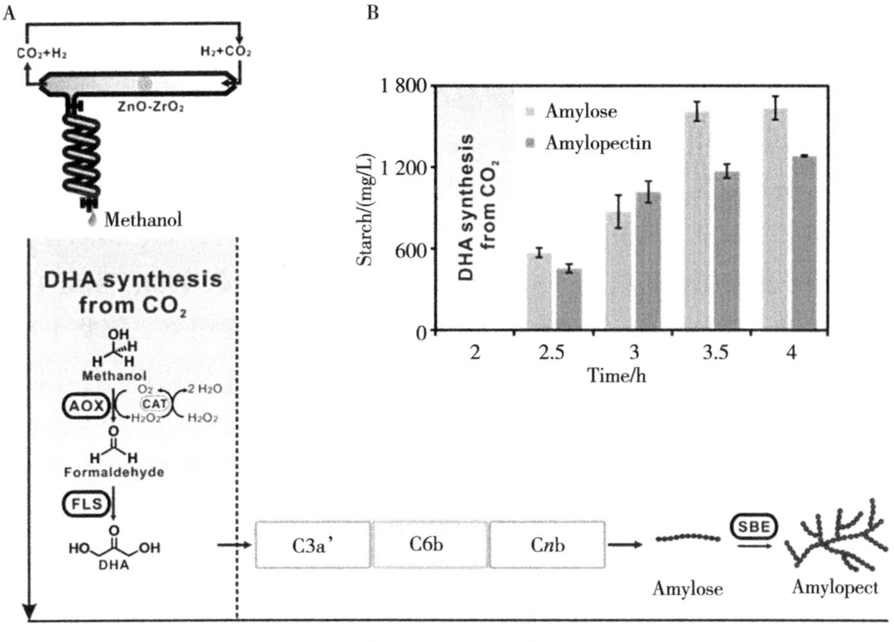

其中，CO_2：二氧化碳；H_2：氢气；ZnO-ZrO_2：氧化锌-二氧化锆；Methanol：甲醇；DHA synthesis from CO_2：CO_2 合成二羟基丙酮；Formaldehyde：甲醛；AOX：甲醇氧化酶；FLS：黄酮醇合成酶；DHA：二羟基丙酮；Starch：淀粉；Time：时间；Amylose：直链淀粉；Amylopectin：支链淀粉；C3a'：碳三化合物；C6b：碳六化合物；C*n*b：碳 *n* 化合物；SBE：淀粉分支酶。

专题图 3-5　人工合成淀粉的工艺流程

第三节　头部企业分析

一、诸城兴贸玉米开发有限公司——玉米淀粉产量全国第一

诸城兴贸玉米开发有限公司（简称“诸城兴贸”）成立于1993年7月，是一家集农、科、工、贸于一体的跨地区大型玉米综合深加工企业，是国内最大的玉米精深加工生产企业，现年可处理净化玉米超1 000万t，生产玉米淀粉700万t、变性淀粉30万t、饲料超200万t、精制玉米油15万t、麦芽糖浆100万t、葡萄糖酸钠30万t、葡萄糖25万t、麦芽糊精25万t等共400余个品种，是亚洲大型玉米淀粉、变性淀粉生产基地。其中，肌醇产销量居世界第1位。2020年诸城兴贸玉米淀粉试剂产量达到411万t，市场占有率13.3%，居全国第1位。

诸城兴贸也是2019年度国家科学技术进步奖二等奖“玉米精深加工关键技术创新与应用”项目主要完成单位之一。此外，诸城兴贸还主持完成及实施着国家“十五”科技攻关计划、“十一五”科技支撑计划、“十二五”科技支撑计划、“863”计划、国家成果转化项目、国家火炬计划、国家星火计划、山东省科技攻关计划、山东省自主创新项目等40余项；形成了66项授权专利；鉴定了23项重大科研成果，其中11项达国际领先水平；获国家技术发明奖二等奖1项；获省、部级科学技术进步奖14项，其中一等奖3项；参与制定国家、行业标准23项。2017年9月7日，诸城兴贸参与制定的GB/T 34267《食用淀粉及淀粉制品生产管理规范》发布。诸城兴贸凭借良好的标准运行体系，靠质量标准实现快速发展，成为国家标准化良好行为AAAA级企业。

二、济南圣泉集团股份有限公司——玉米生物质化工龙头企业

近年来，伴随经济发展和下游需求用量的持续攀升，我国合成树脂行业呈现出持续增长态势。2017—2019年我国合成树脂产量从6 290.8万t增长至7 556.4万t，年均复合增速达到9.6%。济南圣泉集团股份有限公司（简称“圣泉集团”）酚醛树脂、呋喃树脂的产销量规模位居国内第一、世界前列。圣泉集团成立于1979年，主营生物质精炼、高性能树脂及复合材料、铸造辅助材料、健康医药、新能源、卫生防护产品。2018—2020年，圣泉集团营收由61.89亿元

增长至 83.19 亿元，净利润由 5.14 亿元增长至 8.89 亿元，复合增速分别达到 15.94%和 31.51%。2021 年 8 月 10 日，圣泉集团（605589.SH）正式登陆 A 股市场。

在玉米秸秆生物质综合利用方面，圣泉集团研发了“圣泉法”秸秆精炼一体化绿色技术。该工艺绿色环保、高效节能，解决了秸秆中纤维素、半纤维素、木质素难以高效分离的难题，实现三大组分高质化利用，产出的纤维素可以生产纸浆、纤维用溶解浆、纳米纤维素、燃料乙醇等，半纤维素可以生产糠醛、木糖、L-阿拉伯糖，高活性木质素可以生产沥青乳化剂、染料分散剂、可降解塑料袋、木香树脂、军用航空煤油等，剩余灰分可生产有机钾肥，真正将秸秆变废为宝、吃干榨净，实现生物质化工、石油化工、煤化工的并驾齐驱。该技术全球领先，已申报发明专利 245 项，其中 109 项已获得授权。利用该技术的生物质综合利用项目已经在黑龙江大庆落地建设。

第四节 产业发展存在的问题

一、自主知识产权缺乏

我国在玉米深加工生产关键技术方面还存在滞后现象。生物质能源方面，我国的沼气工程大多应用的是湿发酵工艺，装备与技术水平都比较滞后，不利于沼气的高值化利用。秸秆非粮乙醇技术还存在障碍，受工艺复杂、酸浓度需求高、副产物多、设备要求高和成本高等因素制约，乙醇浓度不高、原料综合利用率低和发酵效率低、时间长等问题还有待解决。此外，我国生物发酵产业的发展初始源于国外技术的引进，在生产关键的菌种问题上，一是国外引进的菌种较多，二是国内筛选优良菌种的能力不足，缺乏拥有自主知识产权的核心菌种。玉米淀粉及深加工产业也存在核心技术和关键设备依赖进口的情况。我国经过这几年对琥珀酸淀粉酯的研究，其合成方法已经比较成熟，但由于设备和工艺成本限制，目前只停留在小试阶段，无工业化产品；国内的接枝淀粉产品质量与国际大厂仍有较大差距，产量低。我国在食品胶、纸浆、包装膜等专用淀粉产品制造方面还与美国嘉吉公司、美国 ADM 公司等存在较大差距。

二、产品个性化、差异化程度低

美国 ADM 公司、法国罗盖特公司玉米深加工产品可达两三千种。其产品品类丰富，具有明显的专用化、差异化区分度。例如，ADM 公司 2021 年新推出的“珍宝经典鱼油系列宠物粮”细分 4 种面向不同年龄层的宠物，提供专属营养，并搭配营养包，补充干粮中的营养素流失。美国嘉吉公司的产品根据分属不同品牌对应不同用途，如嘉吉的淀粉及改性淀粉，国际公司目前有 C☆Bond™、C☆iBond™、C☆Coat™、C☆iCoat™、C☆Film™、C☆iFilm™、C☆Flex™、C☆Gel™、C☆Gum™、C☆iGum™、C☆Plus™ 11 个系列产品，它们可以用于许多行业，包括黏合剂和装订纸张，瓦楞、建筑、油漆和涂料、纺织和油田，天然淀粉也被用作特殊发酵过程中的碳源，并可作为发酵产品配方中的加工助剂使用。其中，C☆iBond™系列是一类造纸用湿端淀粉（纸浆内添加用途变性淀粉），该系列产品主要用于提高成品纸的成型、排水、保存性和强度，并适合于食品级包装，该系列中又细分多种产品，其中 C☆iBond 25957 是一种适用于箱体材料、折叠箱板、固体漂白板、石膏板的阳离子湿端淀粉；在改性淀粉领域，美国嘉吉公司还于 2021 年推出了专为食品 3D 打印凝胶设计的改性淀粉“ink”，该改性淀粉配合 3D 打印能够起到层层打印食物并保持结构稳定的作用。

三、国产设备规模化、智能化有待提高

我国玉米深加工业生产规模不断扩大，一些设备逐渐无法匹配企业大型化、规模化生产的需求，只能通过设备的累加来达成产能的扩大，所以目前亟须大型化、智能化设备提升淀粉行业的整体加工能力。另外，具有极大投资潜力的新型产业，如聚乳酸及下游绿色材料行业，目前处于发展起步阶段，已建并投产的生产线并不多，多数规模较小，其中只有河北华丹集团和安徽丰原集团居于国内聚乳酸企业的领先地位，拥有年产能 5 万 t，份额占比为 10.28%。

四、鲜食玉米加工力度不足

近年来，在政策支持、市场利好、规模发展等综合因素驱动下，中国鲜食玉米产业实现快速发展。目前，全国鲜食玉米种植面积约 2 200 万亩，其中糯玉米 1 200 万亩，甜玉米 800 万亩，甜加糯玉米 200 万亩，成为全球最大的鲜食玉米

生产国和消费国。鲜食玉米具有串联一二三产业的优良属性，但也面临着产业化水平较低、季节性生产过剩的矛盾突出，深加工力度不足等诸多现实问题。具体体现在：一是加工技术以初加工为主，附加值低。鲜食玉米在 30℃下采后 1 天约有 60%的可溶性糖转化为淀粉；10℃下 1 天约有 25%的糖转化为淀粉，0℃低温下 1 天里仍有 6%的可溶性糖转化为淀粉，糖分的损失会明显影响鲜食玉米的特有风味和鲜嫩品质。我国鲜食玉米产品主要为速冻糯玉米穗、真空包装甜糯玉米穗、速冻甜玉米籽粒和甜玉米籽粒罐头。其中，甜糯玉米以真空包装的整穗加工为主，约占 60%，速冻切粒包装形式占 15%，玉米饮料仅占很少比例。糯玉米的 20%不经加工直接鲜穗消费，30%直接速冻储藏保湿反季节消费，其余约 50%的糯玉米采用蒸煮真空包装形式加工。现有保鲜加工技术产品包装简陋、加工等级低、市场竞争力弱。二是企业规模小而散、设备工艺差。目前我国鲜食玉米加工企业已超 1 100 多家，大型企业占比较少，为 3%左右。以吉林省松原市为例，近 3 年全市新增近 20 家真空包装企业，最大规模不足 1 000 万穗，大多在 400 万穗左右。这些企业普遍环境较差，厂房简陋，设备简单，工艺落后，管理粗放，缺乏检测，产品质量较差。企业单体规模小而散，很难得到金融支持。

第五节　产业发展趋势

一、绿色发展为基调，生物质能源、新材料成为新增长点

目前玉米加工与深加工已经从“玉米加工概念”转变为生物炼质为核心理念的“玉米生物化工”。化工品原料正在由“碳氢化合物”向“碳水化合物转变”。玉米加工产品向有机化学产品和高分子材料领域推进。我国目前生物燃料乙醇年产量近 300 万 t，产业规模居世界第三位，但与美国、巴西等国家差距很大，产业规模小制约其发挥应有的作用。在当前形势下，加快发展生物燃料乙醇产业具有战略必要性和现实紧迫性。生物基可降解材料项目在符合禁塑和碳中和两大政策的“双碳”背景下，具有全生命周期减碳优势的生物基材料发展也是大势所趋。

针对发展农业生物质能源、新材料中的关键问题（如“非粮燃料乙醇”的技术创新和应用实践、聚乳酸和丙交酯的改性和制造技术、工业发酵菌种/酶的选育技术、有机酸和赖氨酸的高附加值衍生物制造、新型生物基大宗化学品及其

衍生物以及装备工程智能化等），我国需要加强科技自主创新，摆脱对外国技术、装备和原材料的依赖，推进玉米深加工业，使之成为真正的绿色可持续发展大产业。

二、以消费导向为目标，发展个性化、差异化创新产品提升附加值

如面向建筑产品中的增稠剂、黏合剂、喷涂剂；铸造和陶瓷中的脱膜剂、防裂剂；日用化工中的填充剂、黏合剂等，并向高档产品如高档医药生化产品、功能性食品及添加剂、精细化工产品及用化学方法或很难生产的产品（微生物多糖、工业酶制剂、表面活性剂、高分子材料、专用改性淀粉等）方向发展。其中，变性淀粉在纺织业、纸和纸品业、石油开采、医药、卫生材料、农林园艺、建筑业都具有极大的发展潜力，成为淀粉行业新的经济增长点。近几年，国家重点组织了多项玉米变性淀粉技术产业化开发，实现了关键设备国产化，但我国仍是变性淀粉的净进口国，以糊精及其他改性淀粉为主。高技术水平的国产变性淀粉的生产设备也是今后机械装备企业的研发重点（需要能够耐受特殊化学试剂和复杂工艺、安全性高的设备）。

三、发展鲜食玉米加工业，助力节粮减损

近年来，我国鲜食玉米深加工产业发展速度很快，但产品尚未形成足够的市场竞争力。由于鲜食玉米存在采收集中、保鲜期短、采后需立即加工的特点，提高采后加工技术装备水平并深入挖掘鲜食玉米全株利用价值，拓展鲜食及加工产品类型、延长消费期，是促进我国鲜食玉米产业发展的必经之路。针对鲜食玉米的初加工，应积极推进冷链物流和加工储藏等技术研究与配套体系建设，形成技术标准，规范加工带动产业规模发展；针对鲜食玉米的深加工，完善以玉米籽粒为原料的冻干玉米粒、冻干玉米粉、甜玉米饮料加工技术以及以鲜食玉米秸秆为原料的青贮饲料发酵、秸秆深加工技术等，有助于提升鲜食玉米农户的种植积极性和鲜食玉米深加工产品的市场竞争性，促进玉米深加工业向食用新方向实现增长。

专题四 2021 年大豆加工产业发展情况

第一节 产业现状与发展成效

我国大豆严重依赖进口，2020 年我国大豆进口量为 1.0033 亿 t，2021 年较 2020 年减少 3.8%，但仍达 9 652 万 t，大约占国内消费量的 85%。这种进口主导的大豆供给格局受外汇变化影响较大，潜在隐患风险较高。大豆的供给保障能力强不强，影响我国农业的成色和经济的韧性，大豆关系粮食安全也关系食物结构。2019 年，农业农村部实施“大豆振兴计划”。2021 年底，中央政治局常委会会议专题研究“三农”工作时强调，要实打实地调整结构，扩种大豆和油料。2022 年的中央一号文件明确指出，要大力实施大豆和油料产能提升工程。2022 年的《政府工作报告》提出，促进大豆和油料增产。

近年来，在我国大豆振兴计划政策的带动下，为提高大豆自给率，多方面持续发力。我国大豆播种面积不断扩大，由 2016 年的 759.85 万 hm^2 增长至 2020 年的 988.25 万 hm^2。在分布上，东北春大豆产区大豆播种面积约占全国的 40%，黄淮海夏大豆产区约占 20%，西南和西北的带状复合种植区约占到 40%。2021 年，由于玉米收益的大幅提升，大豆相较于玉米的种植收益较低，农民种植意愿减弱，我国大豆播种面积下降到 840.00 万 hm^2，同比 2020 年下降 15%。2022 年政府给予豆农种植补贴多，农户播种大豆积极性提高。多个省（区、市）表示将增加大豆播种面积。根据国家粮油信息中心数据，初步预计，2022 年我国大豆种植面积增加 2 000 万亩以上，其中黑龙江省计划增加大豆播种面积 1 000 万亩，内蒙古计划扩种大豆 430 万亩，四川省计划扩种大豆 100 万亩。如果生长期天气正常，总产量有望超过 2020 年水平。此外，山东省开展的盐碱地种植大豆示范成功，推动了利用盐碱地，扩大大豆种植面积。目前我国大豆平均亩产水平较低，一般在 130 kg/亩左右，年均增速仅 0.05%，单产为世界平均水平的 70%，比美国等主产国低 100 kg 左右。2021 年我国大豆总产量 1 640 万 t，同比 2020 年减少 16.33%。而在大豆需求上，2021 年我国大豆需求量大概为 11 125.7 万 t，较 2020 年的 11 985.2 万 t 同比减少 7.17%。

大豆发展开新局，除了强政策保面积保产量，还要强加工。我国大豆产业总产值超 3 500 亿元，其中大豆加工业 1 350 亿元。大豆加工业中大豆压榨行业占比 25%，豆制品加工行业占比 40%，蛋白制品加工行业占比 18%，直接食用占比 17%。压榨行业作为目前大豆加工业主要产业，主要以进口大豆原料为主，受下游饲料行业和食用油的需求影响，过去 10 年大豆压榨产能增加约 83%。生猪养殖持续亏损，饲料豆粕消费需求或将得到抑制。预计 2021—2022 年度我国豆粕消费量为 7 440 万 t，同比减少 1.2%。发展大豆加工业，要提高原料利用率，创新加工技术，针对油用大豆提高压榨水平，针对食用大豆发力高档大豆蛋白产品，从而提升价值链。

一、2021 年大豆加工产业发展概况

全球新冠肺炎疫情暴发以来，国际大豆种植面积减少，加上国际航运不畅，物流紧张，推动国际大豆价格持续走高。国内因种植大豆不如玉米等作物收益高，农民种植大豆热情降低，造成大豆种植面积萎缩，导致国产大豆价格也节节攀升。大豆价格的上涨造成大豆加工企业利润下降。除了大型加工企业情况相对好一些，由于原料价格高企，中小型大豆加工企业出现亏损，国内大豆加工企业正面临重新洗牌。由于国产和进口大豆品种的根本差异，国产大豆用作食品加工，进口大豆用作压榨精炼的消费格局将依然延续。

1. 初加工产业链尚不完善

大豆加工产业在利用原料制取大豆油、饲用大豆粕和制油副产物中浓缩磷脂等环节不能很好串联起生产的整个流程，也没有真正形成较为完善的产业链。很多工厂加工时流程尚不连贯，生产能力上不去，往往由于原料供应基地、生产加工基地之间结合不紧密，重点加工环节被拆分为几条生产线，严重影响生产效率。另外，国产大豆加工大多是小作坊形式，生产没有标准化，生产条件参差不齐，为大豆生产加工留下了很大的安全隐患。大豆油在我国食用油消费中占比大，原料长期依赖进口。2021 年，我国大豆油消费量为 1 828 万 t，占年消费总量 4 000 万 t 的45.7%，其中在国内生产大豆油 1 738 万 t，进口大豆油 90 万 t。采用国产大豆原料生产油脂 62 万 t，仅占国内大豆油生产总量的 3.57 %。国产大豆价格长期高于进口大豆，近 5 年来差价基本维持在 500~1 500 元/t。目前，

我国大豆加工能力 1.2 亿 t 左右，其中国产大豆 2 000 万 t左右，进口大豆 1.0 亿 t 左右。主要分布为：东北片区主要以国内大豆为主；黄淮海流域既有国产大豆也有进口大豆；长江流域及其他地区以进口大豆为主。我国大豆压榨产能逐年提高，但受大豆供需两方面影响，大豆压榨企业开工率不足六成，存在产能浪费，2017—2021 年我国大豆压榨产能情况见专题表 4-1。

专题表 4-1　2017—2021 年我国大豆压榨产能变化

年份	压榨产能/亿 t	开工率/%	实际产量/亿 t
2017	1.65	53.81	0.89
2018	1.77	51.41	0.91
2019	1.80	49.65	0.89
2020	1.82	55.30	1.01
2021	1.84	60.11	1.11

数据来源：布瑞克数据库。

2. 精深加工能力有待提高

根据中国食品工业协会豆制品专业委员会对全国豆制品企业调查数据，目前，我国用于食品加工（非压榨）的大豆量约 1 460 万 t。其中，用于豆制品加工的大豆用量约为 890 万 t，用于其他食品加工的大豆用量约为 350 万 t，直接食用（包括家庭自制豆浆等）约为 220 万 t。2021 年，除种子外，我国国产大豆 85%以上用于豆制品等食品加工领域（含家庭直接食用）。2021 年大豆蛋白产量 283 万 t 左右（其中 84 万 t 浓缩蛋白，164 万 t 分离蛋白，35 万 t 组织化蛋白），折合加工大豆 756 万 t，其中进口非转基因大豆约 138 万 t。国内大豆蛋白生产企业总体平均利润率在 5%~6%。

我国在大豆产品深加工领域的科学研究、技术能力、产品开发和整体装备等方面与世界先进水平仍有很大差距。目前我国大豆深加工能力不到 10%，深加工产品科技附加值较低，品种较少，深加工产业链不完整，缺乏多样化多层次的大豆加工产品。在综合利用方面，龙头企业与合作社、家庭农场联结不紧密，没有形成高度融合的利益共享、风险共担的联合体。大豆加工企业各自为战，在产品研发、市场开拓、品牌打造等方面，没有形成联动机制。亟须建设大豆产业创新发展联盟，整合联盟内优势资源，打造联合创新平台，通过“聚点成链，集链成群”，延长产业链、提升价值链，深入挖掘大豆区域品牌内涵，推动扩大区域品牌效应，提升大豆产品研发、市场开拓、品牌打造等方面联动机制，助力大豆加工产业高质量发展。

二、大豆加工产业发展成效

大豆产业是国民经济的重要基础性民生产业，大豆加工利用，关键是吃干榨净、梯次利用，提高全产业链发展水平和效率。

一是国家支持大豆加工业发展。2021 年 9 月，农业农村部部长唐仁健在山东禹王集团调研时，对企业 40 年来深耕“中国大豆”产业链，构建完善的全产业链、全营养素、全人群、全生命周期的产业发展模式给予高度评价，表示“民族大豆，没有后加工、精加工、深加工是发展不起来的”。勉励企业“积极培育优良大豆品种，大力发展精深加工，不断做强产业链”，带动整个中国大豆产业的发展。2022 年中央一号文件明确提出聚焦产业促进乡村发展，“重点发展农产品加工，支持农业大县聚焦农产品加工业，引导企业到产地发展粮油加工，食品制造”。《中共中央　国务院关于全面推进乡村振兴加快农业农村现代化的意见》指出，要加快健全现代农业全产业链标准体系，推动新型农业经营主体按标生产，培育农业龙头企业标准“领跑者”。立足县域布局特色农产品产地初加工和精深加工，建设现代农业产业园、农业产业强镇、优势特色产业集群。农业农村部编制了《“十四五”全国农产品质量安全提升规划》，强调大力推进现代农业全产业链标准化。大豆加工成果关乎大豆振兴效果，国家各项政策的出台和扶持为加快大豆加工业发展“保驾护航”。

二是大豆精深加工和全产业链日渐规模化。北大荒集团作为国家重要大豆生产基地，走大豆食品原料专用化道路，更好地满足食品加工企业专用原料需求。瞄准优势特色主导产业，大力扶持和鼓励全国现代农业产业强镇、产业园和产业集群项目建设，积极培育以种养业为基础、以加工转化为重点、以商贸物流为支撑的新兴产业，示范带动三产融合，延伸产业链条，推动产业集聚，让职工更多分享产业链增值收益。2020 年，内蒙古大兴安岭大豆优势特色产业集群全产业链产值达到 168 亿元，占全区大豆产业全产业链产值的 84%，其中一产产值 106.9 亿元、二产产值 26.3 亿元、三产产值 35.0 亿元。我国大豆蛋白加工的 40%在山东省，2021 年我国大豆蛋白占国际市场份额的一半左右。山东省禹城大豆分离蛋白占全国大豆分离蛋白市场份额的 30%，形成了以 14 家大豆制品精深加工企业为主的产业体系。其中禹王集团作为以大豆深加工为主的国家级高新技术企业和农业产业化国家重点龙头企业，在国内首次成功研发低温脱脂豆粕技术，使大豆分离蛋白得率从 33%增加到 45%，低温豆粕连续多年国内市场占有率排名第一，禹王大豆蛋白产销量全国第一，其通过对豆粕和蛋白加工工艺及设备持续改进，不断带动中国大豆深加工行业技术的发展。

第二节　重要技术发展情况

一、大型智能化醇法制备大豆浓缩蛋白成套装备技术开发及产业化

山东凯斯达机械制造有限公司、河南工业大学、济宁机械设计研究院等在大豆浓缩蛋白技术及产业化方面获得突破，其“大型智能化醇法制备大豆浓缩蛋白成套装备技术开发及产业化”获得 2021 年度中国粮油协会科学技术奖一等奖。通过多年来在大豆蛋白方面持续不断的研究，在总结已建的 7 条醇法浓缩蛋白生产线经验基础上，研发出了符合我国国情的醇法制备大豆浓缩蛋白的技术装备。该醇法制备大豆浓缩蛋白的成套技术装备，提出预混器和箱链式浸出器组合浸出，提高萃取效率，增大单机处理量，达到 6 万 t/年，解决了单机装备大型化问题；采用挤压机、卧式圆盘干燥机和立式脱溶干燥机组合脱溶，提高了脱溶能力；混合液采用多效蒸发和浓缩组合蒸发，节约了能源，蒸汽消耗降至 960 kg/t；尾气采用水吸收工艺等一系列降低乙醇消耗的工艺技术，乙醇消耗降至 4 kg/t；采用全过程能量综合平衡技术，节约了能源；副产品糖浆喷涂豆皮，解决了糖浆综合利用问题；采用全过程智能控制，提高了生产的安全性和稳定性。项目开发的成套装备技术拥有自主知识产权，经济、社会效益显著，整体技术水平达到国际领先。

二、进境大豆加工副产物无害化资源化处理技术与系列成套装备开发应用

迈安德集团“进境大豆加工副产物无害化资源化处理技术与系列成套装备开发应用”项目荣获 2021 年度中国粮油学会科学技术奖二等奖。我国是全球最大的大豆进口国，同时也是最大的大豆加工国之一。进口大豆在满足国内对整体原料和油脂要求的同时，也对国家生物安全带来风险。迈安德集团开发的进境大豆加工副产物无害化资源化处理技术与系列成套装备，为我国大豆加工产业提供了

一个新的大豆杂质处理方式，不仅满足了检验检疫的要求，还可大幅降低客户生产成本，有效推动了我国粮油加工装备向国际先进技术水平发展。此前大豆加工企业多采用集中焚烧、人工分拣等方式去除大杂，不仅费用高昂、污染环境，还加大了检疫性有害生物的传播。采用迈安德集团的装备后，按最优质的进口大豆（含杂0.5%），日产5 000 t，年产300天来计算，每年各类大杂灭活可节省支出93.5万元；有机杂质回收，回添到豆粕中，以豆粕3 000元/t的价格计算，年回收额约为396万元；总效益约为489.5万元，设备投资回报年限不到1年。该项目通过优化集成设置筛选、去石、粉碎等完善的前处理工艺技术和装备，保证了灭活设备的正常运行，大幅提高了设备的使用寿命和整条生产线的安全性、可靠性；创新开发了集生物灭活、干燥、冷却于一体的湿热无害化资源化系列装备，节能降耗显著，灭活效果可靠。整套工艺准备采用了先进的智能化控制系统，通过关键点巡视，实现了设备在线安全监测、控制管理和智能主动维护，保证了生产线整套装备的工艺效果和产品质量稳定。

第三节　头部企业分析

一、九三粮油工业集团有限公司

九三粮油工业集团有限公司（简称“九三集团”）作为首批国家级农业产业化重点龙头企业，以大豆加工为主营业务，总部位于哈尔滨经济技术开发区，现有黑龙江九三、北安、宝泉岭、九三食品、北大荒豆制品、长春、辽宁铁岭、大连、丹东、天津、广西惠禹等20个生产工厂和中国香港、芝加哥2个贸易公司，12个涉足物流、农产品贸易和投资等领域的专业化公司，4个参股公司，九三集团年加工大豆总能力1 200万t，销售收入超过450亿元，进出口贸易总额超过60亿美元。连续多次入围中国企业500强和中国制造业500强，被授予“大豆系列国家标准制修订基地”“中国工业行业排头兵企业”“国家级文明单位”“中国粮油行业最受尊敬企业”称号。“九三”品牌连续8次入围“中国最具价值品牌”排行榜，品牌价值超过200亿元，被评为“最具市场竞争力品牌”“中国食用油领袖品牌”。2021年“九三”品牌价值突破500亿元大关，以509.56亿元位列总排名第161位，较上年增长超20%，连续13年蝉联“中国500最具价值品牌”。目前，企业大豆加工总量居全国第1位，大豆油脂加工总量居全国第 1 位，年加工大豆总能力 1 350 万 t，年可生产食用油 247 万 t，蛋白饲料 1 080 万 t，销售收入超过 450 亿元，进出口贸易总额超过 60 亿美元。

二、禹王集团

禹王集团以大豆深加工为主，是国家级高新技术企业、国家级农业产业化龙头企业。荣获国家绿色工厂、中国工业大奖等荣誉称号，是全国农产品加工企业 100 强、中国粮油企业 50 强、中国豆制品加工企业 50 强企业，2018 年荣获中国工业大奖。拥有禹城、临邑、哈尔滨宾县、齐齐哈尔克东县 7 家分公司。禹王集团是美国杜邦、日本丸红、中国双汇、中国娃哈哈等行业龙头企业的战略供应商，产品出口美国、欧盟、日本、俄罗斯、南非等 20 多个国家和地区。禹王集团通过对豆粕和蛋白加工工艺及设备持续改进，将大豆蛋白单线产能放大到 1 万 t，领先于美国杜邦、日本不二等行业领先者年产 3 000 t 生产线，开启了中国大豆蛋白生产新时代。2021 年，禹王集团年产 1. 8 万 t 的蛋白新生产线顺利达产，创造了新的单线产能纪录。禹王集团年加工非转基因大豆 60 万 t，年产低温豆粕 40 万 t、大豆分离蛋白 12 万 t，是全球最大的“非转基因”大豆蛋白及其原料加工基地，也是我国最大的大豆蛋白食品及其原料加工基地之一，低温豆粕连续多年国内市场占有率排名第 1 位，禹王集团大豆分离蛋白占全国大豆分离蛋白市场份额的 30%，销量居全国第 1 位。

第四节　产业发展存在的问题

一、大豆加工专用大豆种类及品种缺乏

原料的稳定性和加工适宜性是影响加工企业生产工艺、产品稳定性、企业效益的关键因素。统计发现，现在种植的大豆很多都是含油量超过 22% 的高油品种，蛋白质含量超过 45% 的高蛋白品种较少，供大豆加工的高油量、高蛋白质的优质专用品种较少。此外，我国土地面积大，南北地区的气候存在明显差异，种植条件不尽相同，适宜种植大豆的品种也各不相同，应根据自然条件选择适合本地的品种，从而形成本地大豆加工的相对优势。此外，国产大豆收购基本采用混收方式，尚未实现精细化分等分级分类存储，造成不同批次间原料品质不稳定、

专用化程度低，无法满足加工企业对于原料品质均一稳定的需求。因而，针对目前在加工专用大豆加工专用品种缺乏，混收、混储、混加现象普遍的问题，需加大高蛋白、不同加工用途大豆原料的筛查选育，建立全国大豆“时空”品质评价体系，解决大豆加工专用大豆种类及品种缺乏的问题。

二、大豆全产业链标准缺乏

我国现有的大豆加工标准数量众多，但标准之间缺乏系统性和配套性，国家标准、行业标准和地方标准之间存在着较为严重的交叉、矛盾或重复的现象，如产品标准、加工技术规程和检测方法无法匹配，加工产品标准过高而加工原料标准过低，以及生产方和加工企业之间缺乏统一的标准相协调，均造成原材料供应与生产加工企业之间结合不紧密，制约了企业的发展，导致企业面临产品品质不稳定、加工层次低、产品附加值低等多重问题，无法实现从田间到餐桌的“全产业链”的构建，而现今并未开展大豆全产业链标准的制定，为此应加快产地环境、原料标准、储运保鲜、加工工艺、分等分级、品牌打造等关键环节标准系统整合，结合现有的国家标准、行业标准进一步提高标准范围的准确性，推动建立大豆全产业链标准，巩固和提升国产大豆的市场竞争力，促进大豆行业的高质量发展。

三、大豆加工技术与装备落后

在油脂加工方面，以大豆油为主要原料开发代可可脂、改性油脂及燃油添加剂等创新技术方面亟待突破。在组分分离方面，水解法、生物酶法等节能高效、又能保持原料品质的多组分高效分离技术装备的先进性、自动化程度、智能检测及控制方面落后于美国和日本。在大豆加工核心关键技术方面，复式多组分同步萃取技术装备、真空破壁机械、固定化酶膜反应器、双螺杆冷轧机、非膨化高湿挤压仿肉制品专用挤压膨化机及真空挤压膨化设备、全自动无菌豆浆灌装机、自动连续煮浆装置等单体设备上仍需突破。相比于美国将大豆开发出 2 500 余种产品，我国富含维生素 E、不饱和脂肪酸及微量元素的胚芽，含有蛋白及植物纤维素的豆渣、大豆异黄酮等综合开发利用及新产品开发技术仍落后于美国。

第五节 产业发展趋势

一、大豆全产业链标准体系建立

目前，针对国内大豆加工产业面临的原材料不佳、品种不好的问题，通过培育适宜不同地方种植以及不同加工用途的大豆优势品种，全面解析大豆原料核心特性指标与加工制品食用、营养、加工、安全品质间的关联关系。开展大豆原料的时空品质评价，建立科学、实用的品质评价指标体系。采取大豆加工企业与广大农户直接签订收购合同的方式，实现原材料供应与生产加工企业之间紧密结合，提高大豆加工产品品质稳定性、加工层次、产品附加值等问题。

建立健全大豆生产、加工、仓储、物流等各环节生产规程和产品评价标准，提高全产业链标准化生产水平。加快产地环境、原料标准、储运保鲜、加工工艺、分等分级、品牌打造等关键环节标准系统整合。通过开展大豆全产业链标准的制定，构建从田间到餐桌的“全产业链”，巩固和提升国产大豆的市场竞争力，实现大豆的原料专用化、生产标准化、特征标识化、产品身份化、经销品牌化。

二、大豆加工产业链延伸，精深加工水平提高

通过加大关键共性技术、核心装备、重大产品创制的研发，着力推动大豆加工向功能性食品、保健品、药品等高附加值产业延伸。对大豆蛋白加工副产物豆渣和豆清水进行综合利用、绿色开发，建立膳食纤维、多糖、大豆低聚糖、异黄酮、磷脂、β-淀粉酶、胰蛋白酶抑制剂等的级联制备技术。通过靶向递送、纳米包埋、生物合成，高效富集制备大豆中的异黄酮、功能性膳食纤维、低聚糖、大豆皂苷等成分，深入研究其作用机理以及调控靶点，研发针对不同人群的高附加值系列营养健康产品，提高产品的附加值，满足不同人群的营养健康需求。同时，要积极引导大豆加工中蛋白质和大豆功能性食品的消费，通过这些来拉动大豆加工中副产品的消费，从而拉动内需，促使大豆加工全产业链的延伸和精深加工及大豆综合利用水平的提高。

三、大豆加工企业规模化和集团化发展

近年来，随着新技术和新装备的应用，我国大豆加工产业日新月异，曾经遍布城乡传统的、落后的小作坊或小规模的大豆加工企业逐渐退出市场，正在被规模化、标准化和现代化的加工企业所取代。大豆加工存在明显的规模经济，大豆初级加工产品及其分离出的副产品进入再加工程序，增加附加值，加工企业的集团化可以较好地解决加工中各种产品的衔接问题，拓展经营规模，做大做强，提高食品工业的生产集中度。鼓励和推动企业通过并购、重组、联合等方式，加速加工企业的规模化和集团化发展，有利于国内大豆加工企业具备雄厚的资金、先进的技术以及全产业链控制的能力，掌握大豆国际贸易的控制权，提高对抗风险的能力。能使优势企业“走出去”，开拓国际市场和到国外设厂，打造世界食品知名品牌。

专题五 2021年花生产业技术发展情况

第一节 产业现状与发展成效

花生是在全球范围内广泛种植的油料作物和食用植物蛋白来源作物。我国花生产业在国际上的地位举足轻重，供给侧结构改革，为我国花生产业的发展提供了新机遇。我国花生加工业总产值约为1 500亿元，规模居世界之首，是印度花生总产值的5倍，美国花生总产值的6倍。随着花生加工技术水平的不断提升，各类花生食品大量涌现，花生食品加工的比重逐年上升，已接近40%。随着人们对营养健康产品需求的不断提高，花生食品必将成为未来花生加工业发展的新趋势，发展我国花生食品产业，还需要产业界的共同努力。

一、2021年花生加工产业发展概况

中国花生产量和加工产业规模居世界之首。据农业农村部统计，2021年度中国花生总产量1 820万t，居世界首位。榨油和食用是中国花生加工的主要用途，2021年榨油用花生总量达1 015万t，占花生总产量的55.77%；食用花生总量预计达755万t，占花生总产量的41.48%，饲用花生总量110万t。2021年中国花生油产量325万t（USDA，2021）。

花生是我国具有国际话语权的优势农产品。2021年中国花生进口量110万t，同比增长9.1%，出口量50万t，同比降低23%，进出口贸易总量居世界首位，占比25.7%，同时中国由花生净出口国逐渐转变为位居世界第1的花生进口大国。2021年中国花生油进口量30万t，出口量1万t（USDA，2021）。中国是世界花生和花生油最大的生产国，但国内的花生油和花生产量依然不能满足国内的需求，花生油的进口量依然排在世界第1位（专题图5-1和专题图5-2）。

花生是我国经济效益相对较高的油料作物，特别是高油酸花生，种植效益更高，农民有种植意愿。我国种植花生的主要产地为山东、河北、河南3省，江

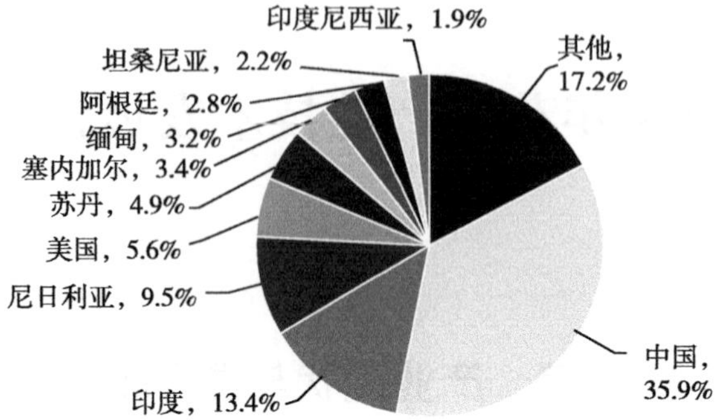

专题图 5-1　2021 年世界花生产量前 10 名

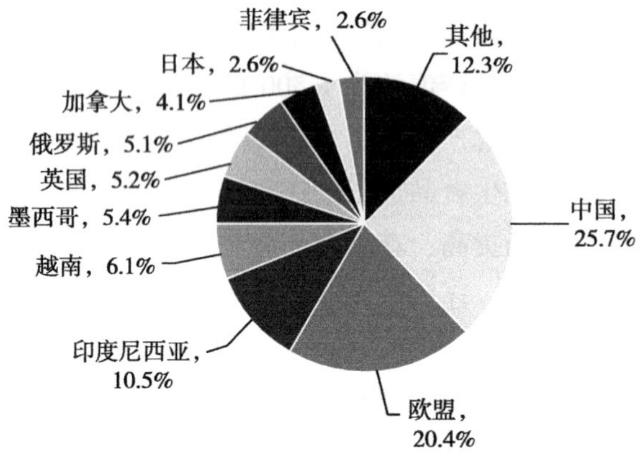

专题图 5-2　2021 年世界花生进口量前 10 名

苏、安徽、辽宁、四川、湖北和闽粤桂沿海一带也是重要产区。山东省花生的种植面积约占全国的 1/4，产量约占全国的 1/3，居全国第 1 位。山东省莱西市出产的花生量大质优，每年直接出口量占全国出口量的 12%以上。花生产量高，油脂和蛋白质含量高，是优质的食用油和植物蛋白来源，发展花生生产对保障国产食用油和蛋白供给具有重要意义。2021 年中央一号文件提出要多措并举发展花生等油料作物，目前在新疆的次宜棉区和北方农牧交错、风沙干旱的玉米非优势产区，花生还有通过改种和轮作扩大面积的潜力，随着科技不断创新和绿色高效生产技术的推广应用，“十四五”及中长期，新增花生种植面积 800 万亩以上，到 2025 年，力争花生种植面积达 7 500 万亩，产量达到 1 900 万 t，平均亩产提高到 255 kg。

花生产业链主要分为 3 个环节，分别是上游种植、中游贸易及加工、下游销售及终端消费。总体来看，花生压榨水平及工艺较高，食品加工水平有待提升。当前，致力于花生综合利用，大力开发花生食品，满足消费者消费需求，已成为花生食品加工的热点。花生制品包括煮花生（果、仁）、烤花生（果、仁）、油炸花生仁、咸干花生（果、仁）、裹衣花生（淀粉型、糖衣型、混合型）、花生类糖制品（酥松型、酥脆型、半软质型、蛋酥型）、花生蛋白粉、花生组织蛋白和花生酱（纯花生酱、稳定型花生酱、颗粒型花生酱）。2021 年受新冠肺炎疫情影响，花生市场需求疲软，外贸受阻。进口花生到港时间延后，使进口花生也承担着一定的风险，明显感受到旺季不旺的情况，国内花生市场震荡偏弱运行，在疫情大环境的影响下，花生制品需求量有所减少。春节前，东北、河北地区疫情反复，食品企业、内贸市场考虑影响春节成交走货；加之油厂收购油料米时间提前，收购价格偏强，导致参与者恐慌性集中备货，花生价格涨势不断。春节过后，进口米陆续到港，给国内花生造成一定冲击。加之终端需求转淡，走货速度放缓，需求方较为谨慎，国内花生价格一路下行。2021 年 1 月 1 日，花生通货米价格在 9 700 元/t，油料米价格为 9 300 元/t。随着国内医疗防护的提升，国内疫情得到控制，国内需求偏弱，国外疫情蔓延，国内花生出口受阻，花生价格大幅下跌。截至 2021 年 6 月 30 日，通货米较年初下跌 1 050 元/t，跌幅-10.82%。同比下跌 1 600 元/t，跌幅 15.60%，截至 2021 年 10 月 22 日，国内通货米均价为 8 820 元/t，与去年同期相比下调 1 030 元/t。

二、花生加工产业发展成效

（一）明确了花生品种加工适宜性，高油酸品种原料基地建设正在逐步推进

通过对花生原料开展花生加工特性与品质评价研究，能够明晰原料关键特性指标与产品品质间的关联机制，构建加工适宜性评价模型、指标体系与技术方法，按加工用途对我国花生品种进行科学分类，筛选加工专用品种，破解原料混收混用、产品品质差、产业效益低与国际竞争力弱的产业瓶颈。与普通油酸花生相比，高油酸花生加工品货架期长、更加有益人体健康，因此深受加工企业和消费者欢迎。用压榨的高油酸花生油不仅包含油酸的营养价值，同时富含包括维生素 E、甾醇、角鲨烯、白藜芦醇等在内的花生本身的营养价值。助力高油酸花生产业的发展，也为高油酸花生油的稳定供应奠定了重要基础，推进高油酸和加工专用花生品种基地建设，从源头出发提升产品品质，对于产业发展具有重要意义。

（二）丰富了花生产品种类并拓展应用领域，加强实现花生高值化加工利用

近年来全国花生产量逐年增加，如何将丰富花生产品种类并拓展应用领域，确保农民利益不受损失，同时开发出丰富的、有中国特色的花生食品引起业内人士的高度重视。目前我国花生食品主要是传统的油炸花生和烘烤花生，还需大力加强饼粕资源综合利用，开发高附加值花生蛋白系列产品，加强高水分挤压花生蛋白基肉制品、水煮花生、风味蛋白粉、零反式脂肪酸花生蛋白奶油等系列产品研发，开展加工适宜性评价技术及专用品种专用工艺研发，丰富我国花生食品种类，开创花生大量有效转化新途径，实现花生高值化加工利用。

（三）重视花生副产物综合利用，推动花生全产业链高质量发展

加工环节是损失浪费较重的一个环节，人们对花生副产物综合利用的重视程度也在逐渐加大，花生营养物质含量丰富，花生茎叶具有改善睡眠功效；花生壳中的木犀草素、黄色素具有消炎、降尿酸、抗肿瘤等多种药理活性；红衣多酚具有补血止血、抗氧化、抗肝癌等功效；花生根白藜芦醇可缓解心血管疾病，降低血脂，延缓衰老；高温压榨花生粕可用于加工绿色无甲醛胶黏剂。加快花生加工副产物综合利用技术的开发，有利于实现花生副产物绿色高值化利用，能够有效提高产品附加值，贯彻落实碳中和，助推乡村振兴，改善加工环节的损失和浪费，食品科技驱动减损增效，产业增值的潜力巨大。

第二节　重要技术发展情况

国内外专家开展了花生干燥与储藏技术装备、原料品质快速无损检测技术、花生酱的营养功效、高水分挤压组织化对花生拉丝蛋白品质的影响机制、鲜食花生营养品质评价技术、花生加工副产物综合利用技术如酸性可溶花生蛋白改性制备技术、花生豆腐制备技术及产品研发、花生蛋白基胶黏剂制备技术等研究。

一、花生产地干燥技术装备

在花生品种、收获期气候适应等基础上，美国主要采用干燥车进行的干燥的方式先进而有效。澳大利亚主要采用的两套花生产地干燥系统，南部昆士兰地区

主要采用干燥-仓储一体化干燥设施，阿瑟顿高原地区主要采用挂车式干燥装备等继续有效使用。应对阴雨天气下高水分花生果不霉变或产生毒素成为亟待解决的问题。国家花生体系花生产后干燥与储藏岗位团队研发了花生通风抑霉干燥技术及装备，提供了湿花生果收获后干燥降水、通风抑霉、安全存储的一体化解决方案，经试验效果良好。

二、花生品质快速无损检测技术

国外专家利用近红外、高光谱、拉曼、核磁共振等技术对花生等粮油原料的加工品质和适宜性进行快速分析和判断，开发便携式检测设备，提高检测效率，降低检测成本（Farber et al.，2020；Rizwana & Hazarika，2020；Tsirivakou，Melliou，& Magiatis，2020）。研究了基于机器学习和深度学习等新算法深度挖掘粮油原料的光谱和图像信息，构建原料品质预测模型，应用于品种选育和过程控制（Laborde et al.，2020；Su et al.，2021）。对比了基于代谢组学和质谱组学研究不同产地粮油原料的差异性，以及加工过程中的品质控制（Ch et al.，2021；Guo et al.，2020）。中国农业科学院农产品加工研究所王强研究团队（2020）构建了花生蛋白组分及其亚基含量近红外快速检测技术，研究基于近红外光谱技术，实现了对整粒花生进行球蛋白、伴球蛋白、23.5 kDa 和 37.5 kDa 亚基含量的同步、快速和无损检测，为育种专家加工专用品种选育和蛋白加工企业原料选用提供了根据。

三、建立了花生加工适宜性评价与提质增效关键技术

我国是世界第一花生生产与加工大国，但不是加工强国。长期存在原料混收混用、产品品质差、产业效益低的问题，其根本原因是尚未建立花生加工适宜性评价技术与科学分类方法，加工专用品种缺乏；缺少专用品种的专用加工工艺。针对上述问题，花生产业技术体系加工研究室王强团队揭示了原料关键指标与产品品质的关联机制，创建了花生加工适宜性评价理论体系与技术方法，实现了传统评价技术的革新。自主创制了高通量快速检测新技术新设备，首次按加工用途进行科学分类并筛选出花生加工专用品种，破解了混收混用的瓶颈。创建了专用品种的专用加工工艺，首次研发出原生初榨花生油等系列新产品，显著提升了品质与效益。

四、高水分挤压组织化对花生拉丝蛋白品质的影响机制

随着人们健康、生态、环保意识的增强，植物基肉制品部分替代动物肉已达成广泛共识，并已在中国打开市场（Sha et al.，2020）。研究者立足蛋白种类（Brishti et al.，2021；Mohamad Zahari et al.，2020；Yuliarti et al.，2021）和组分相互作用（Herrero et al.，2021；J. C Zhang et al.，2020）等来筛选适宜制备植物蛋白肉的原料和添加物，从原料前处理（Wang et al，2020）、调控酶（Zhang，et al.，2021）等角度探究揭示高水分挤压组织化加工原料适宜性分子机制，利用抗溶剂沉淀、机械拉伸、冷冻组织化等技术制备植物蛋白肉的研究也取得了重要进展（Mattice，et al.，2020；Yuliarti，et al.，2021）。同时研究者还聚焦于产品营养安全、风味保留、杀菌与储藏等方面（Guo，et al.，2020；Wehrmaker，et al.，2021）。中国农业科学院农产品加工研究所王强研究团队（2020）构建了新型植物基肉制品高水分挤压综合物理能量场及核心加工工艺装备链，揭示了纤维结构形成的分子机制，创建了国内外首个新型植物基肉制品“制备过程-蛋白结构变化-品质精准调控”可视化平台。立足平台建立了在线调色调味、一体化成型等系列关键核心技术，创制了植物蛋白素牛肚、素肠、素鸡块、素风干牛肉等颠覆性新产品 10 余个，攻克了高水分挤压法制备新型植物基肉制品质地和风味难以精准调控的难题。

五、花生黄曲霉毒素安全控制技术

黄曲霉毒素为花生质量安全的最主要风险因子，受到国内外专家的高度关注，国外专家研发了黄曲霉毒素快速检测、绿色防控和安全脱毒解毒技术，可有效控制花生及其制品黄曲霉毒素污染。针对黄曲霉合成调控，通过 PacBio 和 Oxford Nanopore 长读技术，结合 Illumina 短读测序技术，对黄曲霉 NRRL 3357 基因组的 8 条染色体进行了端粒到端粒的组装和重新注释，共预测了 13 715 个蛋白质编码基因（Skerker et al.，2021）；利用 RNA-seq 数据，预测的 5′和 3′非翻译区域得到了显著的改善，这些区域被纳入了新的基因模型。基于重组 *aflR* 基因免疫蛋白，研发了一种新型 ELISA 试剂盒，用于检测花生等食品中的 AFB_1，检测限<1 ng/mL（Hafez et al.，2021）；基于金纳米双锥体（AuNBPs）研发了一种用于无标签检测 AFB_1 的光电生物标记技术，检测在 0.1～25 nmol/L 范围内呈线性，

检出限为 0.1 nmol/L（Bhardwaj et al.，2021）。

国家花生产业技术体系加工研究室邢福国、刘阳等（2021）建立了一种基于重组酶聚合酶扩增（RPA）的快速、灵敏的花生黄曲霉现场快速检测方法。该方法可在环境温度（26 ℃）和体温（36 ℃）下 30 min 内完成检测，检测限为 10 个孢子/g 样品，特异性与实时 PCR 相当，该 RPA 分析方法在花生黄曲霉检测领域应用前景巨大；高效特异性样品前处理技术是高灵敏精准检测黄曲霉毒素的关键之一。

第三节　头部企业分析

在国内食用油消费对国际市场日益依赖、自给率快速下滑的今天，保护和发展国内花生产业不容懈怠。花生在我国大宗油料作物中自给率最高，在实现国家提出的力争食用油自给率 40%以上目标过程中担当着重要角色。因此，发展花生这一战略性产业，对于保障国家食物安全、保护民族油料产业和花生主产区农民的利益具有重要意义。具体企业分析如下。

一、山东中粮集团

中粮油脂旗下共有 30 家生产企业，遍布全国 13 个省份。年油料加工能力 2 035 万t，精炼能力 670 万 t，主要产品包括散油（豆油、菜籽油、棕榈油等）、粕类（豆粕、菜粕等）、包装油（中包装油、小包装油）、特种油脂等，年销售量约 2 100 万t。2020 上半年山东中粮集团经济指标稳步上升，产业逆势成长。据不完全统计，山东中粮集团产值、销售额及利润分别增长 52%、46%和 21%，花生日加工能力 600 t，食用油方面主要有“福临门”“鲁蒙”“福掌柜”“芝香汇”“香谷坊”等系列花生油、大豆油、菜籽油、调和油、芝麻油、棕榈油等多个系列的几十种各色油品。

二、山东鲁花集团

山东鲁花集团是一家致力于做高端食用油（花生油）引领者的民族企业、中国民族品牌、农业产业化国家重点龙头企业、花生油年生产水平 150 万 t，产品畅销全国30多个省（区、市），并出口多个国家和地区，2020年实现销售收入390亿元，市场占有率6.7%。独创了“5S”纯物理压榨工艺，重点突破了关键技术，即物理压榨技术，生香、留香技术，无水化脱磷技术，充氮保鲜恒温储存技术，彻底去除黄曲霉素技术。

三、益海嘉里

益海嘉里是国内重要的农产品和食品加工企业，旗下拥有“金龙鱼”“欧丽薇兰”“胡姬花”“香满园”“海皇”“丰苑”“金味”“锐龙”“洁劲100”等知名品牌。根据Chnbrand发布的2021年（第11届）中国品牌力指数（C-BPI）品牌排行榜，“金龙鱼”以731.2分第11年蝉联食用油品牌榜榜首，“胡姬花”“香满园”和“元宝”分列第5、第6和第9位。同时“金龙鱼”在C-BPI发布的大米、面粉品牌排行榜上位列第2，彰显了公司强大的品牌影响力。2021年9月16日，第4届中国质量奖颁奖仪式在杭州举行，公司荣获中国质量奖提名奖，也是本届中国质量奖入围名单中唯一一家粮油企业。此外，根据每日经济新闻每经智库联合清华大学经济管理学院中国企业研究中心编制的“2021中国食品饮料上市公司品牌价值榜”，公司以1 302.98亿元的品牌价值居于第2位。另据世界品牌实验室2021年最新数据，“金龙鱼”品牌价值约540亿元，是家喻户晓的综合食品品牌。

四、金胜集团

金胜集团主要经营项目及产品有：“金胜”牌花生油及系列植物油、花生类、瓜子类、核桃及豆类、花生蛋白粉类产品、花生红衣和葡萄籽提取物原花青素、银杏黄酮、茶多酚等保健品，年总产能200万t，恒温油库及仓储能力100万t。其中高油酸花生油、原生初榨花生油和煎炸专用调和油为公司主推系列高端油脂，其产品及生产工艺获得国家发明专利。中国农业科学院农产品加工研究所王强团队与山东金胜生物科技有限公司以花生茎叶等为原料，系统研究复配、提取、干燥等工艺对促睡眠功能因子含量、结构、功效（不含临床）的影响，开发具有促睡眠功效的营养健康产品。

第四节　产业发展存在的问题

一、花生品种加工特性有待明确，加工专用原料基地建设滞后

我国花生品种资源丰富，但长期以来未从加工适宜性角度进行原料特性与品质评价技术研究，缺乏加工专用品种，导致花生原料混收混用、产品品质差、产业效益低与国际竞争力弱，花生加工适宜性的分子机制有待进一步研究。与河南、河北相比，部分区域的品种更新慢，高油酸新品种、适宜加工的专用新品种面积较小、引进与推广力度不够。

二、花生食品种类少，缺乏专用原料专用工艺研发产品

目前我国花生食品主要是传统的油炸花生和烘烤花生，与欧美相比产品种类偏少。一方面，花生在烘焙食品、糖果、甜点等食品中的应用亟待加强；另一方面，缺乏具有中国特色的、适合不同消费需求的花生食品，如花生蛋白基肉制品（素肠、素牛肚等）、酸性可溶花生蛋白、花生豆腐、发芽花生，以及添加花生蛋白的馒头和面条制品。

三、花生副产物深度加工不够，综合利用程度低

我国花生榨油后的饼粕蛋白变性重、功能性差，甚至会有黄曲霉污染，以高温压榨花生粕为原料制备无甲醛胶黏剂等新产品，是实现花生资源有效转化利用的新途径，但目前尚未推广应用。同时，花生红衣多酚具有抑制肝癌等作用，花生茎叶提取物中的活性成分具有改善睡眠等功效，但目前也尚未得到开发利用。

第五节　产业发展趋势

一、明确花生品种加工适宜性，推进专用品种原料基地建设

开展花生加工特性与品质评价研究，明晰原料关键特性指标与产品品质间的关联机制，构建加工适宜性评价模型、指标体系与技术方法，按加工用途对我国

花生品种进行科学分类，筛选加工专用品种，破解原料混收混用、产品品质差、产业效益低与国际竞争力弱的产业瓶颈问题。高油酸花生油、花生加工制品货架期长、营养品质好，备受企业和消费者关注。推进高油酸和加工专用花生品种基地建设，从源头出发提升产品品质，对于产业发展具有重要意义。

二、丰富花生产品种类并拓展应用领域，实现花生高值化加工利用

近年来全国花生产量逐年增加，如何将花生大量转化，确保农民利益不受损失，开发出有中国特色的花生食品引起业内人士的高度重视。加强花生蛋白基肉制品、水煮花生、风味蛋白粉等系列产品研发，开展加工适宜性评价技术及专用品种专用工艺研发，丰富我国花生食品种类，开创花生大量有效转化新途径，实现花生高值化加工利用。

三、重视花生副产物综合利用，推动花生全产业链高质量发展

花生营养物质含量丰富，花生茎叶具有改善睡眠功效；花生壳中的木犀草素、黄色素具有消炎、降尿酸、抗肿瘤等多种药理活性；红衣多酚具有补血止血、抗氧化、抗肝癌等功效；花生根白藜芦醇可缓解心血管疾病，降低血脂，延缓衰老；高温压榨花生粕可用于加工绿色无甲醛胶黏剂。实现花生副产物绿色高值化利用，能够有效提高产品附加值，贯彻落实碳中和，助推乡村振兴。

专题六 2021 年油菜加工产业发展情况

第一节 产业现状与发展成效

2021 年我国菜籽与菜籽油总产量呈现双增长，同比增加 3.8%和 2.0%；菜籽油消费需求略有涨幅，同比增长 0.7%；相应地，菜籽油进口量也同比增长 21.9%；而菜籽进口量则下降，同比减少 27.7%。2021 年菜粕总产量为 944.2 万 t，同比增长 3.3%；进口量为 196.7 万 t，同比降低 3.0%。2021 年我国菜籽压榨能力稳定增长，同时呈现国产菜籽压榨利润反超进口的趋势。国家市场监督管理总局、国家标准化管理委员会修订颁布了新国标《菜籽油》（GB/T 1536—2021），已于 2022 年 5 月 1 日实施，将提升行业技术整体水平，促进我国油菜加工业的健康发展和进步。

一、2021 年油菜加工产业发展概况

2021 年我国油菜生产仍稳中增长，菜籽油消费需求略有涨幅。2020/2021 年度，菜籽产量为 1 400 万 t，比 2019/2020 年度增长 3. 82%；菜籽油总产量为 616.2 万 t，同比增长 2.04%；菜籽油消费总量为 820 万 t，同比增幅为 0.66%；菜粕总产量为 944.2 万 t，比 2019/2020 年度增长 3.33%（专题图 6-1）。

2020/2021 年度，我国菜籽进口总量为 185 万 t，同比减少 38.27%；菜籽油进口量为 236.5 万 t，同比增长 21.91%；菜粕进口总量为 180 万 t，同比降低 8.49%。2020/2021 年度（专题图 6-2），我国菜籽油出口总量为 0.2 万 t，同比降低 50%；菜粕出口总量为 0.5 万 t，同比降低 64.29%。

二、油菜加工产业发展成效

一是菜籽压榨能力稳定增长。我国规模以上油菜籽加工企业 400 余家，全年

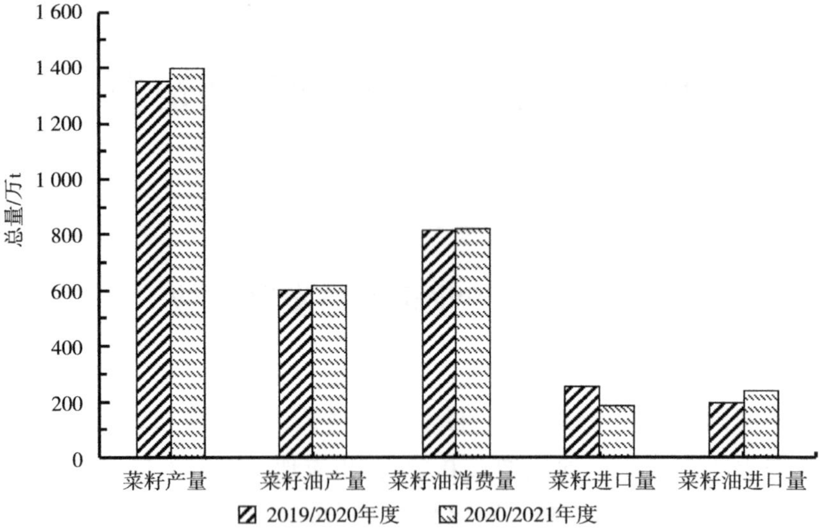

专题图 6-1　我国菜籽及菜籽油 2019—2021 年度情况

（资料来源：美国农业部）

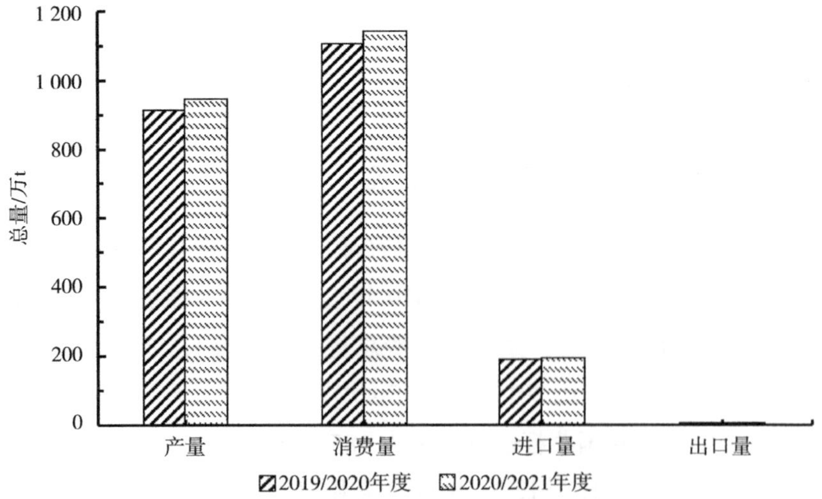

专题图 6-2　我国菜籽粕产量、消费量及进出口量

（资料来源：美国农业部）

压榨能力 5 000 万 t，其中日压榨能力在 1 000t 以上的企业有 40 余家，年加工能力超过 1 800 万 t。目前我国油菜籽年产量为 1 400 万 t 左右，但考虑国内菜籽收购和加工季节性较强，大部分企业年加工时间在 6 个月左右，国内菜籽压榨能力过剩情况并不严重。另外，布瑞克农业数据库公布的最新数据显示，2021 年第三季度国产油菜籽压榨利润平均 29.73 元/t，进口油菜籽的压榨利润平均亏损为 21 元/t，呈现国产菜籽压榨利润反超进口的趋势，这也是最近几年国内菜籽压榨能力继续提升的原因所在。

二是高品质菜籽油绿色高效加工新技术促进了油菜籽产地加工技术的转型升级和提质增效。新技术具有轻简、绿色、低耗、高效等显著优点，其投资省、回报率高、加工成本降低 30%以上，增效 30%以上，且菜籽油产品的营养功能和感官品质显著提高，实现了生产零排放的绿色加工；突破了油菜籽绿色、低耗、高效与高值化加工的技术瓶颈，为油菜籽现行的高耗、低效的热榨-浸出-化学精炼“过度加工”工艺和“土榨油”工艺的升级换代，实现资源节约、环境友好和产品高质化提供了新技术、新途径。目前该技术在全国油菜主产区推广应用超过 35 家，累计取得社会经济效益 30 亿元以上。融合高品质菜籽油加工技术与优良品种、绿色高效栽培等技术，开展了油菜全产业链绿色高效技术的规模化示范与应用，创建了可推广、可复制的基于县域乡镇农业新型合作社、家庭农场或企业为主体的油菜种、产、加、销全链条高质量、高效、高生产的产业化经营模式，带动了农民产地就近就地就业，提高了农民收入，打造了中国特色的功能型、效益型、生态型与三产融合油菜产业发展新模式和新业态，为乡村振兴、脱贫攻坚做出了突出贡献。

三是菜籽油国家标准修订颁布。菜籽油是国产第一大食用油，现行的国家标准还是在 2004 年发布的，已落后于行业发展实际需求。2021 年，国家市场监督管理总局、国家标准化管理委员会批准发布了新国标《菜籽油》（GB/T 1536—2021），将于 2022 年 5 月 1 日实施。菜籽油新国标的实施将利于规范市场，保护消费者、生产者等多方共同利益，有助于产业节能减排和资源充分利用，提升行业技术整体水平，从而促进我国油菜加工业的健康发展和进步。

第二节　重要技术发展情况

一、基于物理场的菜籽细胞破壁膨化制油技术

针对现行油菜籽加工工艺高温长时、产品质量效益低、资源利用效率低和安全、环境隐患突显等问题，基于微波物理场细胞反应器原理，创建了以清理精

选、微波破壁提质生香、低温压榨和物理精炼为核心的新型制油技术。该技术通过微波厌氧钝化油料脂肪氧化酶、芥子酶等内源酶，避免功能脂质氧化和风险因子产生；同时，热促油菜籽中抗营养因子芥子酸及其衍生物高效转化为高功能活性的多酚（Canolol），促进美拉德反应，显著改善风味，并使油料细胞中水分子汽化、膨胀，高效破坏细胞结构，有利油脂、维生素 E、甾醇等脂类伴随物释放溶出。新技术实现了油脂轻简、绿色、低耗、高效、高产、高质和智能的产地化加工制备。较色拉油热榨技术，工序减少 50%以上，设备投入减少 30%以上，产品维生素 E、甾醇和多酚等功能活性成分保留率显著提高，达 90%以上。毛油物理精炼脂质损失率降低 60%以上，避免了油脚、皂脚、废水等产生，实现“三废”零排放。同时，饼粕质量显著提升，有效氨基酸保留 98%以上、氮溶解指数提高 20%以上。

二、脱毒菜籽蛋白和多肽高效制备新技术

针对菜籽饼粕的利用率低、难度高、产品附加值低等突出产业问题，通过菌种和酶制剂筛选，发明了混合菌种固态发酵、菌酶协同作用制备菜籽蛋白多肽技术。研制出了菜籽饼粕固态发酵设备，明确了菜籽饼粕菌酶协同发酵的关键点，固态发酵不仅能显著提升多肽的生物活性和理化特性，还能使硫苷降解率达 67.8%。酶菌协同发酵可使产品多肽含量达到 18%以上，较发酵前提高 4.5 倍，硫苷等抗营养因子含量降低 88.5%，创制了高效制备脱毒菜籽蛋白和多肽的新技术，突破了菜籽蛋白/肽发酵周期长、成本高、品质低的生产工艺瓶颈。

研究揭示了菜籽蛋白分子结构对功能特性的影响规律，建立了菜籽蛋白超声、酰化和反胶束等改性技术，开发出多种菜籽蛋白/肽生物活性产品，攻克了菜籽蛋白/肽应用面窄的难题。主要突破超声波辅助反胶束技术提取饼粕中蛋白质，筛选并构建提取率与因素之间的数学模型，提取率可达 88.1%，解决了传统碱溶酸沉提取工艺需要加入大量酸和碱成本高、产品纯度低等难题；双酶法优化了菜籽 napin 蛋白提取工艺，纯度大于 85%，超声辅助物理混合处理可有效改善菜籽 napin 蛋白的消化性，探明了二硫键含量与构象变化对菜籽蛋白消化性的影响规律；利用乙酰化菜籽分离蛋白通过自组装设计多功能纳米载体复合物用于药物和营养素的靶向递送，成功实现了药物/营养素的靶向可控释放，实现了菜籽蛋白在生物材料方面的应用。

第三节　头部企业分析

一、中粮集团油脂专业化公司

中粮集团以农粮为核心主业，聚焦粮、油、糖等品类。2021 年，整体营业总收入超 6 000 亿元，利润总额超 230 亿元，创历史新高。中粮集团是中国油脂加工行业领导者之一。中粮油脂主要业务包括大宗业务（散油、粕类）、品牌业务（中包装、小包装油）、油脂化工和特种油脂。旗下共有 30 家工厂，分布在 13 个省（区、市），年压榨能力 2 185 万 t，精炼能力 670 万 t，灌装能力 440 万 t，形成了东部沿海、中部沿江、西部内陆的产能布局。中粮油脂是“福临门”牌小包装油、“福掌柜”牌中包装的生产商，还拥有“四海”“喜盈盈”等多个知名粕类品牌。

“十三五”期间，中粮集团定下了“市场化、国际化、防风险、高质量”的工作主线，推进了资产的整合优化以及核心主业做强做大。2021 年，中粮的油脂加工等核心主业投资占比达 65%。在国际化方面，中粮集团在全球持续布局，构建起集收储、加工、物流、销售贸易、分销于一体的全球产业链，连接起了全球粮食主产区和亚洲新兴市场，形成了一定的全球配置能力。

二、道道全粮油股份有限公司

道道全粮油股份有限公司是一家集食用植物油及其相关副产品生产、科研、贸易、仓储、物流于一体的综合性油脂加工企业。公司资产总额 30 亿元，是国内第一家以菜籽油加工为主的上市公司。2021 年前三季度，公司营业总收入为 35. 77 亿元。公司旗下拥有“道道全”等食用油知名品牌。道道全粮油股份有限公司组建了国家油菜籽加工技术研发分中心、企业院士工作站、省级企业技术中心、岳阳市工程技术研究中心等一批科研平台，拥有冷冻脱蜡、氮气定量检测等一批发明专利技术，独创的冷冻脱蜡、充氮保鲜等专利技术使得“道道全”品牌产品拥有极高的市场口碑。按照公司企业规划，将进一步加大研发投入，逐步实现由传统加工向智能制造的转型升级与创新发展，将创新研发放在更加重要的位置，以在菜籽油行业取得更大的突破。

第四节　产业发展存在的问题

一、优质菜籽油标准缺失及科普不够

目前已有菜籽油相关标准，但是总体缺乏综合考虑油脂的脂肪酸组成、脂类伴随物、风险因子和色香味形等品质指标且满足国民健康需求的中国“好油”标准，进而导致营养成分损失80%以上的菜籽色拉油和存在安全隐患的土榨油成为市场的主流产品，而以生产高品质菜籽油及其功能产品的新型加工技术发展缓慢，未能充分发掘菜籽油和相关产品的营养价值、市场潜力及产业效益，更无法满足人民日益增长的健康消费需求。

同时，公众对菜籽油的优异品质认知不足，宣传力度不够。在优质菜籽油品牌建设缺失的情况下，市场中广泛宣传的“色拉油”对公众消费选择产生误导，低价的“色拉油”与国产双低优质菜籽油形成同质竞争。事实上，双低菜籽油是最健康的大宗食用油，其营养品质超过被人们视为高端油品的茶油和橄榄油，但由于公众认知不足，双低菜籽油“优质”未能实现“优价”，造成食用植物油市场的“劣币逐良币”现象。

二、菜籽加工共产物综合利用率低

油菜饼粕主要作为低附加值的产品利用，如饲用、肥用等途径，其中饲用占96%以上，因此加工增值率低的困局至今仍未突破。菜籽饼粕具有蛋白含量高的优势，目前欧盟已经批准菜籽蛋白应用于食品领域，因此可以考虑开发浓缩/分离/组织蛋白、多肽、多糖、膳食纤维等精深加工产品。但在传统的产业模式下，很多企业由于技术储备不足、资金等限制未能突破菜籽饼粕的高值化利用。随着国内消费市场规模不断壮大，并伴随着消费升级转型，深加工产品的国内外市场前景非常广阔，可以支撑整个油菜产业发展的空间。因此，国内企业亟须提高科技创新能力，走产业链一体化、产品高值化及多元化的道路，大幅提高加工利润、抗风险能力和竞争力。

第五节　产业发展趋势

一、明确油菜加工品质特性，推进加工专用品种发展

为满足消费者的多层次需求，国内高含油、高油酸、菜用、花用等油菜品种也逐渐进入市场。目前油菜加工特性和品质评价研究相对滞后，因此明晰油菜原料关键特性指标与产品品质间的联系，构建科学的油菜加工适宜性评价体系尤为重要。通过加工途径对品种进行分类，筛选加工专用品种，可解决油菜加工产业效益低和竞争力弱的难题。优质加工专用品种原料有利于实现产品差异化发展，突破长久以来菜籽加工产品单一且同质化严重的问题，同时也促进产业链延长，加工增值率进一步提高。油菜专用品供能力将进一步得到发展，极大地促进油菜加工行业发展，也会带动油菜种植产业发展。

二、油菜多用途开发利用拉动产业发展

更加重视“全价值链挖掘、全产业链梯次与多元化开发”的发展思路，挖掘油菜油用、饲用、菜用、花用、蜜用、休闲观光和健康养身等功能，实现从种植、收购、储存、运输、产地加工、消费与“互联网+”线上线下营销一体的多功能价值链开发，加快我国油菜产业向功能型、效益型、生态型的转型升级。其中采用绿色高效制油加工新技术，可生产具有预防心脑血管疾病作用的功能型菜籽油；开展菜籽饼粕高值化利用研究，开发新型蛋白制品；研发高端功能型油菜芽和油菜薹，增加富硒和富维生素蔬菜产品的供给；通过优质原料与先进加工技术相结合，形成中国特色的油菜加工系列产品，与进口菜籽、菜油形成差异化，对进口菜籽或菜油形成技术壁垒，有利于提高国产油菜籽和油菜产品的国际竞争力；在交通便利地区及城市周边，结合当地人文资源，举办油菜花节，发展旅游业，实现多产融合后的效益最大化。

专题七 2021 年肉品加工产业发展情况

第一节 产业现状与发展成效

肉品在我国居民的饮食结构中占有很高的比重，我国一直是世界肉类生产和消费大国。受非洲猪瘟疫情及新冠肺炎疫情的严重影响，2019 年和 2020 年我国肉类产量仅为 7 759 万 t 和 7 748 万 t，2021 年重新恢复至 8 887 万 t，同比增长 14.7%，占联合国粮农组织预测的世界肉类产量 3.527 亿 t 的 25.20%（专题图 7-1）。我国肉品加工业在引领三产融合发展、推进乡村产业振兴中发挥重要作用，已逐渐发展成为重要的经济支柱产业和民生产业。

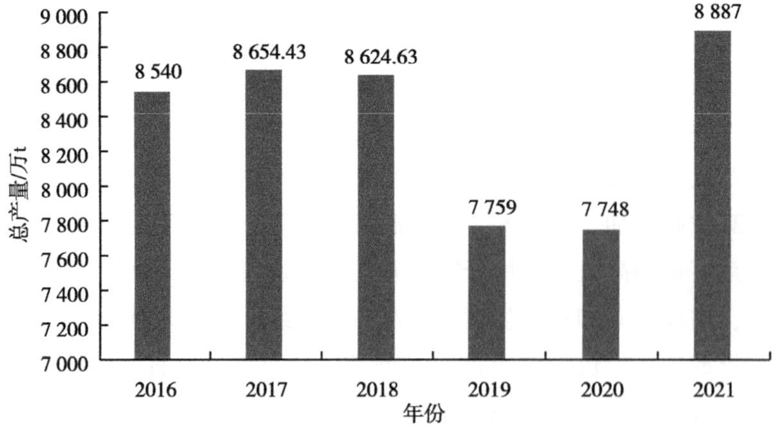

专题图 7-1 2016—2021 年全国肉类总产量

一、2021 年肉类产业发展概况

1. 生猪产能释放后产量迅增

2021 年，我国生猪行业整体防控水平提升，非洲猪瘟的影响持续减弱，随

着生猪扶持优惠政策的进一步落实，生猪出栏数量的大幅增加，已基本恢复到 2018 年非洲猪瘟以前的水平。2021 年全国生猪出栏 67 128 万头，比上年增加 14 424 万头，增长 27.4%；猪肉产量 5 296 万 t，增加 1 183 万 t，增长 28.8%（专题图 7-2）。

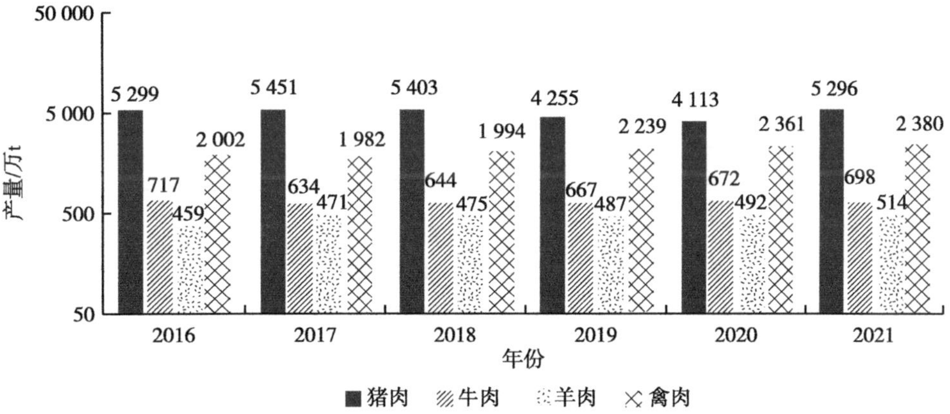

专题图 7-2　2016—2021 年猪、牛、羊和禽肉产量

2. 牛羊肉产量稳步增长

2021 年，全国肉牛出栏 4 707 万头，比上年增加 142 万头，增长 3.1%；牛肉产量 698 万 t，增加 26 万 t，增长 3.9%。全国羊出栏 33 045 万只，比上年增加 1 104 万只，增长 3.5%；羊肉产量 514 万 t，增加 22 万 t，增长 4.5%。2021 年，我国羊肉产量首次突破 500 万大关（专题图 7-2）。

3. 禽肉产量创历史新高

2021 年，全国家禽出栏 157.4 亿只，比上年增加 1.7 亿只，增长 1.1%；禽肉产量 2 380 万 t，增加 19 万 t，增长 0.8%（专题图 7-2）。2019—2021 年，家禽出栏量、存栏量、禽肉产量连续 3 年刷新历史最高纪录。

4. 进出口表现平稳

进口方面，2021 年全年共进口肉类 938 万 t，比 2020 年减少约 53 万 t，下降 5.4%（专题图 7-3）；出口方面，2021 年中国出口肉类 35 万 t，同比增长 11.8%。猪肉、禽肉进口量下降，牛羊肉仍持续增长。

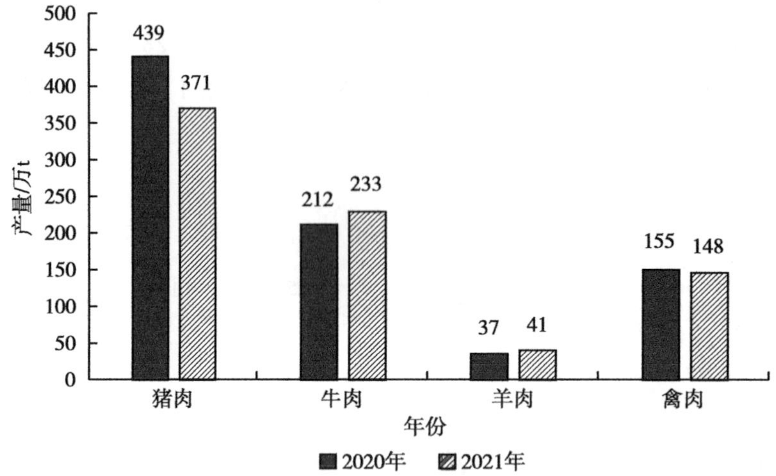

专题图 7-3　2020—2021 年中国猪、牛、羊和禽肉进口量

二、肉类加工产业发展概况

1. 肉类加工业区域布局进一步集中

在国家和各省市政策的推动下，我国肉类加工业区域布局进一步集中，个体屠宰户和小型屠宰场逐渐减少，行业内逐渐形成畜禽屠宰和加工优势区域。生猪屠宰加工集中在四川、河南、湖南、山东、湖北、云南、河北、广东，产量占全国的 56. 5%；肉牛集中在山东、内蒙古、河北、黑龙江、新疆、吉林、云南、四川、河南，产量占全国的 65. 6%；肉羊集中在内蒙古、新疆、山东、河北、河南、四川、甘肃、云南、安徽，产量占全国的 69. 3%；禽肉集中在山东、广东、辽宁、广西、安徽、江苏、河南、四川，产量占全国的 55. 3%。此外，畜禽产业带逐步形成，区域化管理加强，产业形成相应联动。从肉类产业区域经济来看，已逐步形成以长江中下游为中心向南北两翼扩散的生猪生产带，以中原和东北为主的肉牛生产带，以西北牧区和中原及西南为主的肉羊生产带。

2. 肉类产业现代化建设步伐加快

我国肉类产业现代化建设取得了新进展，规模化和现代化水平逐步得到了完善，畜禽养殖主体格局发生了深刻变化，小散养殖场（户）加速退出，规模养殖快速发展，呈现龙头企业引领、集团化发展、专业化分工的发展趋势，组织化程度和产业集中度显著提升。2021 年全国畜禽养殖规模化率接近 70%，畜牧业劳动生产率、科技进步贡献率和资源利用率明显提高。2021 年全国有 24 家企业生猪销量超过 100 万头，合计销售生猪（含商品猪、仔猪、种猪）1.41 亿头。扣除仔猪、种猪销量，24 家企业商品猪出栏量在 1.35 亿头左右，约占全国商品猪出栏总量的 20%。生猪屠宰行业整治深入推进，畜禽运输和智慧冷链物流配送网络逐步建立完善，加工流通体系持续优化升级。

3. 肉品加工业市场发展规模显著提升

近年来，我国肉制品行业市场规模发展较为稳定，2018 年达到 17 920 亿元，同比增长 6.09%；2019 年中国肉制品行业市场规模达到 19 003 亿元左右，同比增长 6.04%；到 2020 年前三季度，我国肉制品行业相关上市企业中，双汇发展实现营收 193.9 亿元，同比增长 17.1%，净利润达到 18.97 亿元，同比增长 22.9%；龙大肉食实现营收 181.09 亿元，同比增长 66.53%，净利润增幅最大，达到 6.14 亿元，同比增长 299.62%；金字火腿实现营收 4.86 亿元，增幅达到 188.97%，净利润为 0.93 亿元，同比增长 94.79%。畜禽肉制品加工已逐步形成产业体系，具有先进生产方式和高度规模化水平，产品深受消费者青睐，发展前景广阔。

4. 城乡居民肉类消费量逐年递增

中国经济保持了持续健康的发展趋势，经济增长速度始终居于世界前列。随着经济快速发展和居民收入持续增加，国内居民肉类消费将随居民收入水平同步快速增长。2021 年，全国居民人均消费支出 24 100 元，其中肉类消费支出占总支出的 4.15%。猪肉是我国居民的第一大肉类消费品类，虽然猪肉需求受到非洲猪瘟影响有所下降，根据国家统计局数据，截至 2020 年底我国人均猪肉消费量仍达到 18.20 kg，占居民人均肉类消费量比例的 73.42%。

三、肉类加工产业发展成效

1. 非洲猪瘟助推行业集中度快速提升

在非洲猪瘟影响下，政府限制活猪跨省调运（中南 6 省区，禁止活猪调运政策自 2020 年 11 月 30 日之后，开始实施。全国其他省份有望后继执行），鼓励实现就地屠宰，部分消费地的屠宰场需要关停。“调猪”到“调肉”模式的转变，要求长距离长时间的冷链运输，增加了在冷链运输和销售网络方面的投入，引进先进的生产设备和研发冷分割加工工艺，中小型屠宰场加速退出已是趋势。2020 年底我国生猪规模以上屠宰企业屠宰量占全国的 70%左右。

2. 新冠肺炎疫情促使肉制品日趋功能化、健康化

2020 年，突如其来的疫情让营养和健康成为消费者密集关注的焦点，这种健康意识已经渗透到生活的方方面面，尤其体现在人们对食物的选择上。随着“健康中国”上升为国家战略，健康消费必将成为消费升级新“风口”。“四减”肉制品，即减盐、减糖、减脂、减危害物肉制品的开发已经成为焦点。据报道，金锣火腿拥有“低脂”“高蛋白”“膳食纤维”三大健康标签的“金锣健食力低脂纤维+”在此次“宅经济”和“复工经济”中的表现抢眼，营养化、健康化、功能化肉制品有望成为肉制品的主流。

3. 疫情+冷链，预制菜行业迎来风口

由于新冠肺炎疫情的影响以及冷链技术水平的逐步完善，预制菜行业在餐饮和居家消费的推动下迎来行业风口。2020 年我国预制菜行业市场规模达 2 527 亿元，2021 年我国预制菜市场规模预估为 3 459 亿元，同比增长 36. 88%。随着消费升级以及冷链物流布局，预制菜市场将向 B 端、C 端同时加速发展，之后将以 20%的增长率逐年上升。目前，预制菜的消费市场主要集中于一二线城市（一线城市占比 45. 7%，二线城市占比 19. 8%），用户主要以中青年群体为主，超过八成用户年龄位于 22~40 岁，其中 31~40 岁用户占比为 46. 6%。80 后、90 后主导的主力消费人群对市场新鲜事物的接受度高，且拥有强劲的购买力。

第二节　重要技术发展情况

2021 年，肉品科研聚焦前沿基础理论和技术，在蛋白质翻译后修饰互作影响生鲜肉品质机理、冷鲜肉精准保鲜数字物流关键技术及产业化、传统熏烧烤肉制品绿色工业化加工关键技术、中式菜肴工业化加工关键技术等领域，取得了突破。

一、蛋白质翻译后修饰互作影响生鲜肉品质机理

明确了肌原纤维蛋白乙酰化负向调控嫩度，肌球蛋白重链和肌动蛋白乙酰化通过抑制其磷酸化抑制肌动球蛋白解离，阐明了蛋白质乙酰化通过影响蛋白质磷酸化调控肌动球蛋白解离的肉品质调控机制。进一步解析了不同冷却速度对宰后僵直、新鲜度与微生物组成的影响，发现超快速冷却处理促使大量钙离子快速释

放使肌节挛缩导致肌原纤维小片化指数迅速升高，提高 μ-钙蛋白酶活性而促进骨架蛋白降解与肌动球蛋白解离，最终抑制宰后僵直的机制，解决了传统钙蛋白酶理论的局限。

二、冷鲜肉精准保鲜数字物流关键技术

首次提出并确证了能量代谢酶控僵直保质新理论，为生鲜肉精准保鲜技术奠定基础；发明了超快速冷却和低压静电场辅助冰温控僵直保质、高阻隔包装靶向抑菌保鲜新技术，研制了 CO_2数字立体冷库、“云智冷”物联网监控平台和冷鲜肉多品质近红外监测仪等仓储物流技术与装备，构建了冷鲜肉加工技术和标准体系，冷鲜肉货架期可达 45 d，损耗降至 3%以下，整体节能 30%以上，服务肉类减损保供、国家冷链物流基地建设的国家战略。

三、传统熏烧烤肉制品绿色工业化加工关键技术

确证了 2-糠硫醇、糠醛、己醛等物质是传统熏烧烤肉制品的特征风味物质，绘制了我国传统熏烧烤肉制品风味地图；系统揭示了特征风味与杂环胺、多环芳烃等危害物消减协同的活性羰基调控机制。研发了熏鸡、烤鸭、烤羊腿色泽品质等级识别标准化色板，判别准确率 92%；研发了精准控温发烟的定量快速熏制、“过热蒸汽+”的连续化节能烤制技术，产品特征风味保持 95%以上，杂环胺、多环芳烃等加工危害物降低 40%以上；创新了具有抗菌特性的镀氧化铝、镀氧化硅高阻隔包材，研发了“高阻隔包材+”的传统熏烧烤肉制品包装技术，货架期达 12 个月，实现了低碳绿色、高效智能加工。

四、中式菜肴工业化加工关键技术

利用电场和磁场的双重作用，研发了冰温/超冰温保鲜储藏、低压高湿变温解冻、静电场辅助冻结解冻等技术；基于不同热处理（蒸制与煮制）条件，肉类菜肴的传质、传热的差异，明确了不同加热方式对肉类菜肴品质的影响，创新加热品质动态平衡；精准量化了生产常用的辣椒、花椒、桂皮、丁香等 15 种香辛料香气、滋味组分，阐明了与中式菜肴组分互作关系，解析了香辛料赋香/赋味效应；明确了中式菜肴风味逸散、失活机制，开发了工业化菜肴风味丢失控制技术；突破了中式菜肴加工的刀工、火候、调味 3 个数字化难题，创制了番茄炖

牛腩、螺丝椒炒肉、羊蝎子、土豆炖牛肉等系列产品，实现了中式菜肴的工业化加工。

第三节　头部企业分析

对我国肉类加工上市企业进行分析，选择全产业链企业河南双汇投资发展股份有限公司、山东得利斯食品股份有限公司和养殖屠宰企业牧原食品股份有限公司作为头部企业代表，进行详细分析。

一、河南双汇投资发展股份有限公司

1. 基本情况

河南双汇投资发展股份有限公司（简称“双汇发展”）成立于1998年10月，于1998年12月成功上市，主营业务为屠宰业和肉类加工业，经过数十年的发展，不断完善全产业链，目前公司业务已覆盖饲料业、养殖业、包装业等多领域，已成为我国肉类行业的龙头企业，是我国肉制品行业的佼佼者。

2. 经营模式

公司已经构建了覆盖线上、线下的全渠道销售模式，其中，线上销售以天猫、京东等平台为主，开设品牌旗舰店进行“双汇”“Smithfield”等系列产品的销售，线下以经销商代理为主进行销售。公司的经销模式分代理销售与直接销售。截至2021年末，公司共有经销商18 947家，对比年初净增加1 592家，增幅9.17%，其中，长江以南6 196家、对比年初增幅4.38%，长江以北12 751家，对比年初增幅11.66%；直销销售收入仅为123.2亿元，占比18.5%，较2020年有所上升，双汇发展销售模式以经销为主。

3. 销售业绩

2021年双汇发展实现营业收入666.8亿元，较2020年减少71.8亿元，同比减少9.72%（专题图7-4）。

2021年双汇发展营业收入的主要来源为生鲜产品，营业收入为390.7亿元，占营业收入比重的58.60%，其次为包装肉制品，营业收入为273.5亿元，比重为41.01%，其他产品收入仅为63.07亿元，占比为9.46%，公司内部行业抵消60.48亿元。同时，由于肉制品的毛利率远高于生鲜产品的毛利率，肉制品仍是

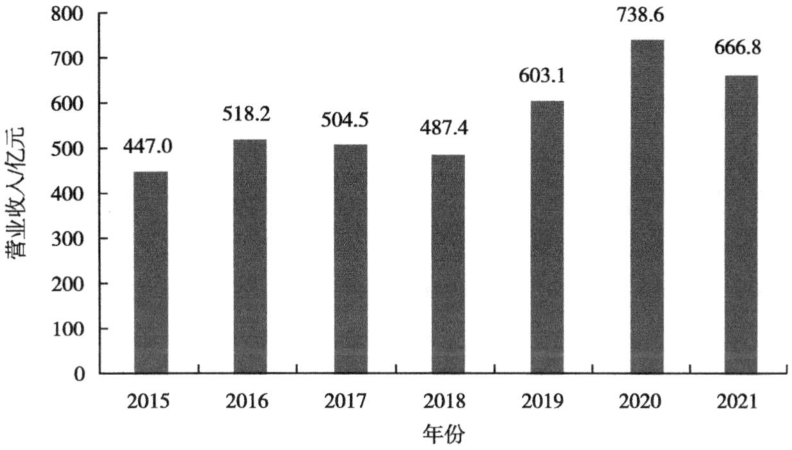

专题图 7-4　2015—2021 年双汇发展营业收入

公司利润的最主要来源（专题图 7-5）。

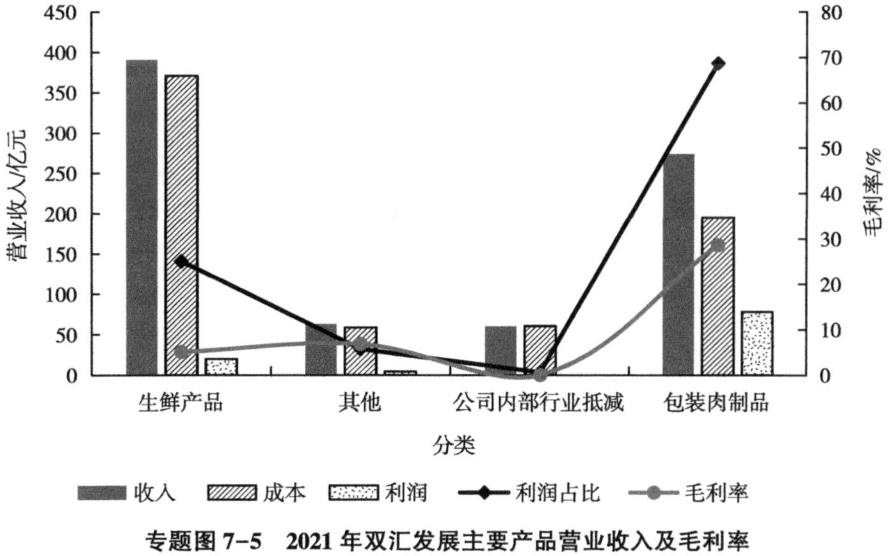

专题图 7-5　2021 年双汇发展主要产品营业收入及毛利率

2021 年双汇发展肉制品营业收入为 273.5 亿元，比上年同期减少 2.66%。2021 年公司肉制品毛利率为 28.62%，较 2020 年减少 0.02%，肉制品毛利率整体维持在 30%左右，处于较高水平。

二、山东得利斯食品股份有限公司

1. 基本情况

山东得利斯食品股份有限公司（简称“得利斯”）2010 年 1 月成功登陆深交所中小板，是以生猪屠宰、冷却肉、低温肉制品、调理食品加工为主的大型食品专营企业。公司立足屠宰业务，重点发展肉制品深加工业，以“大加工，小屠宰”的思路布局产能，现有屠宰产能 300 万头/年，山东、吉林基地以生猪屠宰、肉制品加工为主，北京、陕西基地以肉制品加工为主。

2. 经营模式

公司实行以销定产经营模式，采用直销与经销相结合的销售模式，辅以线上销售，产品销售以公司直营、大客户、经销商、专卖店及商超等方式为主，同时建立了较为完善的冷链物流配送体系。2021 年公司大客户、经销、直销、其他模式营业收入占比分别为 56. 03%、35. 21%、6. 36%、2. 40%。在肉制品业务上，公司经销商渠道占比较高，大客户渠道次之。2021 年公司经销商数量达 1114 家，经销商数量稳步增长，地区分布情况如专题表 7-1。

专题表 7-1　2020—2021 年得利斯在全国经销商分布

地区	2020 年	2021 年	增减变动数量
山东省内	635	697	-62
东北地区	98	51	47
华北地区	103	46	57
西北地区	40	40	0
华东地区	123	72	51
其他地区	115	44	71
合计	1 114	950	164

3. 销售业绩

2021 年得利斯实现营业收入 31. 30 亿元，较 2020 年减少 1. 51 亿元，同比减少 4. 60%（专题图 7-6）。2021 年得利斯营业收入的主要来源为食品加工业，营业收入为 30. 22 亿元，占营业收入比重的 96. 54%，其中冷却肉及冷冻肉营业收入为 17. 47 亿元，比重为 55. 82%，低温肉制品、牛肉系列产品和速冻调理产品营业收入分别为 3. 57 亿元、1. 78 亿元、2. 69 亿元，比重分别为 11. 42%、5. 67%、8. 61%。

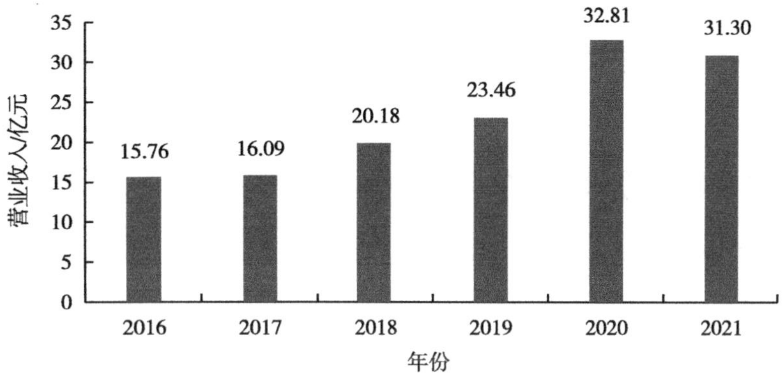

专题图 7-6　2015—2021 年得利斯营业收入

得利斯各类产品毛利率差异较大，加工程度较高的产品如低温肉制品、速冻调理产品的毛利率较高。2021 年低温肉制品、速冻调理产品毛利率分别为 25.31%、18.26%（专题图 7-7）。

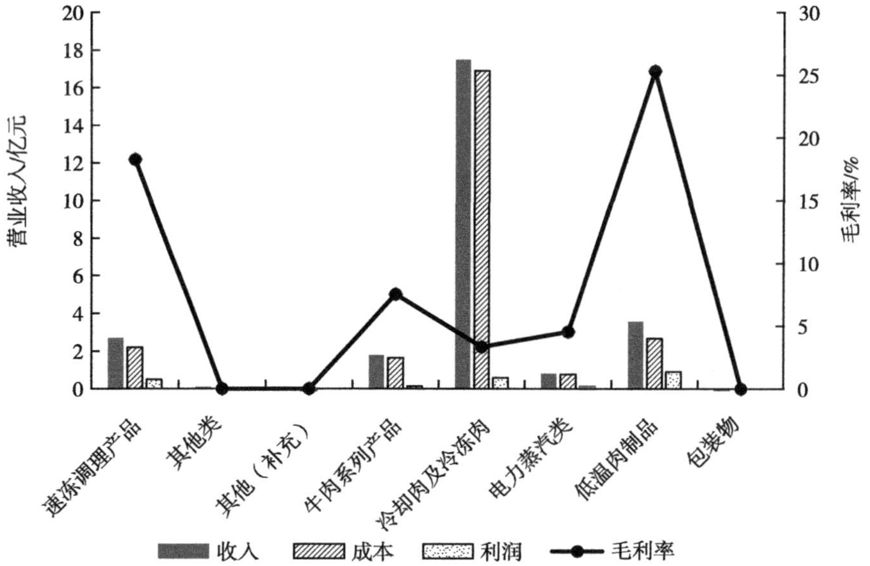

专题图 7-7　2021 年得利斯主要产品营业收入及毛利率

第四节　产业发展存在的问题

一、热鲜肉膳食模式科学认识和加工技术缺乏

我国肉类膳食模式与西方国家不同，热鲜肉是我国几千年来饮食文化的传承，也一直是我国居民肉类消费的主体。但我国居民对于热鲜肉的青睐“重经验”，对热鲜肉品质变化机制、保鲜技术、加工特性仍然缺乏科学的认知，这只能通过我国科研工作者去探索。针对热鲜肉显著存在的品质劣变快、货架期短的问题，亟须突破控僵直保质、靶向抑菌保鲜、数字冷链物流等理论与技术瓶颈。

二、全链条冷链物流保鲜技术装备缺乏

2020 年国家加速推进冷链物流产业发展，出台了《关于加快发展冷链物流保障食品安全促进消费升级的意见》《关于加快农产品仓储保鲜冷链设施建设的实施意见》《关于开展首批国家骨干冷链物流基地建设工作的通知》，2021 年 12 月又发布了《“十四五”冷链物流发展规划》，我国冷链物流基地、设施建设成效显著。但与此同时，我国肉类仓储物流过程中保鲜技术缺乏问题突显，仓储物流损耗高，亟须超快速预冷、冰温/超冰温保鲜、冷链物流精准控制、智能包装、冷链环境因子动态变化在线监控技术装备配套。

三、传统肉制品绿色化工业化加工技术装备缺乏

当前我国经济已由高速增长阶段转向高质量发展阶段，而肉制品是健康中国、强壮民族不可或缺的产业，高品质发展更是肉制品行业健康长效发展的重要保障。我国传统肉制品历史悠久、风味独特，是中华饮食文化的重要组成部分，随着肉制品工业化加工技术的突破、高利润的驱动和健康多元的消费需求，传统肉制品向自动化、连续化、智能化方向发展。但传统肉制品色香味保真技术、危害物靶向阻控技术、风味增益与危害物消减协同技术，无烟熏制、定量烧制、节能连续烤制等核心装备缺乏。

四、肉类产业人才培养滞后

肉类产业作为事关国计民生的劳动密集型产业，它的发展绝非简单的GDP与税收数据，更伴随着从农民工到大学生整体素质的提高。目前国内食品院系百余所，在读学子数以万计，但是真正了解产业的人不多，愿意从事食品产业或者肉类产业的人才更少。产业发展，教育先行，肉类产业的进步，技术是驱动力量之一，但技术不是唯一的，多元开阔的思维格局在很大程度上比探幽发微的技术能力更为重要，在了解理论技术的技术上还要结合企业运营实际，强化实践，不仅在技术层面，更要在管理层面发挥作用。

第五节　产业发展趋势

未来30年，绿色、营养、健康食品的可视化与体验将是我国肉品加工科技创新发展的必经之路。根据我国当前肉品加工产业实际、产业需求和发展趋势，营养健康化、美味优质化、方便快捷化、个性定制化、多元多样化、高端愉悦化、环保绿色化、自动智能化、集约高值化、人工生物合成化将是我国肉品加工科技创新的方向。

一、营养健康化

我国人均GDP已超过1万美元，高品质、营养健康肉品成为时代标志。通过肉品加工，生产出营养健康的功能性产品，可为疾病预防、应对老龄化、延长健康预期寿命提供保障，也是实现“健康中国”战略的坚实基础。

二、美味优质化

我国畜禽肉品质资源丰富，不同品种畜禽肉的品质各异，不同地区、不同消费人群对畜禽肉品质的需求也不同。构建优质肉评价技术，筛选各地区、品种肉的特征品质，可为消费者选择优质畜禽肉类提供依据，为打造“三品一标”特色农产品品牌提供技术支撑。

三、方便快捷化

随着互联网经济、大健康及服务业发展，即食、即餐、即热、即配的4R肉制品成为消费方向，创新肉类菜肴方便制品、休闲制品成为产业发展的必然趋势。配套肉类加工相关技术装备，形成成套生产模式，为消费者提供多种类型的肉类产品，满足快捷、休闲消费需求，是产业发展的重要方向。

四、个性定制化

为满足全生命周期营养需求和个性化消费需求，农产品加工以精准营养为基础，实现人体营养需求数据、饮食习惯数据、食物营养数据相匹配，通过精准制造、增材制造生产实现个性定制化食品。为此开发基于肉类功能特性的新产品，满足特殊人群、特殊医学用途、特定环境下对肉类产品的需求，成为未来发展的必然趋势。

五、多元多样化

随着人们生活水平的不断提高和生活节奏的加快，消费者的消费观念已经从最初对肉品的单一性需求，发展到对高品质、多元化肉与肉制品的追求。推动健康肉制品多元化创新，开发多样的肉制品已成为企业寻求发展的必然。

六、高端愉悦化

美食可以给食客带来视觉、嗅觉、味觉上的享受，随着全国居民人均可支配收入的提高，高端肉类不仅要满足消费者的味蕾，还要带给消费者愉悦的心情，欣赏美食、感受美食、享受美食，所以愉悦化是对农产品加工科技提出的一个新的要求。

七、环保绿色化

为了推进实现碳达峰、碳中和，必须加大低碳食品科技创新，从源头减少碳排放。研发清洁卫生屠宰加工新技术、高效低碳制冷新技术、绿色减损保鲜新方法、环境友好包装新材料等，构建肉品绿色、高效、低碳加工技术体系，成为发展方向。

八、自动智能化

我国已经步入老龄化社会，机器代人的时代已经来临，农产品加工产业也急需智能化的加工技术，将肉品的自动化加工、生产与销售、配送过程通过物联网、信息通信技术和大数据分析连接在一起，形成的新一代智能制造生产、销售方式，成为未来肉品加工业的热点方向。

九、集约高值化

围绕宰后初加工、精深加工、资源综合利用 3 个重要环节，研发全组分高质梯次加工技术，提高加工效能和利用率，开发一批绿色、安全、营养、美味新产品，实现肉品及共产物全组分利用高值化综合利用，是今后产业追求的重要方向。

十、人工生物合成化

利用合成生物学、增材制造等变革性前沿技术生产食物，不需要传统意义的水、土、光资源，如利用二氧化碳合成淀粉、利用动物细胞生产培养肉，这些食物的新型生产方式颠覆了传统食物的生产方式。人工生物合成食物是保障在地球生境下食物供给的有效和有益补充，也是在非地球生境下保障食物供给的有益探索。

专题八 2021年蛋品加工产业发展情况

第一节　产业现状与发展成效

禽蛋是我国的大宗农产品，城乡居民菜篮子中不可缺少的生活必需品，必须保障稳定的市场供给。禽蛋产业是国计民生的重要产业，是国民经济的支柱性产业之一。禽蛋还是许多行业极其重要的工业原料，从禽蛋中提炼研制的水解蛋白、卵磷脂、碳酸钙、活性钙、溶菌酶、SOD等是医药工业的重要原料或新特医药产品。禽蛋的消费没有国家与民族、季节与地区、宗教与信仰、年龄与人群的限制，是世界范围内食用最普遍的食品。

一、2021年蛋品加工产业发展概况

1. 原料蛋生产基本保持稳定

2021年我国禽蛋总产量达到3 409万t，略微下降1.7%。我国禽蛋总产量占世界禽蛋总产量的43%以上。2021年人均蛋品占有量为23.6 kg。

2. 蛋品加工呈现良好的发展势头，蛋品加工比例已经达到15%~17%

第一，液态蛋快速增长。2020年暴发的新冠肺炎疫情以及国内焙烤、烘焙等行业的需求增加，促进了国内液态蛋的快速发展。第二，休闲蛋制品快速增长。由于疫情和5G网络的发展，带来消费方式的重大变化，致使休闲蛋制品的发展不断加速。第三，传统蛋制品快速增长。具有中华饮食文化典型特征的传统蛋制品近些年也得到快速增长，不仅体现在具有我国特色的松花皮蛋、咸蛋、卤蛋已经出口到世界上所有的发达国家，而且，国内市场的咸蛋、咸蛋黄已经应用到许多食品行业。如咸蛋黄，除作为粽子、月饼、蛋挞等应用外，已经作为很多预制菜的配料进入了餐饮行业。我国鸭蛋加工的比例已达到了70%左右。

3. 蛋及蛋制品的消费稳步提升

我国人民历来喜食禽蛋，而且是世界上养禽历史最为悠久、禽蛋品种最全的

国家。鸡蛋是我国居民“菜篮子”中不可缺少的必需农产品。从消费量来看，禽蛋作为优质的蛋白质来源，受到我国城乡居民的青睐。目前，全国禽蛋消费量达 3 200 万 t，年人均消费禽蛋紧随墨西哥、日本之后，全世界排第 3 位。

二、蛋品加工产业发展成效

国家农产品加工技术研发中心蛋品加工专业分中心是我国蛋品加工科技创新的重要生力军、蛋品科技的策源地，它以持续的科技创新显著推动着我国蛋品加工产业的发展。主要发展成就如下。

一是蛋液生产技术的国产化创新助推液态蛋加工高位增长。蛋品加工技术研发分中心通过 10 余年在农业农村部 948 项目、国家星火科技项目、现代农业产业技术体系岗位科学家及公益性行业（农业）专项的支持下，深度揭示了蛋液热敏性同蛋白质的构象关系，攻克了蛋液冷杀菌技术，发明了物理场、生物酶耦合提升起泡性、乳化性技术，创建了液态蛋生产成套技术，开发出蔬蛋复合终端产品。液态蛋产品生产开始出现爆炸式的增长，新加工生产企业不断增加。如苏州欧福蛋业股份有限公司近几年相继在广州（广东欧福蛋业有限公司）、天津（天津太阳食品有限公司）建设生产厂，日本丘比集团公司相继在我国浙江杭州、江苏南通、天津、北京等地建设以液蛋加工为主的鸡蛋沙拉酱；江苏康德蛋业有限公司也在江苏之外建设液态蛋生产厂，湖北神地农业科贸有限公司再引进一条液态蛋生产线，扩大生产；2020 年投产的湖北康利农生物科技有限公司，出现实行三班生产制仍不能满足需求的情况，也在购买设备进行扩产。据掌握的行业信息，我国液态蛋生产的大多数企业均在扩厂或扩产。

二是休闲与早餐蛋制品得到快速发展，我国已成为蛋制品种类比较丰富的国家。由于蛋品加工科技的进步，我国蛋品加工的产品种类不断增多。例如，腌蛋品类（皮蛋、咸蛋、糟蛋、咸蛋黄、醉蛋等）、发酵蛋品类（鸡蛋酸奶等发酵蛋产品）、蛋品饮料类（蛋白发酵饮料、蜂蜜鸡蛋饮料、醋蛋功能饮料、干酪鸡蛋饮料、咸蛋清肽饮料等）、蛋调味品类（蛋黄酱、皮蛋酱、咸蛋酱、调理蛋制品等）、方便蛋制品类（鸡蛋干、蛋脯、五香茶叶蛋、卤煮蛋、蛋松、蛋黄果冻、全蛋营养果冻、铁蛋等）、蛋肠类（皮蛋畅、复合蛋菜肠、蛋清肠、鸡蛋素食肠、风味蛋肠）等。我国现有蛋制品 14 大类，60 多个品种。因此，短短 20 年的时间，我国从蛋制品种类少、产品单一的国家发展成蛋制品种类多、产品比较丰富的国度。

休闲蛋制品中，78°卤蛋、盐焗蛋、烤蛋、鸡蛋干、茶叶蛋、蛋黄果冻、全蛋营养果冻、铁蛋等产品，得到快速增长；早餐蛋制品有太阳蛋、温泉蛋、糖心蛋、白煮蛋、火锅用水煮蛋等产品，不断丰富国内市场。20年左右的时间，我国由蛋制品种类少、品种单一的国度，成为世界上蛋制品品种比较丰富的国家。

三是禽蛋内源性功能成分挖掘与技术突破，引领行业新发展。挖掘完成禽蛋内10余种功能成分提取纯化技术，创建了多蛋白质组分联合递次提取技术，建立了糖基化、酶解改善蛋白活性和微胶囊活性稳态化技术。攻克了一套工艺多种组分共纯化工艺，创建了3~5种功能组分联合递次提取技术与模式。“联合递次提取”被行业认可。出现了溶菌酶系列产品（粉状、喷雾剂、漱口水）、卵黄免疫球蛋白、卵黄高磷蛋白、卵黏蛋白抗病毒制剂、卵转铁蛋白补铁剂等系列产品。针对禽蛋中卵转铁蛋白十分丰富，卵铁蛋白同人乳铁蛋白和牛乳铁蛋白有共同特性，序列同源性强，结构非常相似，相同的铁结合位点，蛋品研发分中心提出了卵转铁蛋白替代乳转铁蛋白的研究方向，解决了乳铁蛋白长期依赖进口、价格高居不下、受国外“卡脖子”的状况。

四是依托技术支撑，传统蛋制品出口到世界上所有发达国家。国家蛋品加工技术研发分中心同全行业紧密合作，揭示了蛋壳气孔界面3种离子互作及蛋清凝胶分子机制，探明了腌液中 OH^-、Na^+等渗透规律，攻克了无铅工艺技术；结合腌渍条件、工艺控制，改进金属盐与配料组方，创建“清料生产法”与腌液循环利用模式及技术，显著推进行业减排降耗与绿色发展；探明抑制了 CuS 的形成，创制了皮蛋壳斑点控制技术，斑点域降低81%，次品率降低18%，显著改进了产品感官品质。通过系统研究优化了咸蛋黄黑圈控制方案；研发出咸蛋黑圈复合抑制剂及控制技术，制定了咸蛋黑圈控制标准化生产工艺流程，完全保持了传统咸蛋风味。在技术攻关基础上，开发无铅无斑点皮蛋、无黑圈咸蛋、四级热凝胶工艺卤蛋等一系列新型传统蛋制品，实现了品质提升与物流减损的双重增效。在现代加工技术支撑下，传统蛋制品作为我国农产食品的典型代表，已经出口到世界上所有的发达国家。

五是蛋壳与膜高值化加工技术创新成效显著，创新成果接受党和国家领导人检阅。依托技术研发，实现了壳膜水法分离；建立了二次反应、CMC 絮凝等独特的工艺技术，解决了纯化难题，反应温和、缩短反应时间、节能减排，建立了蛋壳钙转化制备有机钙、活性碳酸钙技术。为进一步降低有机钙生产成本，引入从蛋壳堆砌环境中筛选到的优势菌（登记号 CGMCC NO8699），利用生物发酵技术制备乳酸钙，达到蛋壳粉转化率 64.56%～73.43%。蛋壳乳酸钙纯度为 98.13%～99.32%，符合国标要求。蛋壳源丙酸钙既能增加蛋壳源有机钙，又具有很强的保鲜防腐效果的特点。针对蛋膜酸碱不溶、不易酶解等问题，研究得到碱性蛋白酶酶解蛋壳膜制备蛋膜源多肽技术，突破不溶性胶原蛋白转化成可溶性等技术难题，蛋膜多肽系列健康产品市场销售反映良好。国家蛋品加工技术研发分中心同湖北神地农业科贸有限公司紧密合作，开发生产的蛋壳源果蔬净、溶菌酶漱口水、蛋膜多肽固体饮料、EGGBIO 蛋生元等系列产品，入选国家"十三五"科技创新成就展，接受党和国家领导人检阅。

六是洁蛋生产技术与清洁加工正在改变着我国蛋品加工行业。我国几千年来的脏蛋加工、流通与消费形式，蛋壳表面不仅有可能携带家禽产蛋时的粪污、血斑、杂物等，还有可能携带细菌、病毒等具有传染性的致病微生物。因此，洁蛋不仅具有十分重大的食品安全意义，而且在禽流感、新冠肺炎疫情等发生的今天，生物安全意义也十分重大。该状况受到农业农村部及有关部门的高度重视，在《2020年农业国家标准和行业标准修订项目计划》（农质标函〔2020〕128号）的通知中，将"洁蛋生产技术规程"的制订计划列入了2020年农业标准制修订项目。该标准的颁布实施，将彻底改变几千年来的脏蛋加工、流通与消费导致不安全、不干净、不卫生的风险，不仅能助推洁蛋的生产普及，而且有利于推动原料蛋经过清洗、除菌、干净后进行多种产品的加工，这将对我国蛋品加工产生极其重要的影响。

七是原料蛋的生产模式取得重大突破。蛋品加工的发展，需要优质的原料作为支持。针对我国社会正在发生广泛而深刻的变化，蛋品原料生产该如何发展？尤其是蛋鸭养殖在环保的新要求下，如何进行高品质原料鸭蛋的生产？国家蛋品加工技术研发分中心在第16届中国蛋品科技大会暨第3届蛋业博览会上，提出了《我国禽蛋产业高质量发展变革与趋势》，对鸡蛋原料生产来说，蛋鸡规模化养殖是必然趋势，不同规模蛋鸡场混存窗口期10年左右；蛋鸡笼养与福利养殖并存，以叠层笼养为主体；蛋价周期模糊，跌宕起伏的振幅逐渐变小，市场逐步走向稳定；大型蛋鸡养殖企业呈现品牌化、加工化、一体化；企业的竞争上升到产业链的竞争；行业发展由内部兼并组合向资本跨行投资巨变；品种禽蛋应由数量指标向内涵指标转变；概念蛋朝产品科学内涵发展等。

我国蛋鸭品种资源比较丰富，鸭蛋的生产具有重要的国际地位，我国独创的鸭蛋产品出口到世界上所有发达国家，蛋鸭产业已成为我国特色支柱性产业。但是，我国鸭蛋生产面临严峻的挑战，需要根据蛋鸭的喜水、喜沙、喜动习性，探讨合适的生产模式，旗帜鲜明地反对简单笼养。国家蛋品加工技术研发分中心研究提出了蛋鸭适性养殖123458模式。该模式内涵：1栋蛋鸭舍；2层平养；每栋养殖3 000只（可变）；每栋每天限用4 t水（可变）；每栋鸭舍5种机械配套（增减），目前的5机是清粪机、饮水机、投料机、水帘机、集蛋机；每层蛋鸭户外自由活动8 h（嬉水）。此后，又提出了现代高效生态农耕种养立体模式。该模式以50亩为单元，进行水稻、蛋鸭、虾、鱼等多产品生产，既彰显传统农耕生产的魅力，又显示高效生产的效益。

第二节　重要技术发展情况

2021年度全国核心蛋品加工技术团队包括华中农业大学国家蛋品加工技术研发中心等在蛋品加工技术方面开展了系列研究，取得了以下关键性技术突破。

一、基于高通量组学技术解析禽蛋蛋白质修饰结构，系统探究了禽蛋蛋白质的分子结构与其功能活性的构效关系

攻克了蛋清主要蛋白质的快速高效、规模化、低成本制备技术，建立了基于超声辅助、离子交换、等电点沉积系列技术的蛋清中溶菌酶、卵转铁蛋白、卵黏蛋白、卵白蛋白、卵巨球蛋白、卵类黏蛋白等多种功能活性成分的联合高效提取成套技术，实现禽蛋精深加工。使用连续提取/沉淀方案从蛋清中分离出6种主要蛋白质。分离的溶菌酶、卵转铁蛋白、卵清蛋白和卵类黏蛋白的纯度均高于90%，其中溶菌酶的纯度达到96.7%，得率达到91.9%。

二、创建了蛋清改性新技术，提升储藏蛋液功能特性，开发出系列高品质产品

针对蛋液储藏期间起泡性下降、凝胶性减弱等品质劣化问题，创建了蛋液品质调控与提升新技术，开发出系列适合蛋液的终端消费新产品。研究建立了超声技术对蛋清液起泡特性的调控方法，超声场强/脉动压腌制和微波烤制联用技术对卤蛋加工品质的调控方法，树脂法脱溶菌酶提升蛋清液凝胶性技术，三级热凝

胶提升鸡蛋干品质的新工艺，开发出了具有良好加工特性、适合不同加工过程的多元化蛋液产品以及高品质蛋糕、卤蛋、鸡蛋干、溶菌酶漱口水系列产品。

三、发明禽蛋功能性组分递次提取技术，实现其稳态化，研制出高活性产品

以商业开发价值高的蛋清中卵转铁蛋白、蛋黄中卵黄免疫球蛋白（IgY）、卵黄高磷蛋白（PV）以及卵磷脂为对象，在单功能成分分离纯化的基础上，发明了卵转铁蛋白、IgY、PV、蛋黄油、卵磷脂的绿色、高效、工业化级别综合提取新技术。解析了活性蛋白质的构效关系，构建了蛋白质活性稳态化和提升增效技术，实现了蛋白质活性片段精准制造，为开发功能性蛋白质产品奠定了理论基础。创制了微囊化IgY超免蛋白质粉、禽用免疫球蛋白抗体、卵磷脂产品等供应市场。

四、解析蛋壳蛋膜微观结构，突破蛋壳发酵、蛋膜酶解绿色技术，创制了高值化产品

针对蛋壳化学转化有机钙工艺复杂、效率低下，蛋膜难溶难酶解等问题，利用蛋白质组学技术鉴定蛋壳基质蛋白及其翻译后磷酸化和糖基化修饰结构，解析了蛋膜纤维网络及其双层套管结构。建立基于蛋壳乳酸菌复合发酵的乳酸钙绿色制备技术。创建了基于亚硫酸钠辅助酶解的蛋膜多肽高效制备技术，探明了蛋膜多肽与8种抗氧化剂的协同抗氧化作用及其对伤口愈合的促进效果。创制了壳膜有机钙、蛋膜多肽固体饮料、蛋膜伤口愈合复合膜等系列产品，填补了国内蛋壳蛋膜产品空白，实现了壳和膜的高值化利用。

五、攻克了鲜蛋内部品质（新鲜度、血斑、散黄）无损自动检测技术难题，为鲜蛋品质安全提供了保障

针对我国鲜蛋个体差异大、蛋壳透光性差、品质缺陷等导致的食品安全及分类加工的问题，根据蛋清主要蛋白质含量等内部成分与光谱特征的关系，攻克了鲜蛋内部品质（新鲜度、血斑、散黄）无损自动检测技术难题，为鲜蛋品质安全提供了保障；提出了群体鲜蛋高通量动态检测中外形尺寸“去畸变消误差”的图像处理方法，突破了鲜蛋外观品质（大小、扁平度、脏污、裂纹）高精度

无损智能检测技术瓶颈。自主研发出鲜蛋商品化处理成套设备，实现了鲜蛋品质安全保障及自动化生产。

六、蛋品加工机械取得多方面突破

针对我国鸡蛋深加工装备依赖进口、副产物造成环境污染等问题，提出适合我国国情和国产原料蛋深加工的优化工艺参数，发明了鸡蛋连续破壳、蛋壳-蛋清-蛋黄分离设备；创制蛋壳源果蔬清洗粉的蛋壳资源化利用新方法，变废为宝。研发出国产第一台 30 000 枚/h 以上的大型链式打蛋机和蛋壳电热式连续高温热解设备。

七、传统蛋制品机械化、工业化、智能化生产车间得到重大突破

针对蛋制品手工作坊生产、工艺复杂、品类众多、蛋壳易碎、加工量大等导致的食品安全隐患、效率低下等问题，阐明了蛋制品的凝胶、腌制品质与图像颜色纹理特征、光谱敏感参数之间的相关机理，研发了皮蛋、咸蛋品质无损智能检测分级技术；创制了定心蒸煮、低损耗剥壳、连续卤制、品质检测、封蜡保鲜等蛋制品加工新方法。发明了淋式涂膜技术，使皮蛋涂膜保鲜获得实际应用，摈弃了千百年来靠包泥裹糠的不卫生的保鲜方法；自主研制出国产化皮蛋、咸蛋、卤蛋等多类自动生产线，大大提升了蛋制品的生产效率，提高了产品品质，降低了生产成本。华中农业大学国家蛋品加工技术研发分中心设计并推广传统蛋制品机械化、智能化生产，并包含腌制液循环利用机械系统。

第三节　头部企业分析

我国蛋品加工企业 2 000 余家，较大型企业 60 余家，大部分为中小型企业。以皮蛋、咸蛋加工企业为例，规模以上企业只有 100 家左右。

此外，我国有从事液态蛋、洁蛋、专用蛋粉、功能成分利用等新型蛋制品加工企业 70 余家，而且这些企业年产值 20 亿元以上 3 家，10 亿~20 亿元 4 家，5 亿~10 亿元 20 余家，2 亿~5 亿元 30 余家，1 亿~2 亿元的企业 60 余家。生产规模在逐步扩大。

北京德青源农业科技股份有限公司：致力于运用先进技术为消费者提供高品质、健康、安全、营养、美味的鸡蛋及其产品。德青源鸡蛋及其产品的卓越品质赢得了消费者的信赖，产品占北京市场品牌鸡蛋 50%的份额。公司是全国第一家对鸡蛋产品采用双重杀菌技术来保障鸡蛋安全卫生的蛋鸡生产企业，公司建立了一套严格完善的品质控制体系。公司建立了全球领先的循环经济标准，为全球领先的生态农业企业。公司创建的“金鸡工程”模式在全国脱贫攻坚战役中发挥了巨大作用，在全国 10 多个省份建立了 20 多个蛋鸡养殖、加工基地及其分公司。

湖北神地农业科贸有限公司：是一家从事绿色蛋鸡养殖和利用生物技术对鸡蛋进行综合开发、精深加工的企业，产品畅销内地并出口香港、澳门等地。公司先后被认定为农业产业化国家农业产业化重点龙头企业，2019 年第 7 届世界军人运动会鲜鸡蛋供应商，2021 年全国 100 家供应链创新与应用示范企业。公司蛋品精深加工及禽蛋加工副产物综合利用科技创新在国内同行业中处于领先水平。围绕禽蛋产业链，不仅建有蛋鸡养殖、品种繁育、育种、孵化基地，还建有鲜蛋处理、液态蛋与蛋粉加工车间，而且还建有溶菌酶、蛋壳与膜综合利用、休闲蛋制品等加工车间。公司成为全国蛋品精深加工的领衔企业。蛋品加工副产物综合利用模式成为“全国农产品加工副产物综合利用典型模式”。企业经济规模、产品科技含量和社会影响力具有行业领先地位。

福建光阳蛋业股份有限公司：现有福建福清、江西南昌、湖北监利 3 个专业蛋品加工厂，年加工蛋品能力超过 6 万 t，成为农业产业化国家重点龙头企业、全国农产品加工业出口示范企业、国家蛋品加工技术研发分中心。“光阳”商标被国家工商总局认定为“中国驰名商标”。通过了美国 FDA 登记注册，国内外市场占有率领先。公司着眼于国际市场开拓，按照国际标准定位，借助企业所处的港口区位优势，顺利销往美国、加拿大、韩国、日本、南非、东南亚、澳大利亚、欧盟和中国港澳地区，同类产品出口量全国第一。“光阳”商标是“中国驰名商标”；“光阳”牌蛋品是“福建名牌产品”，通过多年的建设和积累，“光阳”品牌知名度和美誉度已居全国同业前列。公司以科技创新为企业发展的永恒动力，在蛋品腌制技术、清洁蛋生产技术、蛋品综合加工利用技术和蛋品成套自动化设备研究方面处于国内领先地位。成为我国唯一有能力进行设计、制造成套传统蛋品生产设备并拥有自主知识产权的蛋品加工企业。

荣达禽业股份有限公司：是一家集蛋鸡新品种培育、种鸡生产、商品鸡养殖、蛋品精深加工等为一体的综合性企业，是农业产业化国家重点龙头企业、国家蛋鸡核心育种场、全国绿色食品示范企业。公司蛋品加工产品有品牌洁蛋、蛋液、蛋粉、调味蛋粒、溶酶菌、蛋黄免疫球蛋白等，是国内建设水平较高、产品种类较全的蛋品深加工企业。

第四节 产业发展存在的问题

我国蛋品加工产业 2021 年虽有了一定的发展，但鸡蛋加工比例低，科学研究项目少，行业发展标准不够等制约了行业的发展，主要表现如下。

一、我国鸡蛋仍以鲜蛋销售为主，鸡蛋产量 96%~97%用于鲜销，3%用于加工

国外蛋制品加工程度高，美国蛋制品消费的比例占全蛋的 60%，日本为 50%，主要消费的是加工后蛋制品。鸡蛋是少数几种全球共享的食品之一，鸡蛋中蛋白含量不仅高，且氨基酸组成与人体蛋白相似，是仅次于牛乳的优质全价蛋白质，生物效价高达 95%。另外，鸡蛋中富含溶菌酶、免疫球蛋白和卵磷脂等有益于人体健康的营养成分，鸡蛋中的溶菌酶和蛋黄免疫球蛋白是具有特殊抗菌和抗炎等生理活性的蛋白质，卵磷脂是人类的脑和神经系统发育所不可缺少的活性功能因子。另外，鸡蛋具有良好的功能特性，蛋清蛋白的应用性主要因其优异的起泡性和凝胶性，蛋黄的应用主要因其优异的凝胶性和乳化性，当下主要作为加工配料应用于食品加工产业，以蛋品为主原料的预制食品和新型终端食品仍处于空白状态。围绕蛋制品自身营养特性，针对不同人群对于营养素的特殊需求，通过营养素分离、富集、强化及稳态化技术革新，开发蛋源营养素高效提取及个性化营养和特医蛋制品，并通过研发健康预制蛋品和终端休闲蛋制品，进一步拓宽蛋品加工的行业市场范围，不仅有利于推动禽蛋加工企业产业升级，对于促进畜禽制品产业技术革新和产值提升也具有重要意义。

二、禽蛋加工副产物利用率低，造成优质资源的浪费

禽蛋加工后的蛋壳与蛋膜利用率低，不仅会造成资源的浪费，也会造成环境

污染。近年来，国内外专家、学者也越来越重视对蛋壳的综合利用研究。研究的蛋壳有机钙转化技术、壳膜多肽制备技术已经成熟并实现产业化。国内外对蛋壳的利用主要是将蛋壳经过预处理后直接粉碎，加工成蛋壳粉，蛋壳粉中含有丰富的无机盐和少量的有机物质，可以作为钙补充剂，添加到饲料中饲喂畜禽动物，促进畜禽生长发育；蛋壳中主要含有大量的无机碳酸钙，采用直接中和法、发酵法、超声波法和脉冲电场法等方法处理将蛋壳中所含的不容易被人体消化吸收的碳酸钙转化成乳酸钙、柠檬酸钙等多种有机酸钙，这些有机酸钙不仅能补充人体所需的钙元素，还可以起到降低体内胆固醇、提升体内红细胞和血色素、维持体内环境稳定等功能。这些产品经过全面的生物利用和安全性检测后，可作为钙营养强化剂和食品螯合剂，应用于生物医药和食品工业中，具有广阔的应用前景。随着对鸡蛋壳膜的结构和生物活性成分认知的加深，研究发现鸡蛋壳膜是一种复杂得多的蛋白复合体，含有多种具有生物活性的成分，如胶原蛋白和透明质酸等。因此，提取利用壳膜中的有效成分，提高其附加值是近年来禽蛋副产物的研究重点。蛋壳膜中半胱氨酸含量达10%，这可能是壳膜中含有大量交联二硫键的原因，大量二硫键紧密交联使得壳膜化学性质稳定难以溶解限制了壳膜的应用。经过多年的研究和公关，复合酶解制备蛋壳膜多肽技术已基本成熟，目前已在一些蛋品企业应用制备蛋膜多肽固体饮料。

三、科研项目立项很少，重要技术的持续研究与支持不够

技术创新赋能产业动力。经30年的蛋品加工研究，目前已建立起了诸多技术，如禽蛋功能性蛋白质提取纯化以及精深加工应用（建立溶菌酶、卵白蛋白、卵黏蛋白、卵巨球蛋白、S-卵白蛋白、卵类黏蛋白、抗生物素蛋白、核黄素结合蛋白、卵转铁蛋白、蛋黄卵磷脂、免疫球蛋白、卵黄高磷蛋白12种单功能成分分离纯化方法）；蛋壳副产物产品开发与综合应用（研究的蛋壳有机钙转化技术、壳膜多肽制备技术已经成熟并实现产业化）；传统蛋制品绿色健康加工技术及其多元功能食品开发（研究超声辅助腌制过程中食盐在蛋清、蛋黄中的渗透动力学随时间、温度的变化规律以及其与蛋清、蛋黄微观结构变化的相关性；研究建立料液主成分在线监测技术，研究建立皮蛋、咸蛋、卤蛋料液循环利用模式与技术，确立回笼补料方法与程序）。一些技术在具体推广过程中，仍需要结合生产实际进行补充和完善，才能做到尽快将技术落地，转化为生产力，转化为产品，转化为经济价值。

同时，科学研究需长期坚持、不断努力突破创新、走在时代前沿，所以在将已有的技术转化为生产力的同时，须持续不断地开发新的研究领域，建立一个具有前瞻性、可行性、创新性的技术储备库。

四、产品结构不合理

从国内看，禽蛋业发展正由总量增长向更加注重加工品种和质量转变。需要大力发展新型传统蛋制品，摒弃包泥裹糠、裹灰等传统方式。大力发展洁蛋、液态蛋、专用蛋粉等新型蛋制品。新型蛋制品的加工将不断衍生新兴的应用行业，开发出多行业应用的溶菌酶、水解蛋白、卵磷脂等产品；利用蛋壳加工食用或药用的碳酸钙，以及生产蛋壳饲料粉等。同时，市场上也涌现出鸡蛋干、蛋酱沙拉、方便蛋、金蛋粽、醋蛋液饮料等产品，但其比例很少。

五、单项技术多，工程化技术少

我国蛋品加工领域技术成果以单项居多，但集成程度低，且未能很好地实现工程化，尤其是未能实现工艺技术同装备的有效结合，导致未能有效解决工艺装备“从无到有，从有到优”的问题，与欧美等发达国家存在很大的差距。在蛋品加工技术与装备的结合仍以引进为主，在防止蛋白变性、消除腥味，在专用蛋粉等方面未能实现技术突破；研发的蛋品自动分级机与蛋品清洗、消毒、包装设备未能有效衔接，加工关键技术的关联度低。

六、蛋与蛋制品标准严重缺乏，制约了行业发展

基于 5 年来的标准调查和研究，我国蛋与蛋制品标准最少，我国现行有效的蛋品加工标准化 95 个，近 10 多项。需要制修订洁蛋、液态蛋、鸡蛋粉、皮蛋、咸蛋、咸蛋黄、卤蛋、蛋壳粉、蛋壳膜胶原蛋白（肽）、糟蛋、鸡蛋干、蛋品罐头、方便蛋制品、蛋品饮料、营养强化蛋等产品标准及皮蛋生产技术规程、咸蛋生产技术规程、咸蛋黄生产技术规程、卤蛋生产技术规程、清洁蛋生产技术规程、液态蛋生产技术规程、蛋粉生产技术规程、鲜蛋流通技术规范、咸蛋流通技术规范、咸蛋黄流通技术规程等规程（规范）。

第五节 产业发展趋势

一、传统蛋制品加工迈向工业化与智能化

皮蛋、咸蛋是我国具有悠久食用历史的传统食品，但在产品加工过程中存在加工方式原始、劳动强度大，腌制液污染环境等问题，严重制约传统蛋制品加工企业的现代化发展进程。在腌制配方上将引入绿色健康的新型呈味辅料和渗透剂，在稳定皮蛋、咸蛋风味品质的基础上，突出其营养强化功能。研究超声技术、微波处理、压力促渗等技术在缩短腌制周期、稳定产品品质、降低原料配比等方面的促进作用，形成品质稳、周期短、成本低、实用性强的可推广、高成效的新型腌制技术。研究开发适用于鸭蛋加工的配套装备和软件，集成新型技术形成传统蛋制品智能化加工单套设备和成套生产线。

二、蛋粉、蛋液加工迈向功能化与终端化

蛋清优异的起泡性和凝胶性，蛋黄天然的乳化功能使禽蛋不仅是大众餐桌上的重要食物，更是多种现代加工食品如面包、蛋糕、面条、香肠等中的重要原料。随着食品加工技术和水平的提升，加工食品的品类日益增多，禽蛋在食品加工过程中的作用也受到越来越多的关注。很多食品加工企业要求蛋品企业提供高起泡性、高凝胶性、高乳化性等具有特定功能的蛋粉/蛋液原料。因此，研究蛋粉/蛋液在加工过程中与水、糖、油等其他食品原料的相互作用，如鸡蛋蛋白与大豆蛋白粉、鸡肉纤维蛋白粉等食品成分的共凝胶特性，以及液蛋/蛋粉在加工食品的加热、灭菌、包装、储藏等过程中的功能变化对扩展蛋品在现代食品加工中的应用具有支撑和推进作用。

采用酶-微生物发酵协同处理或低温热处理协同酶解技术，阐明组合参数对微生物发酵过程和酶解反应的影响机制，建立基于酶-发酵-低温热处理的蛋粉品质组合调控关键技术；探究食品添加物对液蛋加工功能特性的影响，同时制定食品添加物保护液蛋功能特性的加工工艺；在攻关原料预混、新型冷杀菌技术、无菌包装等关键控制点及工艺参数的基础上，结合功能特性评价手段与方法，研发系列高功能性专用型原料液蛋、长保质期的速食型蒸蛋液和适合中国人口味的

用于煎炒的速食型蛋蔬液。

三、禽蛋加工副产物的综合利用迈向高值化与市场化

随着禽蛋产业规模的扩大和集约化程度的提高，规模化企业在加工过程中形成的废弃物的处理和再利用是未来禽蛋加工必须考虑的问题。由于生物长期进化的原因，蛋壳中的钙是以最稳定的形式沉积和保存下来，其主要是以碳酸钙形式存在，是一种固态不溶沉淀形式，很难被直接吸收和利用。蛋壳膜更是禽蛋内容物避免外界环境污染的天然屏障。因此，采用科学方法，将废弃蛋壳中的碳酸钙转化成具有生物活性的有机钙，利用生物技术酶解壳膜制备活性多肽，既能解决对环境的污染问题，又能有效利用资源。产品既可作食品添加剂，也可广泛用于医药工业、轻工行业等，具有极其广阔的应用前景。

随着对鸡蛋壳膜的结构和生物活性成分认知的加深，研究发现鸡蛋壳膜（ESM）是一种复杂得多的蛋白复合体。ESM 位于矿化蛋壳和蛋清之间，可保护蛋清和蛋黄免受外来细菌的污染。ESM 不但具有类似于细胞外基质（ECM）的功能化组织结构，而且含有多种具有生物活性的成分，如胶原蛋白和透明质酸等。因此，研究壳膜在关节软骨修复、伤口愈合等方面的功能，将 ESM 作为一种新型的功能材料应用于生物医学领域中，可显著提高其附加值。

四、新型方便蛋制品呈现多样化与休闲化

由于蛋品加工科技的进步，蛋品加工的产品种类不断增多。然而，我国蛋制品种类同我国的消费人口、饮食习惯以及消费方式的多样化来看，还是远远不能适应我国人民的消费需要，特别是随着现代人生活方式的变化，休闲食品的市场比例日益增大，开发以禽蛋为主要原料的饮料类产品和即食方便类蛋制品，拓展蛋品在休闲食品中的份额和比例是未来蛋品加工的另一个趋势。

专题九 2021年乳品加工产业发展情况

第一节 产业现状与发展成效

中国乳业经过10年卧薪尝胆、砥砺前行的整顿改造，已是技术装备先进、管理规范、产品质量稳定向好的具有世界先进水平的现代食品制造业。受新冠肺炎疫情影响，消费者对营养健康食品更为重视，在此背景下，2021年中国乳业迎来全面复苏，乳制品的销量有了较大增长，全行业主营业务总收入4 195.58亿元，同时发酵乳、干酪、乳脂类营养健康乳制品增速较快，炼乳、调制乳等产品占比降低，乳制品产品结构得到了进一步优化。在原料乳方面，2021年原料乳产量达到3 529.6万t，原料乳质量达到世界先进水平，相比“十三五”初已获得较大幅度提升。但是中国乳业也面临着一些新的问题与挑战，特别是随着世界经济一体化进程的发展、工业化生产技术的进步和居民消费的持续升级，问题与矛盾也日显突出，已成为制约乳业发展的障碍。

一、2021年乳品加工产业发展概况

1. 原料乳产量与质量逐步提升

2021年，全国奶类总产量3 529.6万t，其中牛奶3 440.0万t，与2015年奶类总产量3 295.5万t，其中牛奶产量3 179.8万t相比，分别增长7.1%和8.2%。奶牛养殖规模、养殖水平有较大提升。2015年，全国奶牛养殖场（户）平均存栏为70头，100头以上规模养殖场比重为48.3%；2021年分别为209头和67.2%，基本淘汰了小规模的庭院式散户饲养。机械挤奶率，2015年为85%，2021年提升到100%。

原料乳质量有较大幅度提升。全国各地区奶牛场平均生产性能：2015年，日产奶量27.1 kg，乳脂肪含量3.76 g/100g（国标≥3.1 g/100g），乳蛋白含量3.23 g/100g（国标≥2.9 g/100g），体细胞数平均值为34.3万个/mL（欧盟、新

西兰规定≤40 万个/mL；美国规定≤75 万个/mL；我国暂无规定）；2021 年，日产奶量 32.4 kg，乳脂肪含量 3.92 g/100g，乳蛋白含量 3.36 g/100g，体细胞数平均值为 23.9 万个/mL。全国生鲜乳检验合格率为 99.8%，三聚氰胺检测合格率为 100%。我国生鲜乳质量达到世界先进水平。

2. 乳制品产品结构进一步优化

2021 年，全国有规模以上乳制品企业 572 家，其中，液体乳 363 家、乳粉 149 家、其他产品 60 家；乳制品产量 2 780.4 万 t，其中，液体乳 2 599.4 万 t、固体乳制品 181.0 万 t，固体乳制品中乳粉 101.2 万 t（包括婴幼儿配方乳粉）。与 2015 年相比，企业减少 66 家；乳制品产量减少 2.1 万 t，下降 0.08%，其中液体乳产量增加 78.4 万 t，增长 3.1%，固体乳制品减少 80.5 万 t，下降 30.8%，固体乳制品中乳粉产量减少 40.75 万 t，下降 28.7%。2021 年婴幼儿配方乳粉产量约为 65 万 t，比 2015 年的 70 万 t，减少 5 万 t，下降 7.1%。

3. 乳制品进口量逐年增加，进口压力长期存在

2021 年，全国进口各种乳制品 347.83 万 t，金额 125.99 亿美元，与 2015 年的 191.91 万 t 和 61.13 亿美元相比，分别增长 81.2%和 106.1%。2020 年，全国出口各种乳制品 4.60 万 t，金额 2.44 亿美元，与 2015 年的 3.55 万 t 和 0.64 亿美元相比，分别增长 29.58%和 281.25%。

二、乳品加工产业发展成效

一是乳品产品质量稳步提升。自 2010 年以来，国家监管部门对乳制品、婴幼儿配方乳粉实施密集的质量抽检制度。从中央到地方每年都有监督抽检计划，对乳制品每季度全覆盖抽检 1 次，对婴幼儿配方乳粉实施月月抽检全覆盖，抽查结果及时向社会公布，对不合格产品一律实施下架、召回、销毁处理、企业整改。2015 年乳制品、婴幼儿配方乳粉全年国家监督抽检合格率分别为 99.53%、96.10%，2021 年为 99.87%、99.89%。

二是产品结构优化调整取得成效。固体乳制品中，乳粉、炼乳比例减少，干酪、乳脂类产品比例上升；液体乳制品中，灭菌纯乳、发酵乳比例上升，调制乳比例下降。2021 年，全行业主营业务总收入 4 195.58 亿元（其中，液体乳 3 243.05 亿元，乳粉 730.05 亿元，其他产品 222.48 亿元），利润总额 394.85 亿元（其中，液体乳 242.40 亿元，乳粉 138.48 亿元，其他产品 13.97 亿元），比 2015 年的 3 328.52 亿元、241.65 亿元分别增长 26.1%和 63.40%。行业经济效

益好于“十三五”。全行业营业收入利润率，2015 年为 7.25%；2021 年为 9.41%（其中，液体乳为 7.47%，乳粉为 18.97%，其他产品 6.28%），增长 29.8%。2021 年，全行业企业亏损总额 21.01 亿元（其中，液体乳 13.51 亿元，乳粉 7.12 亿元，其他产品 0.38 亿元），全行业盈亏比 18.8：1（其中，液体乳为 17.9：1，乳粉为 19.4：1，其他产品为 36.8：1），而 2015 年为 12.9：1。

三是行业集中度有了进一步提升。2015 年，行业前 12 家企业主营业务收入合计 1 891.71 亿元，占全行业 3 328.52 亿元的 56.83%；2021 年，行业前 12 家企业主营业务收入合计 2 676.17 亿元，占全行业 4 195.58 亿元的 63.79%。

第二节　重要技术发展情况

一、新型含颗粒巴氏杀菌热处理风味发酵乳制备技术

“新型含颗粒巴氏杀菌热处理风味发酵乳制备技术”获得了 2021 年度中国乳业科技技术发明特等奖。作为常温酸奶首创品牌，光明乳业积极推动常温酸奶创新，系统研究了常温果粒酸奶颗粒特性、颗粒杀菌完整性和感官变化、果粒与酸奶基料混合后对于产品体系稳定性的影响，以及果粒分布均匀性等内容，该项目获得多项国家发明专利。基于项目技术，光明乳业开发了添加完整水果颗粒的常温风味发酵乳，莫斯利安甄选果粒系列风味发酵乳，以及国内首个甜品系列常温风味发酵乳，莫斯利安星厨甜品系列风味发酵乳等多个发酵乳新品，其中星厨甜品系列还曾荣获 2020 年度蒙特奖金奖。

二、INF 浸入式杀菌关键技术

市场上常见牛奶的杀菌方式有超高温瞬间灭菌（UHT）、巴氏杀菌等，这些牛奶的生产工艺不同，热处理强度不同，活性蛋白的变性率也各不相同。而 INF 杀菌是目前国际上一种先进的杀菌方式，它将牛奶匀速通过小孔型分配板进入相对静止的蒸汽罐中，当牛奶自由下落时与蒸汽融合，牛奶温度升高，进而达到了杀菌的效果。在此过程中，可以对牛奶温度、蒸汽温度实现精准控制，可使牛奶的杀菌温度与蒸汽温度之间的温差达到 1℃，因此，产品中的维生素、乳球蛋白等营养物质的破坏程度小，营养成分保留更高，产品口感新鲜。与常温奶、进口

常温奶以及传统巴氏奶做活性蛋白指标对比检测，活性蛋白（乳铁蛋白、α-乳白蛋白、β-乳球蛋白）指标与传统巴氏奶等效，甚至有些指标是优于传统巴氏奶的，其指标远远高于常温奶。通过比较不同方式热处理对牛奶中α-乳白蛋白、β-乳球蛋白和乳铁蛋白含量的影响，得出蒸汽浸入式直接杀菌（INF）对α-乳白蛋白、β-乳球蛋白和乳铁蛋白的热损伤程度低于UHT灭菌，与巴氏杀菌相当，冷藏条件下，产品的保质期可达21天，货架期高于巴氏杀菌牛奶。石家庄君乐宝乳业有限公司基于该技术提出的“悦鲜活乳制品关键技术开发及产业化”项目获2021年度中国乳业科技技术进步奖特等奖。

第三节　头部企业分析

一、内蒙古伊利实业集团股份有限公司

内蒙古伊利实业集团股份有限公司（简称“伊利”）是中国乳制品龙头企业，主营液态奶、乳粉、冷饮等的研发、生产以及销售。根据伊利2021年前三季度业绩报告，公司实现营业总收入达到850.07亿元，同比增15.23%；净利79.67亿元，同比增31.82%。不仅营收、净利双双再创新高，超三成的利润增速更是超出市场预期。值得注意的是，公司前三季度净利已经超越去年全年净利。

2021年前三季度，伊利婴幼儿配方乳粉业务取得了同比30%以上的增长。其中，金领冠珍护增速超40%，为该细分市场中增速最快的品牌；2021年9月，金领冠在全渠道增速领跑所有同品类品牌，成为中国市场增速第一的婴幼儿配方乳粉品牌。

2021年，伊利并购澳优乳业股份有限公司（简称“澳优”）落定，伊利将间接持有620 824 763股澳优股份，占澳优扩大后股份总额的34.33%，成为澳优单一最大股东。伊利投资澳优，更能实现双方的良好互补，澳优引进伊利强强联合，可以在全球市场实现1+1>2，因此，双方此次交易被称为今年中国乳业第一大投资并购案。伊利入股澳优，不仅成为全球乳粉市场的头部企业，也将彻底打通营养品赛道。因为澳优是一家在营养品领域全方位布局和积累的营养健康公司，具备颇为稀缺的保健品“蓝帽子”资质，而这些都与伊利未来在健康食品领域的拓展和布局有着明显的协同作用，双方联手也充分说明乳粉行业正在加速整合。

伊利的液态奶、冷饮等业务继续保持着绝对的市场领导地位。前三季度，在液态奶板块，伊利实现营收 647.16 亿元，同比增长 12.96%；在冷饮板块，实现营收 69.47 亿元，同比增长 15.13%；其他产品，实现营收 1.49 亿元，同比下降 11.83%。这些传统优势品类中，一方面，金典有机奶、安慕希、畅轻都以市场占有率的绝对优势稳居细分领域第一品牌。其中，前三季度，金典保持 30%以上增长，金典有机增速更是超过了 50%；安慕希的市场份额达到了 65.1%，继续保持绝对领先地位。另一方面，新品销售快速增长，开始显现出品牌潜力，成为公司业绩增长的新生力量。

二、内蒙古蒙牛集团股份有限公司

根据内蒙古蒙牛集团股份有限公司（简称“蒙牛”）2021 年中期财报，2021 年上半年，蒙牛收入达 459 亿元，同比增长 22.3%，利润达 29.5 亿元。蒙牛常温液态奶实现了 5 年来最快增速，以双位数增长实现了销量、市场份额的双提升。作为乳品行业领军企业，蒙牛用超预期的高增长实现了“十四五”良好开局。

2021 年蒙牛各业务板块增速均大幅领先行业。其中，常温奶业务获近 5 年来最快增速，明星产品特仑苏增长近 40%；在低温行业较低迷的情况下，蒙牛同比实现 7%的逆势增长，市场份额领先优势继续扩大；冰激凌业务同比实现 34.8%的快速增长，毛利率明显提升；鲜奶业务收入翻倍，市场份额大幅提升；乳粉业务收入同比上升 11.6%；奶酪零售与餐饮渠道双翼齐飞，保持市场领先。

2021 年蒙牛不但实现国产酸奶首次出口美国，而且成功收购东南亚冰激凌领先品牌艾雪（Aice），加速拓展全球市场。蒙牛坚决走生态优先、绿色发展之路，将 ESG 目标纳入管理层绩效指标，积极引领全产业链可持续发展，郑重承诺将在全行业率先实现碳中和。

2021 年蒙牛积极布局现代化牧场，在黑龙江推进的大庆乳制品百亿产业集群及配套现代化牧场建设项目，先期万头牧场已经启动建设，占地面积 3 000 亩，设计存栏 3 万头，预计 2024 年产业集群日均生鲜乳产量可达到 1 500 t；蒙牛在宁夏日生鲜乳收购量 3 000 t 以上，在灵武白土岗高标准养殖基地建设开创了快速发展的“灵武模式”；蒙牛战略合作伙伴上陵集团在河南建设的千头牧场已投产，蒙牛与花花牛乳业等合作伙伴在河南兰考县建设的千头牧场项目稳步推进。这些项目的落地推进，将高效助力我国奶业整体规模和质量再上一个新的台阶。

第四节　产业发展存在的问题

过去10年中国乳业在整顿提升方面取得了巨大成就，已是具有世界先进水平的现代食品制造业。但也面临着许多新的矛盾和问题，制约着行业健康持续发展，主要有以下几方面。

一、原料奶生产增长乏力

“十三五”期间，全国奶类总产量增长7.1%，有19个省份为负增长；全国人均奶类占有量，2015年为28.16 kg，2019年为23.49 kg，下降16.58%。低于同期世界奶类产量增长速度。2015年世界奶类总产量为80 916.9万t，2019年为88 146.0万t，4年增长了约8.9%；人均占有量为116.21 kg。奶源紧缺已成为制约行业发展的主要因素之一。

二、乳制品产量增长放缓

“十三五”期间，全国规模以上乳制品企业减少了66家，2015年638家，2020年572家。5年间，规模以上乳制品企业乳制品产量下降0.08%（其中，液体乳增长3.1%，乳粉增长-28.7%），有13个省份为负增长，远低于“十二五”期间28.9%的增长速度（其中，液体乳增长36.6%，乳粉增长1.4%）。

三、中国已进入世界高奶价行列

“十三五”期间，随着小规模家庭养牛的不断退出，奶牛养殖场规模逐步扩大，2019年存栏5 000头以上的牛场已占到16.1%，存栏2 000头以上的占30.1%。由于养殖规模的不断扩大，养殖场“三废”处理投入多，饲草饲料供应难度大，需从国外大量进口，导致饲养成本高、奶价贵。10省份生鲜乳平均收购价格：2015年10月为3.47元/kg；2020年10月为3.95元/kg；2021年5月为4.24元/kg。而2020年10月，美国生鲜乳收购价格为2.56元/kg，欧洲为2.58元/kg，大洋洲为2.21元/kg；2021年5月，美国为2.64元/kg，欧洲为2.81元/kg，大洋洲为2.66元/kg。

四、区域发展不平衡的矛盾愈加突出

我国奶畜养殖主要在北方，而消费区则是以东部和南方为主，“北奶南运”“西奶东运”现象越来越多，区域发展不平衡的矛盾愈加突出。全国人均奶类占有量，2019 年为 23.49 kg，其中 13 个省份低于 10 kg，如海南 0.24 kg，湖南 0.91 kg，广东 1.21 kg，重庆 1.34 kg，贵州 1.46 kg，江西 1.56 kg，广西 1.76 kg，湖北 2.26 kg，浙江 2.65 kg，福建 3.77 kg。

五、“都市型”乳企与“基地型”乳企面临着“水火两重天”的难题

“都市型”乳业，由于资源条件所限及环保的压力，奶牛饲养受到了制约，导致奶源缺乏，影响发展，有些企业不得不靠从数千千米之外运奶来维持生产和市场供应。而“基地型”乳业，有丰富的奶源优势，但远离消费市场，产品基本是耐储存、便于远途运输的乳粉，但近年来由于国产乳粉价格缺乏竞争力，产量逐年减少，有些企业已经处于停产状态，原料奶产量逐年下降。如内蒙古自治区 2015 年奶类总产量为 812.2 万 t，2019 年为 582.9 万 t，下降 28.2%；黑龙江省 2015 年奶类总产量 574.4 万 t，2019 年为 467.0 万 t，下降 18.7%。

六、乳制品市场处于结构性过剩与短缺并存的矛盾之中

改革开放以来，乳制品是食品制造业中增长最快的行业之一。1978 年，全国奶类总产量仅 97.1 万 t，2019 年已达到 3 297.6 万 t，增长了约 33 倍。人均占有量由不足 1 kg，增长到 23.49 kg，加上进口乳制品，目前全国人均奶类消费量已接近 40 kg。无论是城市，还是农村市场，各种液体乳产品琳琅满目，国产的、进口的，品种齐全，货源充足，促销活动层出不穷，已处于相对饱和状态。但原料型的乳粉、干酪、奶油、乳清制品、乳蛋白产品几乎全部依赖进口。乳制品市场处于结构性过剩与短缺并存的矛盾之中。

七、对国际市场的依赖程度越来越大

目前，我国从世界上近 60 个国家和地区进口乳制品，进口种类齐全，进口

量逐年增长，已占到世界贸易总量的1/4。2020年，进口乳制品总货值折合人民币约1 026.2亿元，相当于国内乳制品工业营业总收入的24.5%；折合成鲜奶约1 950万t，相当于国内原料奶总产量的55%。

第五节　产业发展趋势

近年来，我国乳制品行业的发展速度很快，但我国的乳制品人均消费量与世界平均水平差距还很大。发展中国家乳制品消费的显著特点是人均年消费水平较低，这对于世界上最大的发展中国家——中国，乳制品消费市场潜力巨大。根据预测，到2025年我国乳制品市场规模将达到8 100亿元。面对我国乳业的新形势、新矛盾和新问题，“十四五”期间，行业工作的重点是转变发展模式、优化产品结构、开展国内国际联合与协作，推动行业持续稳定发展。重点做好以下几方面工作。

一、坚定不移地走全产业链发展之路，大力发展奶畜养殖，快速提升自有奶源比例，解决奶源急缺问题

奶畜养殖规模要与环境、资源条件相适应，倡导发展适度规模的家庭牧场、合作牧场，就地就近解决饲草饲料供应，降低养殖成本，降低奶价。奶畜养殖应尽量向销区靠近，缩短运输距离，解决“北奶南运”“西奶东运”现象。

二、积极引进良种奶畜，快速扩充高产畜群

引进奶畜仍以荷斯坦奶牛为主，同时兼顾其他奶畜，如娟姗牛、奶水牛、奶骆驼、奶山羊等。国家相关部门应适当增加进口来源地，支持加工企业建设奶源基地。

三、开展“横向”“纵向”联合

倡导、支持“城市型”乳企与“基地型”乳企开展“横向”联合，把资源优势与市场优势“叠加”在一起，提升综合竞争力，实现共赢。倡导、支持加工企业与奶畜养殖场开展“纵向”联合，保障奶源质量和供给，以产业链的优

势增加抗风险能力。

四、开展国际协作与联合

有条件的企业应大胆走好“一带一路”，开展国际间的协作与联合，到资源优势的国家建设生产基地，生产国内市场短缺的产品、成本高的产品，如乳清制品、干酪、奶油等。

五、优化产品结构，提升产品技术含量，大力发展深加工产品

一是以乳粉为主产品的基地型企业，应因地制宜地发展液体乳生产。

二是以婴幼儿配方乳粉为主产品的企业，应重视发展成人乳粉，并提升产品的技术含量，如孕妇、乳母乳粉，儿童乳粉，老年人乳粉，特需乳粉等。

三是发展深加工产品，特别是乳粉生产企业，可考虑采用超滤工艺生产深加工产品，如稀奶油、全乳蛋白粉、乳清粉、乳糖、乳清蛋白粉等，以解决婴幼儿配方乳粉的原料供应问题。

专题十 2021年中央厨房产业发展情况

第一节 产业现状与发展成效

中央厨房是指由餐饮连锁企业建立的，具有独立加工场所及设备，对食品原料进行集中加工，制备成半成品或成品后，统一配送到餐饮服务单位。其具有集中采购、统一生产加工及包装运输、延长产品保存期、综合信息处理等功能。通过中央厨房这种加工方式实现调理食品品质的质优价廉已经成为餐食工业化发展的必然趋势。

中央厨房具有生产规模大、消费量大、配送地域广、产品多的特点，在普通餐饮门店基础上增加了包装、配送、销售等过程，这就要求中央厨房产品加工中要有严格的品质监控。从食品安全角度出发，规范中央厨房的建设、运营、管理，为调理菜肴产业工业化的安全稳定提供有力保障。

中央厨房是工业化菜肴的最主要形式。2003年，台湾林易升落户于天津南头镇，少数人才了解中央厨房。2005年，团膳上市企业上海福记股份有限公司，需要集中供餐给富士康科技集团，中央厨房就逐渐引起行业关注，2019年因为新冠肺炎疫情原因，才推波助澜这个行业的快速发展。

作为中央厨房生产出的工业化菜肴（预制菜）菜品，极大满足了连锁门店对标准化、快速复制以达到规模化、增效降本需求，有效地缓解了传统厨房人员用工与成本压力；同时我国冷链物流市场规模快速增长，国家骨干冷链物流基地、产地销地冷链设施建设稳步推进，冷链装备水平显著提升。2020年，冷链物流市场规模超过3 800亿元，冷库库容近1.8亿m^3，冷藏车保有量约28.7万辆，分别是“十二五”期末的2.4倍、2倍和2.6倍左右。冷链物流业的发展有力保障了菜肴的新鲜度、扩大了销售半径，助力工业化菜肴行业业务拓展和扩充。

一、2021 年中央厨房产业发展概况

一方面，随着生活节奏的加快，消费者尤其是忙碌于工作的年轻人在家做一顿家常便饭已日渐奢侈，而越来越多的女性从家庭走向职场，使其在家庭的烹饪时间总体缩短。做饭时间已经或正在成为消费者需要计算的重要生活成本。一项关于我国居民近 10 年间对于食品消费观念转变趋势的调查显示，有 67.1%的人认为传统烹饪方式麻烦，90.10%可以接受速冻主食，18~30 岁年龄段仅有 8.8%的人愿意享受烹饪的乐趣。

另一方面，在外就餐与点叫外卖都存在卫生状况和食品安全的隐患。很多时候消费者在家烹饪又是不得不做出的行为选择，尤其是已婚家庭与家人一起居家就餐增进感情所创造的和谐氛围更不可少。消费者需要在忙碌的工作和烹饪当中寻找一个平衡点，让烹饪的效率、时间与烹饪味道能够平衡。基于此，更为便捷的菜品和服务越来越受到消费者的欢迎。

对餐饮企业而言，随着人口老龄化日益严重，人工成本越来越高，房屋租金的高企，市场竞争的激烈，高食材高能耗成本，这些也迫切需要市场上有缓解成本压力和提升效率的预制菜（半成品）。

在上述 C 端和 B 端的双层需求推动下，厨房工业化革命应运而生，通过类似中央厨房等工厂的大量预制菜（半成品菜）的工业化生产制造并推向市场，简化了厨房烹饪环节，从而降低了烹饪成本，提高了烹饪效率。

2019 年中国工业化菜肴（预制菜）市场规模约 2 445 亿元，B 端市场 1 956 亿元，C 端市场 489 亿元。2021 年预估为 3 459 亿元，同比增长 18.10%，预计未来保持 20%左右的增长率，2023 年工业化菜肴市场规模将达 5 165 亿元（专题图 10-1）。未来 6~7 年我国工业化菜肴市场或将超万亿元规模，长期来看我国工业化菜肴行业规模有望实现 3 万亿元。中国预制菜在后疫情时代的市场规模稳步上升，并没有受到疫情的影响，说明中央厨房产业是未来发展的大方向。

二、中央厨房产业发展成效

中央厨房产业发展成效：一是中央厨房最大的好处就是通过集中规模采购、集约生产来实现菜品的质优价廉，在需求量增大的情况下，采购量增长相当可观。为降低食品安全风险，形成集约化、标准化的操作模式，中央厨房对原料采

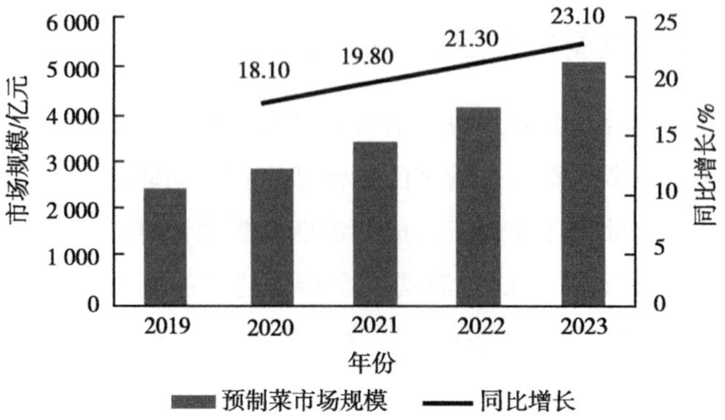

专题图 10-1　2019—2023 年中国预制菜行业市场规模及预测

购的要求也在不断提高。品牌原料不仅能够保证稳定的供应，良好的物流体系能更好地保证原料的新鲜与安全。二是中央厨房为保证原料质量的稳定，最佳方式是建立原料基地或定点品牌供应企业。拥有了自己的专业原料生产基地和厂家，在原辅料达到规范的前提下，产品才有统一的保证，产品质量才可能达到稳定一致。中央厨房从采购到加工都有严格的控制标准，甚至对原料的冷冻程度、排骨中骨与肉的比例等都有具体规定。对于一些特殊产品，可以指定厂家进行定制。由于进货量大，中央厨房可以对原料的规格标准、质量要求、运送方式等做出全面规定，保证原料新鲜优质，为生产制作统一优质的菜品提供前期保证。三是中央厨房实行统一原料采购、加工、配送，精简了复杂的初加工操作，操作岗位单纯化，工序专业化，有利于提高餐饮业标准化、工业化程度，是餐饮业实现规范化经营的必要条件，只有这样才能在一定规模基础上产出规模效益，让家庭厨房劳动社会化，更科学地保障市民餐桌的安全。

第二节　重要技术发展情况

中央厨房正在改变餐饮供应链。首先，从餐饮企业总部的角度看，它既可以在很大程度上保证产品品质、卫生标准、产品口味的一致性，解决中餐标准化的问题，让消费者在不同的门店吃到同样味道的餐品，又能通过集采的方式，大幅节省采购成本和物流成本。目前中央厨房已从快餐业逐步进入到正餐业，这也导致中央厨房设备需求量不断增加，2015 年我国中央厨房设备市场规模达到 86. 2

亿元。2021年，市场规模150亿元。事实上，中央厨房以其大投资和高就业解决率颇得地方政府的青睐。在辖区引进中央厨房是供应链与数字化技术相结合的具体实践，对于提升地区现代服务业智能化、集约化、标准化生产水平，做大食品产业，培育发展新的业态产业模式，推进产业结构转型升级和经济高质量发展，都具有重要的意义。

第三节　头部企业分析

龙大肉食从屠宰业向深加工分割肉转型，肉制品向预制菜全品类发展。公司屠宰业务重点向餐饮、食品企业和商超客户转型，产品由条类产品和粗分割产品向精分割和定制分割产品转变，通过提高深加工分割肉销售比例，提高屠宰业务盈利能力。公司在上海成立专门的食品研发中心，以便与餐饮龙头企业总部对接，开发出更美味、更便捷、更高端、更有附加值的菜品，以快速推动公司肉制品业务发展。近几年来，公司肉制品业务实现快速增长。2019年，公司肉制品行业实现营业收入7.05亿元，较上年同期增长35.54%。2020年上半年，公司肉制品行业营业收入为4.86亿元，比上年同期增长69.65%。

海底捞企业在后疫情时代疯狂扩张。2020年，海底捞实现收入286亿元，同比增长7.8%；全年净利润3.09亿元，同比下降86.8%。截至2020年底，海底捞餐厅总数为1 298家，相比上年净增530家，聘用员工总数超过13万人，这样的激进表现堪称“疯狂”。同时，疯狂孵化新品牌。2020年，海底捞加快了对快餐的拓展，已经孵化了饺子、土豆粉、米线、面食以及日料等不同类型近10个快餐新品牌，如“饭饭林”“秦小贤”“十八汆”等。业内分析认为，海底捞在火锅赛道增长已经乏力，将希望寄托于新的赛道打造出一条新的增长曲线来支撑其股价，也为其内部人才提供一个施展的舞台。

成都小龙坎餐饮管理有限公司（简称“小龙坎”）正式进入“小”时代，积极谋划大布局。2020年底，小龙坎“漫味龙厨智慧工厂”上线了一条专门生产小袋装火锅底料的生产线。目前，这条生产线能年产10万t产品，产品线已达300余个SKU库存量。据了解，小龙坎的小袋装火锅底料通过一物一码解决了生产端的食品安全溯源问题。小龙坎的这套火锅油料全程监控系统，是火锅行业的一大创举，在废弃油脂回收处理领域也是一个创新。未来，小龙坎将在全国分区域与当地废油回收企业合作，逐步实现油料全过程管控。

2020 年，受新冠肺炎疫情的影响，小龙坎自热火锅和牛油酸辣粉均实现了上亿元销售额，小龙坎在食品方面已经初具规模。小龙坎食品全国渠道已覆盖 32 个省级区域，200+大型 KA（大客户）系统，超 2 万门店售卖。海外经销商遍布北美、南美、欧洲、澳大利亚、新加坡、韩国等 17 个国家和地区。零售产品 SKU 在售共计 59 款，其中方便速食类 26 款，调味品类 29 款，礼盒类共 4 款。在产品研发方面，每年持续研发新品超过 100 款。

第四节　产业发展存在的问题

中央厨房的管理意识不强，管理水平偏低。我国中央厨房的发展和应用起步较晚，相关法律标准体系不够完善，缺乏规范管理体系。此外，有些管理人员专业素养低，食品安全意识差。再加上中央厨房配送食物的品种杂、数量多、环节烦琐，在运行管理过程中风险高，一旦出现问题，影响很大。一方面管理人员对中央厨房运行管理的方法、意识仍然停留在传统餐饮管理的理念层面，对于中央厨房在现代餐饮行业发展中的地位和作用认识不足；另一方面管理人员缺乏专业的管理知识和素养，无法胜任中央厨房运行与管理的工作任务。

中央厨房运行与管理成本高，资源浪费严重。目前餐饮行业中的中央厨房在设计上追求大而全，忽视实用性和高效性，存在盲目追求庞大的生产规模、强调齐全的加工功能和独家经营模式等弊端。重复建设、低负荷运转、亏损经营和资源浪费等现象也极为普遍。因此，中央厨房运行管理过程中存在着信息传递滞后、生产流程不规范、生产加工无计划、品质难监督以及运输、采购、管理成本过高和资源浪费严重等问题。

中央厨房难以满足消费者个性化、多样化的饮食需求。尽管中央厨房标准化、工业化的运营模式在保障食品安全、提高生产和配餐效率、降低生产成本等方面具有重要作用，但恰恰是这种模式难以满足消费者个性化的消费需求。中西方的饮食消费习惯差异较大，消费者在选择中餐时对于新鲜的原料及菜肴品质等追求会更高，对于菜品质量和口味要求具有独特性、多样化和个性化。中央厨房加工能力强，生产加工品种多，加工程度深浅不一，但过于标准化的运行和管理机制使中央厨房无法满足供应链范围内门店对不同种类食材的不同加工需求。

第五节　产业发展趋势

在美国、日本等发达国家，中央厨房的发展至今已有几十年的历史，中央厨房的运营模式已经比较成熟，其主要服务对象是餐饮连锁企业和集团配餐。从技术方面研究中央厨房的发展，一方面，发达国家已经可以比较准确地确定中央厨房的规模。在日本，很多餐饮连锁企业在建立之初就可以根据企业的定位、规模和市场等情况建立与自身相匹配的中央厨房；另一方面，发达国家在建立中央厨房的同时，积极地开发各种先进的加工设备，使中央厨房的加工能力得到了非常大的提高。此外，发达国家将中央厨房加工产品的多样性放在了一个比较重要的地位。在美国，中央厨房的运营发展不仅要考虑到食品的口味鲜美、稳定，质量安全有保障，而且随着生活水平的提高，越来越多地关注营养均衡。在日本，中央厨房集中向学校供应盒饭开始于第二次世界大战后，经过50多年的发展，中央厨房也越来越注重供应盒饭的内容和搭配，饮食卫生得到了很大的改善。现在日本所有的中小学主要由中央厨房供应餐饮，少量特殊学校由卫星厨房、区域厨房和学校厨房供应。

在中国，中央厨房的发展起步比较晚，中央厨房的发展具有较大的潜力。由于受到技术的影响和环境的变化，中国并不能完全借鉴发达国家中央厨房的发展模式。只有在借鉴其发展历史的基础上，开辟出一种合适的模式，中央厨房才能在中国起到作用。

硬件与软件资源并重。中央厨房作为加工类的单位，其设施设备的先进化水平直接影响着中央厨房为连锁门店的服务水平。中央厨房要引进国内外先进的加工处理、包装、装卸等设备，提高设备的利用率，才能在有限的空间内实现加工能力的提高。目前，各种信息系统在企业的运营中发挥了重要作用。中央厨房在注重设备先进性的同时，也要实施信息化管理，采用信息化技术使中央厨房的采购、加工、配送相匹配，从而使中央厨房的效率达到最优化。

在中央厨房中导入产业链。中央厨房规模的扩大程度可以与餐饮连锁企业规模的扩大不一致。中央厨房的发展不需要面面俱到，可以在发展中引入第三方企业，与上游的供应商共同管理原辅材料仓库和切配环节。中央厨房可以在不扩大规模的情况下满足不断增加的订单需求。

冷链技术应用到各个环节。随着冷链技术的不断提高，为了保证中央厨房加工产品的质量，冷链技术从刚开始只应用在仓储和配送环节转变为应用在每一个环节。据统计，目前已经有61.54%的中央厨房实现了原辅仓储、加工处理、包装、配送全部流程在低温环境下实现，而且根据每一环节的特点设定不同的额定温度。

专题十一 2021年天然橡胶加工产业发展情况

第一节 产业现状与发展成效

天然橡胶是四大工业原料之一，在汽车、建筑和轻工等领域广泛应用；天然橡胶也是国家战略物资，在海、陆、空等诸多武器装备中广泛应用，并对许多装备核心性能产生重要影响。我国天然橡胶加工产业是中华人民共和国成立初期在党中央的直接关怀和支持下，从无到有、完全自主发展而来，至20世纪70年代，基本形成工业化加工产业；至20世纪90年代，整体装备和技术水平达到国际先进，并实现技术和装备整套出口马来西亚等天然橡胶第一主产国；至2000年初，基本实现国内加工产业大型化改革调整，进一步提高了产品稳定性，降低了生产能耗和污染。目前，我国是全球五大产胶国之一，每年生产和加工天然橡胶约80万t。同时，我国是全球天然橡胶第一消费大国，每年消费量约600万t。

一、2021年天然橡胶加工产业发展概况

1. 天然橡胶供需概况

2021年，我国橡胶种植面积为1 710万亩，与2020年基本持平。年产量约为86.67万t，同比增长约22.9%。年平均价格为13 792.72元，比上年增长19.26%。综合来看，天然橡胶价格仍属于偏弱运行。2021年，天然橡胶整体表现为供不应求的局面，我国天然橡胶消费量达到594.92万t，比2020年554.8万t增加40.12万t。2021年1—11月，我国天然橡胶累计进口总量486.47万t，同比降低8.45%，累计进口金额81.77亿美元，同比增加13.07%（专题图11-1）。按所占比重，进口的来源国分别为泰国、马来西亚、科特迪瓦、越南和老挝。其中，泰国占比52%，科特迪瓦占比8%。我国天然橡胶出口很少，2021年仅为4.48万t。

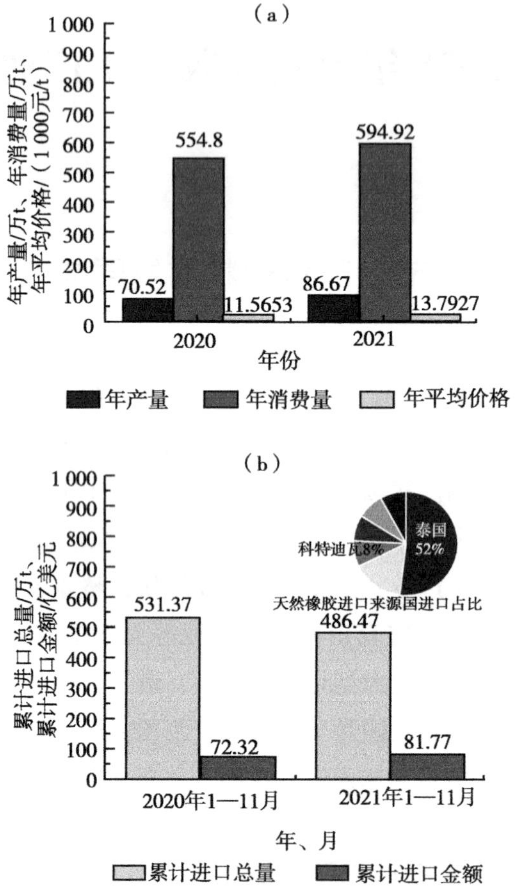

专题图 11-1　（a）2020 年与 2021 年天然橡胶供需情况；
（b）2020 年 1—11 月与 2021 年 1—11 月天然橡胶累计进口情况

2. 天然橡胶消费结构

天然橡胶主要用于轮胎制品、乳胶制品和其他制品（板管带、橡胶零部件、胶鞋胶带等）。据中国橡胶工业协会数据 2021 年，我国消费天然橡胶 594. 92 万 t，约 72%用于轮胎制品，13%用于乳胶制品，15%用于其他制品。乳胶制品消费情况如下：2021 年 1—10 月，乳胶制品行业销售总收入 59. 70 亿元，同比增长 29. 84%；工业总产值 60. 83 亿元，同比增长 31. 04%；工业销售值 57. 59 亿元，同比增长 30. 38 亿元；工业增加值 17. 20 亿元，同比增加 38. 93%；出口交货值 27. 40 亿元，同比增长 46. 37%；实现利润总额 5. 29 亿元，同比增长 13.76%；实现利税总额 6.95 亿元，同比增加 18%（专题图 11-2）。

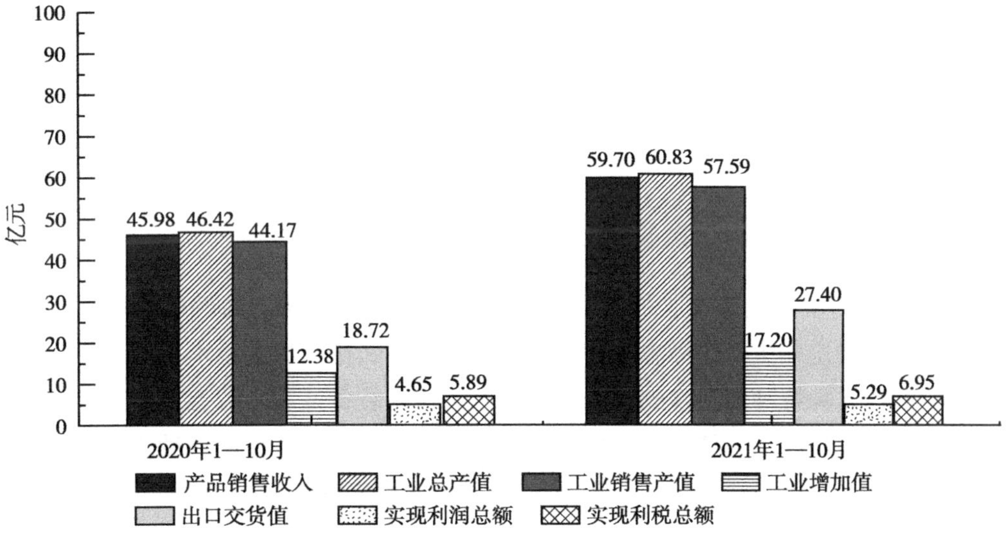

专题图 11-2　2020 年 1—10 月和 2021 年 1—10 月乳胶行业会员企业主要技术经济指标

二、天然橡胶加工产业发展成效

受进口胶冲击，近年来，国内传统天然橡胶加工企业一直处于低迷状态。产业发展压力推动了新技术研发和新产品应用，特别在 2021 年表现明显。

一是国防装备用天然橡胶自主化生产取得突破。2021 年，我国国防装备专用天然橡胶开始实现国产化生产，从多家军工企业验证结果看，自主生产的专用天然橡胶性能显著优于进口产品。从目前情况看，预计到“十四五”末，我国国防装备专用天然橡胶能够完全实现自主化生产。

二是高端民用特种天然橡胶产业化应用正在起步。2021 年，应用自主研发的高性能特种天然橡胶生产的 C919 大飞机轮胎试制成功，这标志着我国民用飞机轮胎专用天然橡胶生产技术基本成熟，有关应用正式起步。同期，自主研发的高性能特种天然橡胶在另一项高端重型工业中的应用也取得重大突破。天然橡胶在高端民用领域的应用，是国内天然橡胶产业突破国外资源冲击、实现技术转型发展的重要出路。

三是低碳环保技术在产业中的应用越来越广。如橡胶手套自动充气检测设备、全自动医用手套后硫化设备等已经在行业推广使用，显著提高生产效率；低氨、无氨浓缩胶乳在海绵制品中广泛应用，减少了氨气排放，降低了能源消耗。目前，越来越多的天然橡胶加工企业更加重视低碳环保技术的应用。

第二节　重要技术发展情况

一、高性能特种天然橡胶加工技术

2021 年，中国热带农业科学院农产品加工研究所实现了高性能特种天然橡胶多元产品稳定化生产，标志着我国高性能特种天然橡胶加工技术正式成熟。其中，生产的 4 种特种天然橡胶产品经后端 6 家特种装备试制企业验证，关键性能均显著优于进口产品。依托该项技术，已在国内建设 3 座高性能特种天然橡胶加工厂，其中 2 家已投产。目前，我国在该领域整体技术与日本和美国并列于世界第一方阵。

二、天然橡胶干燥生产线全自动卸胶机器人

2021 年，“天然橡胶干燥生产线全自动卸胶机器人”技术成果基本成熟。该项技术实现了将天然橡胶干燥生产线中的胶包搬运到打包前输送带上的卸包作业全程自动化，与传统人工作业相比，一条生产线可减少工人 3～4 人，可降低卸包作业生产成本 50%以上。

三、天然橡胶浓缩胶乳 3D 打印技术

中国热带农业科学院农产品加工研究所开发了高吸水树脂法制备浓缩胶乳的新技术。该技术具有干胶转化率高、废水产生少，并容易制备高浓度天然胶乳的特点。基于该浓缩新技术成功研发了可 3D 打印的胶乳“墨水”（专题图 11-3），该研究为天然橡胶加工朝着自动化、智能化、高端化发展提供了新思路。

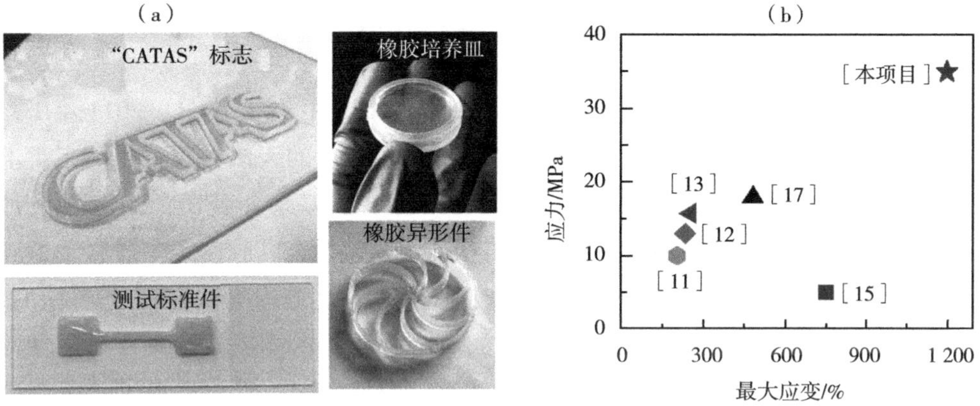

专题图 11-3　(a) 利用天然胶乳"墨水"3D 打印的橡胶器件；
(b) 几种橡胶 3D 打印器件力学性能对比

第三节　头部企业分析

国内天然橡胶种植、初加工头部企业主要包括广东省广垦橡胶集团有限公司、海南天然橡胶产业集团股份有限公司、云南天然橡胶产业集团有限公司，现将头部企业的概况整理如下。

一、广东省广垦橡胶集团有限公司

广东省广垦橡胶集团公司是集天然橡胶种植、加工、销售和研发于一体的大型跨国天然橡胶产业集团公司，产业范围除中国本土外，还覆盖泰国、马来西亚、印度尼西亚、老挝、柬埔寨、新加坡等东南亚国家。2016 年收购泰国泰华树胶（大众）有限公司，截至 2021 年底，集团拥有 36 家天然橡胶加工厂，年加工能力达 150 万 t（其中海外 130 万 t），天然橡胶规划种植面积 150 万亩，在全球天然橡胶行业占据前三甲，具备行业的话语权。公司生产标准胶、浓缩乳胶、烟片胶等全体系天然橡胶产品，拥有"广垦""泰华""三棵树"等知名品牌。集团是行业内唯一一家产品通过上海期货交易所、新加坡期货交易所、东京期货交易所交割产品认证的企业，产品销往全球 70 多个国家和地区，多个工厂通过米其林、固特异、普利司通等高端用户认证，是全球前 20 大轮胎厂的主要供应商之一。2021 年，天然橡胶总产量 85 万 t，销售 102 万 t，实现营收约 120 亿元。

二、海南天然橡胶产业集团股份有限公司

海南天然橡胶产业集团股份有限公司成立于2005年3月31日，2011年1月7日在上海证券交易所挂牌上市，是国内A股市场唯一的天然橡胶种植加工类上市公司。目前，公司拥有341万亩橡胶园、25家橡胶基地分公司，20家橡胶加工厂，初加工产能约50万t。公司初加工产品主要包括全乳胶、子午胶、浓缩胶乳和20号标胶，其中全乳胶、20号标胶是上海期货交易所认证的交割标的。“宝岛”“美联”“五指山”牌系列产品多次被评为“中国著名品牌”；“宝岛”牌5号标准橡胶、“美联”牌氨保存离心浓缩乳胶被中国质量协会授予“全国用户满意产品”称号。2021年，公司累计干胶产量9.5万t，天然橡胶加工量22.09万t，其中浓乳产量8.96万t。销售天然橡胶约143万t，实现营业收入约157亿元。

三、云南天然橡胶产业集团有限公司

云南天然橡胶产业集团有限公司于2017年12月重组设立。橡胶种植基地、橡胶加工厂分布在省内的西双版纳、普洱、红河等州市以及老挝、缅甸等国家和地区。公司现拥有天然橡胶林50万亩，橡胶加工厂47座，年产能超过50万t。云南天然橡胶产业集团有限公司的“云象”“金凤”品牌是上海期货交易所天然橡胶合约指定的交割品牌，在国内市场享有良好声誉。2021年，公司全年实现营业收入148.3亿元，实现利润总额4 423万元。

第四节　产业发展存在的问题

一、自给率持续下降，安全供给受到威胁

自2017年起，我国天然橡胶进口量和消费量双双超过500万t，消费量占全球比重的40%。国内天然橡胶产量占消费量的比重从2001年的35.08%下降到2020年的11.50%，自给率水平很低。国内天然橡胶供给发展空间已经有限，进口集中度高，在国际贸易环境复杂多变的情况下，天然橡胶安全供给的潜在风险更加突出。

二、天然橡胶价格低迷，弃割弃管现象严重，加工厂开工率降低

由于国内天然橡胶加工业一直沿用20世纪90年代技术，即以生产通用的低价值标准胶为主。近年来，随着国内生产要素成本不断攀升，在东盟天然橡胶的冲击下，国内天然橡胶加工业一直面临很大生存压力。特别是2014年以来，天然橡胶价格低迷，更使加工业雪上加霜。以我国橡胶主产区海南省为例，民营胶园中保持正常割胶农户占比仅略强于50%，弃割率约为20%；部分工厂停产，正常开工生产的仅约一半。

三、初加工设备和技术落后，能源和环境污染问题较为突出

我国天然橡胶加工装备停留在20世纪80年代水平，机械化、智能化程度低，工艺能耗大、污染重，属于“双碳”以及挥发物达标考核中将处于严格控制的行业，急需进行工艺和装备革新，以保障产业符合国家不断发展的生态环保要求。

第五节　产业发展趋势

面对国内天然橡胶自给率严重不足、国内生产要素成本显著高于进口国等多重压力，我国天然橡胶加工业的根本出路在于科技创新。

一是通过科技创新，加快推进我国国防装备用胶国产化，这是当前实践天然橡胶战略属性的迫切任务。我国国防装备专用天然橡胶全部依赖进口，对我国国防带来安全隐患。尽管目前中国热带农业科学院农产品加工研究所已经掌握高性能特种天然橡胶生产技术，但由于天然橡胶是工业原料，不是终端产品，因此其国产化工作是项系统工程，需要全链条协同创新，且任务非常紧迫。重点要加强全链条协同创新体系、国产化技术体系和产品保供体系建设工作。

二是通过科技创新，提高产业生产效率和效益，这是振兴国内天然橡胶产业、稳住天然橡胶战略供给“压舱石”的根本途径。尽管我国天然橡胶自给率很低，但国内天然橡胶产业的存在及其规模是我国天然橡胶供给，特别是战略领域供给的“压舱石”。如果国内没有天然橡胶产业，以美国为首的西方发达国家

必然通过多种方式加大对我国的封锁力度，国内天然橡胶供给问题将非常严峻。近年来，我国天然橡胶产业发展态势疲软，需要通过科技创新，提高产业生产效率和效益，推进产业振兴。

三是通过科技创新，以科技引领所产生的国际影响力换取国际话语权，这是降低我国天然橡胶自给率远低于安全自给线所带来的战略隐患，防止在原料上被“卡脖子”的重要出路。受地域局限，我国天然橡胶种植面积维持在 1 800 万亩已经是极限，产量提升空间很有限，但消费量将随着科技和工业的发展不断上升，自给率不断下降是必然趋势。因此，我国天然橡胶安全自给问题的根本不在“一产”，而在流通，在国际贸易的话语权。从现实情况看，我国只能通过科技引领产生行业国际影响力，以此提高国际贸易规则参与度，进而赢取国际贸易话语权，这样才能有效解决这个问题。重点加强天然橡胶高性能加工技术创新及其配套产业科技体系建设，加强天然橡胶专用科学装置设计和大科学工程建设，形成世界天然橡胶科技中心。